Die
Bilanzen der Aktiengesellschaften
und der
Kommanditgesellschaften auf Aktien.

Von

Dr. Herman Veit Simon
Rechtsanwalt bei dem Landgericht I zu Berlin.

Berlin und Leipzig.
Verlag von J. Guttentag
(D. Collin).
1886.

Herrn Kammergerichtsrath

Hugo Keyßner

in Dankbarkeit und Ergebenheit

zugeeignet.

Vorwort.

Die in dem Aktiengesetz vom 18. Juli 1884 enthaltenen Vorschriften über die Bilanz finden nach § 7 der Einführungsbestimmungen — mit Ausnahme der Vorschriften über die Verwendung des Agiogewinns bei einer Kapitalserhöhung — auf die älteren Gesellschaften von dem Beginn des dem Inkrafttreten des Gesetzes folgenden Geschäftsjahrs Anwendung. Da das Geschäftsjahr der meisten Gesellschaften mit dem Kalenderjahr zusammenfällt, so werden im Großen und Ganzen die betreffenden Bestimmungen des Aktiengesetzes zuerst in der auf den 31. Dezember 1885 zu ziehenden Bilanz beobachtet werden müssen.

Es ist eine schwierige Aufgabe, der sich die persönlich haftenden Gesellschafter, die Mitglieder des Vorstands und des Aufsichtsraths hierbei zu unterziehen haben. Die nachstehende Schrift, welche die Aktienvereinsbilanz einer allgemeinen Erörterung unterzieht, verdankt ihre gegenwärtige Veröffentlichung dem Bestreben, die Gesellschaftsorgane in der Erfüllung dieser Aufgabe zu unterstützen. Nicht eine Anleitung zur Anfertigung von Bilanzen wird hierbei bezweckt — wie könnte auch die unendliche Menge konkreter Verhältnisse in feste Formeln gebracht werden! Vielmehr wird nur eine Darstellung der Grundsätze beabsichtigt, welche die Bilanz der Aktienvereine beherrschen.

Diese ist nur eine Art der allgemeinen kaufmännischen Bilanz; man muß daher für die Erkenntnis ihrer Bedeutung stets von den allgemeinen Begriffen der kaufmännischen Bilanz ausgehen.

Die letztere wiederum ist ein integrirender Theil der kaufmännischen Buchführung und kann nur im Zusammenhange derselben richtig verstanden werden.

Buchführung und Bilanz sind endlich selbst nur die rechnerischen Niederschläge thatsächlicher Verhältnisse, deren Erkenntnis Voraussetzung des Verständnisses der Handlungsbücher ist.

Von diesen Gesichtspunkten aus bin ich an die Arbeit herangetreten. Ich habe die Bilanz auf Grundlage der Buchführung unter sorgfältiger Beobachtung des kaufmännischen Gebrauchs klarzustellen versucht. Für die Praxis des Aktienwesens kam mir das von Hollander redigirte „Generalarchiv für Bankiers und Kapitalisten" zu statten, welches Bilanzen, Gewinn- und Verlustrechnungen und Geschäftsberichte zahlreicher Gesellschaften wortgetreu wiedergiebt.

Ueberall habe ich versucht, die Prinzipien auf Grundlage der Praxis zu entwickeln, wenn ich die letztere auch nicht überall billigen konnte.

Je mehr ich mich in die Arbeit vertiefte, um so mehr habe ich die Wahrheit der Worte Göthes empfunden: „Welche Vortheile gewährt die doppelte Buchhaltung dem Kaufmanne! Es ist eine der schönsten Erfindungen des menschlichen Geistes." . . . Das einheitliche System, welches das ganze Gebiet des geschäftlichen Lebens in sich aufnimmt und in seinem Abschluß, der Bilanz, dem Kaufmann zugleich eine Kontrole seiner Bücher und ein Bild seines Vermögens gewährt, fesselt in gleicher Weise durch seine innere Logik und seinen praktischen Werth.

Diese Erfindung ist ausschließlich ein Produkt kaufmännischen Geistes und kaufmännischer Sitte. Was die Gesetzgebung auf diesem Gebiete geleistet hat, ist wenig und nur zum Theil zum Nutzen der Sache gewesen.

Für den Juristen bilden Materien, wie die hier bearbeitete, in denen die Technik eines fremden Berufsstandes Grundlage der Rechtsausführungen ist, ein gefährliches Feld, und ich werde trotz des Bestrebens, überall den kaufmännischen Anschauungen und Gebräuchen gerecht zu werden, mich bescheiden müssen, dies Ziel nicht überall erreicht zu haben. Dies um so mehr, wenn ich an das Sprichwort denke, welches schon vor fast vier Jahrhunderten Luca Pacioli in der ersten literarischen Bearbeitung der Buchhaltung dem Juristen entgegenhält: Bisogna più ponti a fare un bon mercatante che a fare un dottore de leggi.

Berlin, am Neujahrstage 1886.

Der Verfasser.

Inhaltsverzeichnis.

Erstes Kapitel. Die rechtliche Bedeutung der Bilanz.

Zweites Kapitel. Geschichtlicher Ueberblick.

1. Die kaufmännische Bilanz im Allgemeinen.

2. Die Bilanz der Aktienvereine.

Drittes Kapitel. Aufbau und Grundzüge der Bilanz.

Viertes Kapitel. Allgemeines über die Natur der Bilanzposten.

Fünftes Kapitel. Die einzelnen Bilanzposten.

I. Die Vermögensgegenstände mit Ausnahme der Forderungen.

II. Forderungen und Schulden.

Abkürzungen.

Aktiengesetz = Reichsgesetz vom 18. Juli 1884 betreffend die Kommanditgesellschaften auf Aktien und die Aktiengesellschaften (Reichsgesetzblatt 1884 S. 123).

Art. = ohne weiteren Zusatz: die Artikel des Aktiengesetzes.

Courcelle-Seneuil = J. G. Courcelle-Seneuil, Traité élémentaire de comptabilité. 3. Aufl. (Paris 1883.)

E. I = Entwurf eines Gesetzes betreffend die Kommanditgesellschaften auf Aktien und die Aktiengesellschaften nebst Begründung und Anlagen, vorgelegt dem Bundesrath am 7. September 1883 (Berlin 1883).[1])

E. II = Entwurf eines Gesetzes rc. vorgelegt dem Reichstag am 7. März 1884 (Druckf. des Reichstags 5. Legislaturper. IV. Session Nr. 21).[1])

Endemanns Handbuch = Handbuch des deutschen Handels-, See- und Wechselrechts, herausgegeben von W. Endemann (Leipzig 1881 ff.).

Esser, A.G. = Gesetz betreffend die Komm.G. rc. erläutert von Robert Esser II. 3. Aufl. (Berlin 1885).

G.A. = General-Archiv für Bankiers und Kapitalisten. Sammlung aller offiziellen Publikationen bezüglich der in Deutschland kursirenden Werthpapiere rc. Redigirt und herausgegeben von J. Hollander. Bd. I bis V (Berlin 1880).[2])

Goldschmidt, Handbuch = Handbuch des Handelsrechts von Dr. L. Goldschmidt, I. (Band I. Erste Abth.) 2. Aufl. (Erlangen 1874); II. (Band I. Zweite Abth.) für §§ 60 bis 64b 2. Aufl. (Stuttgart 1884), im Uebrigen 1. Aufl. (Erlangen 1868).

G.S. = Gesetz-Sammlung für die Königlich Preußischen Staaten.

Hahn, H.G.B. = Kommentar zum Allgemeinen Deutschen H.G.B. von Dr. Friedrich von Hahn, V. 3. Aufl. 1877, II. 2. Aufl. 1875.

H.G.B. = Handelsgesetzbuch.

Kayser, A.G. = Ges. betr. die Komm.G. rc. Erläutert von Dr. Paul Kayser. (Berlin 1884.)

---

[1]) Soweit der erste und zweite Entwurf übereinstimmen, ist nur der erste citirt.

[2]) Enthält Bilanzen, Gewinn- und Verlustrechnungen und Geschäftsberichte, welche in der Zeit von Ende 1879 bis Ende 1880 veröffentlicht sind.

Keyßner, A.G. = Die Aktiengesellschaften und die Kommanditgesellschaften auf Aktien unter dem Reichsgesetz vom 11. Juni 1870. Von Hugo Keyßner (Berlin 1873).

Keyßner, H.G.B. = Allgemeines Deutsches Handelsgesetzbuch nach Rechtsprechung und Wissenschaft erläutert von Hugo K. (Stuttgart 1878).

Keyßner und Simon = Reichsgesetz betreffend die Komm.G. ꝛc. Textausgabe mit Anmerkungen und Sachregister (Berlin 1884).

Kommissionsbericht = Bericht der mit Berathung des Aktiengesetzes betrauten Reichstagskommission (Druckſ. des Reichstags 5. Legislaturperiode IV. Session, Nr. 128).

Konk.O. = Konkursordnung für das Deutsche Reich.

Löwenfeld, A.G. = Das Recht der Aktiengesellschaften. Kritik und Reformvorschläge von Hermann Löwenfeld (Berlin 1879).

Mot. I = Begründung (Motive) zu E. I.[1])

Mot. II = Begründung (Motive) zu E. II.[1])

Novelle = Gesetz vom 11. Juni 1870 betreffend die Aktiengesellschaften und die Kommanditgesellschaften auf Aktien (Bundesgesetzblatt S. 375).

Protokolle der Untersuchungskommission = Protokolle der durch Allerhöchste Botschaft vom 14. Februar 1873 berufenen Spezialkommission zur Untersuchung des Eisenbahnkonzessionswesens (Anlagen zu den Stenographischen Berichten des Abgeordnetenhauses 12. Legislaturperiode, I. Session 1873—74 Bd. III. S. 1639 ff.).

Renaud, A.G. = Das Recht der Aktiengesellschaften von Achilles Renaud. 2. Aufl. (Leipzig 1875).

R.G.B. = Reichsgesetzblatt.

Ring, A.G. = Das Reichsgesetz betreffend die Komm.G. ꝛc. mit einer Einleitung und Erläuterungen herausgegeben von Viktor Ring (Berlin 1885).

R.O.H.G. = Entscheidungen des Reichsoberhandelsgerichts.

Saling = Salings Börsenpapiere Fünfter Theil Erste Hälfte. 5. Aufl. Eisenbahnpapiere. Erste Hälfte: Deutsche Eisenbahnen. Bearbeitet von W. L. Hertslet (Berlin 1880).[2])

Schiebe-Odermann = Schiebe, Die Lehre von der Buchhaltung. 12. Aufl., besorgt von Odermann (Leipzig 1881).

Thöl, H.R. = Das Handelsrecht von Dr. Heinrich Thöl. 6. Aufl. (Leipzig 1879).

v. Völderndorff, A.G. = Das Reichsgesetz betr. die Komm.G. ꝛc. Erläutert von Dr. Otto Freiherrn von Völderndorff (Erlangen 1884).

Weinhagen, A.G. = Das Recht der Aktiengesellschaften nach dem Allgemeinen Deutschen Handelsgesetzbuch und dem Preußischen Gesetze vom 15. Februar 1864, bearbeitet von R. Weinhagen (Köln 1866).

---

[1]) Soweit die erste und zweite Begründung übereinstimmen, ist nur die erste citirt.

[2]) Enthält die im Jahre 1879 veröffentlichten Bilanzen deutscher Eisenbahngesellschaften.

Erstes Kapitel.

Die rechtliche Bedeutung der Bilanz.

§ 1. Die Bilanz der Aktiengesellschaften und Kommanditgesellschaften auf Aktien — welche beide Rechtsinstitute in den nachfolgenden Erörterungen unter der Bezeichnung Aktienvereine zusammengefaßt werden sollen — erfüllt einen mannigfaltigen Zweck. Allgemeines. Sie soll zunächst den Interessenten des Aktienvereins periodisch eine Darstellung der Vermögenslage desselben geben und hierdurch insbesondere den Vorstand der Aktiengesellschaft in die Lage setzen, zu prüfen, ob der Verlust derselben die Hälfte des Grundkapitals ausmacht — in welchem Fall einer sofort zu berufenden Generalversammlung hiervon Anzeige gemacht werden muß (Art. 240 Abs. 1) — und ob die Gesellschaft überschuldet und demgemäß der Konkurs anzumelden ist (Art. 240 Abs. 2).[1] Sie bildet ferner den Ausgangspunkt für die Gewinnvertheilung, und es können unter die Aktionäre — mit einer Ausnahme[2]) — nur insoweit Dividenden vertheilt werden, als sich aus der Jahresbilanz ein reiner Gewinn ergiebt (Art. 197 Abs. 2, 217 Abs. 1); nur aus diesem bilanzmäßigen Gewinn dürfen auch Aktien amortisirt werden, sofern die über die Herabsetzung des Grundkapitals maßgebenden Vorschriften (Art. 203 Abs. 1, 248) nicht innegehalten werden (Art. 203 Abs. 2, 215d Abs. 2). Die dritte Bedeutung der Bilanz liegt darin, daß sie in Gemeinschaft mit der Gewinn- und Verlustrechnung und dem Geschäftsbericht die Grundlage für die Rechnungslegung an die Aktionäre bildet (Art. 185, 185c, 239, 239a, 239b).

---

[1]) Vgl. Konk.-Ordnung § 193.

[2]) Bauzinsen bei Aktiengesellschaften Art. 217 Abs. 2.

Die Gewährung der Uebersicht über die Vermögenslage.

§ 2. Den ersten Zweck, die periodische Gewährung einer Uebersicht über die Vermögenslage, hat die Bilanz des Aktienvereins mit derjenigen eines jeden Kaufmanns gemeinsam. Jeder Kaufmann ist verpflichtet, Bücher zu führen, aus denen seine Handelsgeschäfte und die Lage seines Vermögens vollständig zu ersehen sind (Art. 28). Zu diesem Zwecke muß er bei dem Beginn seiner Operationen ein Inventar anfertigen, d. h. sein unbewegliches Vermögen, seine Forderungen und Schulden, den Betrag seines baaren Geldes und seine anderen Vermögensstücke genau verzeichnen und den Werth der einzelnen Vermögensstücke angeben (Art. 29, 31).[1]) Er hat ferner die Resultate des Inventars rechnungsmäßig summarisch derartig zusammenzustellen, daß sich hieraus das Verhältnis der Aktiva zu den Passivis ergiebt (Art. 29). Diese Zusammenstellung ist die Bilanz.[2]) Inventar und Bilanz sollen dann jährlich gezogen werden. — Nur bei Waarenlagern, deren Inventur füglich nicht in jedem Jahre gezogen werden kann, genügt eine zweijährliche Inventur derselben; in diesem Falle ist in denjenigen Jahren, in welchen eine Inventur des Waarenlagers nicht gezogen wird, derjenige Bestand des Waarenlagers in die Bilanz aufzunehmen, welcher sich aus den Handlungsbüchern, insbesondere dem Waarenscontro, ergiebt.[3])

Diese Grundsätze, welche allgemein für Kaufleute gegeben sind, finden auch Anwendung auf Aktienvereine.

> Art. 5 (in der Fassung des Gesetzes vom 11. Juni 1870). Die in Betreff der Kaufleute gegebenen Bestimmungen gelten in gleicher Weise in Betreff der Handelsgesellschaften, insbesondere auch der Kommanditgesellschaften auf Aktien und der Aktiengesellschaften.

Sie gelten deshalb auch für solche Aktiengesellschaften, bei welchen der Gegenstand des Unternehmens nicht in Handelsgeschäften besteht (Art. 174, 208).[4])

---

[1]) Der Text entspricht der gegenüber dem deutschen H.G.B. korrekteren Fassung des ungarischen und bosnischen H.G.B. Art. 26 resp. 28.

[2]) Behrend, Lehrbuch des Handelsrechts I. S. 293.

[3]) Vgl. Oppenhoff, Rechtsprechung des Obertribunals in Strafsachen XVI. S. 546; Keyßner, H.G.B. S. 38 Nr. 4.

[4]) Der Art. 5 der ursprünglichen Fassung lautete: „Die in Betreff der Kaufleute gegebenen Bestimmungen gelten in gleicher Weise in Betreff der Handelsgesellschaften, insbesondere auch der Aktiengesellschaften, bei welchen der Gegenstand des Unternehmens in Handelsgeschäften besteht." Hiernach waren

Nach Art. 10 des Handelsgesetzbuchs sind von den Vorschriften über die Handelsbücher ausgenommen

> die Höker, Trödler, Hausirer und dergleichen Handelsleute von geringem Gewerbebetriebe, ferner .... Wirthe, gewöhnliche Fuhrleute, gewöhnliche Schiffer und Personen, deren Gewerbe nicht über den Umfang des Handwerksbetriebes hinausgeht.

Nach der Natur der Sache werden Aktienvereine von derartigen kaufmännischen Betrieben nur eines zum Gegenstande des Unternehmens wählen können, nämlich dasjenige der Wirthe.[1]) Hierzu gehören die Speise-, Schank- und Gastwirthschaften, insbesondere also auch die Geschäfte der Hotelgesellschaften.[2]) Art. 29 Abs. 3 H.G.B. verlangt aber für alle Handelsgesellschaften, also auch für alle Aktienvereine, die Errichtung von Inventur und Bilanz, und nach Art. 185, 239 Abs. 2 ist die Errichtung der Bilanz und der Gewinn- und Verlustrechnung gleichfalls für alle Aktienvereine ohne Unterschied des Gegenstandes des Unternehmens vorgeschrieben.

Klarstellung von Gewinn und Verlust Beschränkte Bedeutung der Bilanz für die Gewinnvertheilung.

§ **3.** Die zweite Bedeutung der Bilanz liegt darin, daß sie Gewinn und Verlust klarstellt. Während bei dem Einzelkaufmann der unmittelbare Zweck der Bilanz durch das Bild, welches sie von der Vermögenslage gewährt, erschöpft ist, hat sie für die Aktienvereine, ebenso wie für die übrigen im Handelsgesetzbuch sog. Handelsgesellschaften, einen unmittelbar praktischen Erfolg, indem durch sie fest-

---

die Bestimmungen über die Buchführung, insbesondere über Inventarien und Bilanzen, den Landesgesetzen überlassen. Für Preußen vgl. Ges. über die Aktiengesellschaften vom 9. November 1843 (G.S. S. 341) § 24 (Hahn, Die Preußischen Gesetze und Verfügungen über offene Handelsgesellschaften, Kommanditgesellschaften und Aktiengesellschaften [1856] S. 37) und Ges. über die Aktiengesellschaften, bei welchen der Gegenstand des Unternehmens nicht in Handelsgeschäften besteht, vom 15. Februar 1864 (G.S. S. 57) § 42.

[1]) Vgl. Entsch. des Reichsgerichts in Straff. IV. S. 281.

[2]) Daß diese Gesellschaften nach dem Ges. vom 11. Juni 1870 als Aktienvereine trotz Art. 10 Abs. 2 (Vereinigungen zum Betriebe eines Handelsgewerbes, auf welches die bezeichneten Bestimmungen keine Anwendung finden, gelten nicht als Handelsgesellschaften) den Bestimmungen des Handelsgesetzbuchs über die Aktienvereine unterstehen, ist anerkannt von Thöl, Handelsrecht, 6. Aufl. § 116. Dem Wortlaut nach betrifft allerdings Art. 5, resp. 174, 208 nur solche Vereine, deren Gegenstand nicht in Handelsgeschäften besteht; wenn aber schon diese als Handelsgesellschaften im Sinne des H.G.B. angesehen werden sollen, so muß dies um so mehr bei solchen Vereinen der Fall sein, deren Gegenstand in Handelsgeschäften besteht und welche nur von dem Spezialrecht der Handelsgesellschaften ausgeschlossen waren.

gestellt wird, ob, eventuell welcher Gewinn unter die Betheiligten vertheilt werden kann.[1]) Die Gewinnvertheilung selbst richtet sich nach Statuten und Verträgen — es können hierbei konkurriren: Aktionäre in den mannigfachsten Abstufungen (Prioritätsaktionäre, Inhaber älterer Dividendenscheine) mit Anspruch auf Dividende oder Kapitalrückzahlung (Art. 203 Abs. 2, 215d Abs. 2), Gründer der Gesellschaft, welche sich einen Gewinnantheil vorbehalten haben[2]), oder dritte Personen, z. B. Stadtgemeinden bei den durch ihr Gebiet gehenden Straßenbahnen, tantiemeberechtigte Vorstands- oder Aufsichtsrathsmitglieder.

In Bezug auf die Höhe der Dividende kann die Bilanz unmittelbar oder nur mittelbar entscheidend sein.

Die Statuten der Aktienvereine lassen sich in dieser Beziehung in zwei Gruppen theilen.[3]) In den einen ist die Feststellung der Höhe der Dividende von einem Beschlusse der Generalversammlung abhängig gemacht, in der anderen nicht. In dem letzteren Fall ergiebt die genehmigte Bilanz ohne Weiteres denjenigen Gewinnantheil, auf dessen Auszahlung der einzelne Aktionär ein klagbares Recht hat. Im ersten Fall ist ein Generalversammlungsbeschluß essentielle Voraussetzung des Dividendenanspruchs; der bilanzmäßige Gewinn stellt in diesem Fall nach Abzug der statutenmäßig oder vertraglich festgesetzten Rücklagen oder Gewinnbetheiligungen nur die Maximalsumme dar, über welche hinaus eine Vertheilung von Dividenden nicht stattfinden kann.[4])

---

[1]) Der bilanzmäßige Gewinn ist zwar regelmäßig, aber nicht nothwendig für andere Gewinnberechnungen als für die Dividende maßgebend, z. B. für die Tantieme; vgl. Hahn, Kommentar I. S. 704 Note 8; insbesondere ist dies dann nicht der Fall, wenn die Grundsätze über die Bilanzberechnung sich nach Abschluß eines den Gewinn betreffenden Vertrags ändern. Vgl. auch Entsch. des Schweizer Bundesgerichts in Sachen Centralbahn ./. Jura-Bern-Luzernbahn vom 30. November 1883, Amtl. Samml. IX. S. 609 ff. Nach dem Schweizer Obligationenrecht Art. 630 dürfen auch Tantiemen nur aus dem bilanzmäßigen Reingewinn bezahlt werden, vgl. Hafner, Das Schweizerische Obligationenrecht (Zürich 1883) S. 201.

[2]) Mot. I zum Aktiengesetz S. 146. Vgl. auch französischen Aktiengesetzentwurf Art. 8 bei Arnault, Rapport de la commission extra-parlementaire du 14 février 1882 (Paris 1884), Renaud, Aktiengesellschaften S. 655.

[3]) Vgl. zum Folgenden: Entsch. des Reichsoberhandelsgerichts Bd. XI. S. 119, XIX. S. 141 f., Grünhut in der Zeitschrift für Privat- und öffentliches Recht I. S. 382 f.

[4]) A. M. Renaud, Aktiengesellschaften S. 660.

In den älteren Statuten ergiebt regelmäßig die Bilanz unmittelbar die Dividende,[1]) und es hat sich diese Uebung bei den großen Transportgesellschaften meist erhalten.[2]) In den neueren Statuten findet sich dagegen häufig die Klausel, daß die Dividende von der Generalversammlung festgesetzt wird. Es ergiebt sich für diese Bestimmung in der That ein praktisches Bedürfnis.

Nehmen wir an, ein Aktienverein, dessen Kapital 100 000 M. beträgt, besitzt als einziges Aktivum ein Grundstück im bilanzmäßigen Werthe von 110 000 M. Dann ist nach Inhalt der Bilanz ein Reingewinn von 10 000 M. vorhanden, welcher Betrag mangels anderweitiger Bestimmung nach etwa erforderlicher Rücklage in den Reservefonds als Dividende unter die Aktionäre vertheilt werden müßte. Um diese Vertheilung zu ermöglichen, würde entweder der Verkauf des Grundstücks oder die Aufnahme eines Darlehns erforderlich sein.[3])

Nur wenige Gesetzgebungen haben diesen Fall vorgesehen. Nach den Handelsgesetzbüchern der Argentinischen Republik (§ 418),[4]) von Chile (§ 463)[5]) und von Honduras (§ 461)[6]) dürfen nur die flüssigen Gewinnüberschüsse unter die Aktionäre als Dividende vertheilt werden. In dem Schweizerischen Obligationenrecht (Art. 631 Abs. 2) findet sich wenigstens der generelle Vorbehalt, daß die Generalversammlung befugt ist vor Vertheilung der Dividenden solche Reserveanlagen, welche nicht in den Statuten vorgesehen sind, zu beschließen, sofern die Sicherstellung des Unternehmens es erfordert. Das der englischen Gesellschaftsakte von 1862 (25 & 26 Vict. c. 89) in Table A beigefügte Musterstatut, welches nach s. 15 des Gesetzes allerdings nur in Ermangelung einer entgegengesetzten statutarischen Disposition zur Anwendung kommt und also nicht zwingendes Recht enthält, verlangt in Nr. 74, daß diejenigen Gewinnbeträge von der Ver-

[1]) Man vergleiche z. B. die in der Preußischen Gesetzsammlung abgedruckten Statuten, z. B. Statut der Potsdam-Magdeburger Eisenbahngesellschaft 1845 (G.S. S. 555) § 15.

[2]) Vgl. z. B. Statut der Lemberg-Czernowitzer Eisenbahngesellschaft (Pollanetz und Wittek, östr. Eisenbahngesetzsammlung V. S. 610) § 51.

[3]) Vgl. z. B. den Posten „Unliquide Superdividende" in der Bilanz der Chemnitzer Baugesellschaft (G.A. II. S. 694).

[4]) Borchard, Die Handelsgesetze des Erdballs I. S. 126.

[5]) a. a. O. S. 711.

[6]) a. a. O. III. S. 426.

theilung als Dividende ausgeschlossen werden, welche erforderlich sind, um Zufällen zu begegnen (to meet contingencies).[1])

Die französische Praxis und Jurisprudenz hat, trotzdem sie eine ausdrückliche gesetzliche Vorschrift nicht vorfand, verlangt, daß die zur Vertheilung gelangenden Gewinne realisirt seien. „Si l'actif n'est pas encaissé, s'il y a des recouvrements à faire, il ne peut y avoir lieu à une répartition de dividendes."[2]) Auch nach dieser Auffassung erscheint die Dividende außer durch den bilanzmäßigen Betrag durch die Liquidität des Gewinns beschränkt.[3])

Das deutsche Recht kennt eine derartige Beschränkung nicht. Nach Art. 197 (161, 107), 217 kann der ganze Gewinn, welcher sich aus der Bilanz ergiebt, unter die Aktionäre vertheilt werden, und es muß dies geschehen, soweit nicht der Gesellschaftsvertrag anderweitige Vorschriften enthält oder Beschlüsse zuläßt.

Der Aktienverein kann in Fällen, wie dem eingangs konstruirten, in eine bedenkliche Zwangslage gebracht werden; die Verpflichtung, eine Dividende in baarem Gelde zu vertheilen, während die Aktiva in unrealisirten Posten festgelegt sind, kann geradezu den Ruin der Gesellschaft herbeiführen. Aber der Rechtssatz, daß jeder bilanzmäßige Gewinn, auch wenn er illiquide, als vertheilungsfähig anzusehen ist, kann dadurch nicht abgeschwächt werden.[4]) Mag es de

---

[1]) Nach Lindlay, Law of partnership 4. ed. (London 1878) I. p. 790 soll die Generalversammlung mangels gegentheiliger Bestimmung des Statuts die Höhe der Dividende und die Zeit der Vertheilung festzusetzen haben. Die englischen Aktienvereinsstatuten enthalten regelmäßig die Klausel: No larger dividends shall be declared than is recommended by the directors; F. B. Palmer, Company Precedents 2. ed. (1881) p. 134.

[2]) Dalloz, Répertoire v. société No. 1390. Auch Paul Mornard, Des sociétés en commandite par actions (Paris 1880) p. 167, welcher diese Auffassung als zu weitgehend bezeichnet, steht im Wesentlichen auf demselben Standpunkt.

[3]) Für die Auffassung der Frage im Gebiet der Vereinigten Staaten vgl. Isaac F. Redfield, The law of railways (Boston 1873) II p. 573: „Dividends are only to be declared out of the actual earnings of the company; and if they be declared when not earned and so virtually payable out of the capital or, which is the same thing, out of money borrowed .... it is a fraud upon the shareholders.

[4]) So auch v. Hahn, Kommentar zum H.G.B. 2. Aufl. Bd. I. S. 704, Keyßner, H.G.B. S. 229 Nr. 13, Entsch. des R.O.H.G. in der Deutschen Juristenzeitung 1877 Nr. 29; a. M. Primker in Endemanns Handbuch des

lege ferenda auch vielleicht angemessen erscheinen, nur die Vertheilung flüssiger Gewinne für zulässig zu erklären — nach dem geltenden Recht müssen die Aktienvereine mit der entgegengesetzten Bestimmung rechnen, und es muß daher als Gebot der Vorsicht erachtet werden, daß der Generalversammlung statutarisch die Feststellung der Dividende vorbehalten und damit der starren Bilanz die unmittelbare Wirkung der Dividendenfixirung entzogen wird. Erst hierdurch wird die Bilanz auf diejenige Aufgabe in diesem Gebiete beschränkt, welche ihrer inneren Bedeutung entspricht, und es erlangen die zuständigen Gesellschaftsorgane in der Vertheilung von Vereinsvermögen denjenigen Spielraum, welchen die Beurtheilung der jedesmaligen Sachlage erheischt.

Grundlage der Rechnungslegung. Verhältniß der Bilanzgenehmigung zu dem Entlastungsbeschlusse.

§ 4. Bei der offenen Handelsgesellschaft hat jeder Gesellschafter das Recht, die Handelsbücher und Papiere der Gesellschaft einzusehen und auf ihrer Grundlage eine Bilanz zu seiner Uebersicht anzufertigen (Art. 105), und es wird die Verpflichtung des geschäftsführenden Gesellschafters zur Rechnungslegung regelmäßig durch Gewährung der Einsicht in jene Bücher und Papiere erfüllt.[1]) Bei der einfachen Kommanditgesellschaft erfolgt die Rechnungslegung an den Kommanditisten durch abschriftliche Mittheilung der jährlichen Bilanz, und es ist dieser befugt, die Richtigkeit derselben unter Einsicht der Bücher und Papiere zu prüfen.

Bei den Majoritätsverbänden der Aktienvereine ist eine derartige Rechnungslegung unter Einsicht der Skripturen seitens der Aktionäre nicht angängig und würde zu den größten Unzukömmlichkeiten führen. Daher beschränkt das H.G.B. die bezüglichen Verpflichtungen der Gesellschaftsorgane auf Mittheilung der Bilanz an

---

Handelsrechts I. S. 618, dessen Ausgangspunkt, es werde in solchen Fällen in Wahrheit ein nicht verdienter Reingewinn vertheilt, irrig ist. Voraussetzung ist natürlich eine richtige Bilanz. Nehmen wir an, der obengedachte Aktienverein habe im Waarengeschäft 10 000 verdient, sein ganzes Vermögen von nunmehr 110 000 flüssig gemacht und für diese 110 000 das Grundstück gekauft. Dann ist, falls das Grundstück mit 110 000 in der Bilanz richtig bewerthet ist, ein Reingewinn von 10 000 vorhanden. Auch v. Völderndorff in Buschs Archiv Bd. 40 S. 315 ff. (vgl. auch in Endemanns Handbuch I. S. 246) läßt die Generalversammlung über die Höhe der Dividende entscheiden, leitet dies aber in erster Reihe aus der Omnipotenz der Generalversammlung ab.

[1]) Nürnberger Protokolle S. 195 f., v. Hahn, Kommentar S. 358, Puchelt, Kommentar, 3. Aufl. S. 188; vgl. aber auch Striethorst, Archiv, Bd. 64 S. 161.

die Generalversammlung. Der seit der Novelle vom 11. Juni 1870 auch für die Aktiengesellschaft obligatorische Aufsichtsrath, welchem generell die Befugniß zur Einsicht der Bücher zusteht (Art. 193, 225), hat die Bilanz zu prüfen und der Generalversammlung den Prüfungsbericht zu erstatten. Nach dem Aktiengesetz soll der Generalversammlung die Bilanz mit einer Gewinn- und Verlustrechnung und einem Geschäftsbericht, sowie etwaigen Bemerkungen des Aufsichtsraths zur Genehmigung vorgelegt werden.[1])

Es ist aber wohl zu beachten, daß durch die Genehmigung der Bilanz den Verwaltungsorganen noch nicht Decharge ertheilt wird, und daß Decharge ertheilt werden kann, ohne daß die Bilanz genehmigt wird.

Nehmen wir an, ein vermögensloses Vorstandsmitglied habe Gelder der Gesellschaft in seinem Nutzen verwandt. In diesem Fall müssen die unterschlagenen Summen als Verlust in der Gewinn- und Verlustrechnung auftreten, und die Bilanz muß unter Berücksichtigung dieses Verlusts aufgestellt und genehmigt werden. Aber durch diese nach Lage der Sache nothwendige Bilanzirung wird keineswegs dem betreffenden Vorstandsmitglied gegenüber eine Entlastung erklärt; vielmehr ist die Gesellschaft, wenn nicht ausdrücklich Decharge ertheilt ist, befugt, dasselbe auf Rückzahlung der hinterzogenen Beträge zu belangen.

Auf der anderen Seite kann der Vorstand, welcher die Gesellschaftsgeschäfte in sorgfältiger Weise geführt hat, eine Bilanz vorlegen, in welcher nach Ansicht der Generalversammlung einzelne Aktiva unrichtig bewerthet sind. Die Beanstandung dieser Werthansätze in der Bilanz steht der Decharge in keiner Weise entgegen. Völlig korrekt findet sich daher auch vielfach in den Ankündigungen der Generalversammlungen als Gegenstand der Tagesordnung: Genehmigung der Bilanz und Ertheilung der Decharge.

Die Differenz ist von erheblicher Bedeutung für die Frage, durch wen die Dechargirung erfolgen muß.

Nach den Motiven zum Aktiengesetz scheint es in der Absicht der Redaktoren gelegen zu haben, die Dechargirung zu einem ausschließlichen Recht der Generalversammlung zu machen. So heißt es: „Außer der nöthigen Klarlegung der Geschäftslage verfolgt die

[1]) Vgl. Art. 185, 185c, 239, 239a.

Vorlegung der Bilanz den Zweck, die Entlastung des Vorstandes wegen seiner Geschäftsführung zur Entscheidung der Generalversammlung zu führen." [1])

Diese Absicht ist aber im Gesetz nicht zu dem erforderlichen Ausdruck gelangt.

Art. 185, resp. 239 schreiben vor, daß die Bilanz der Generalversammlung vorgelegt werden muß.

Art. 185c bestimmt:

> Nach erfolgter Genehmigung durch die Generalversammlung sind die Bilanz, sowie die Gewinn- und Verlustrechnung ohne Verzug von den persönlich haftenden Gesellschaftern in den hierzu bestimmten öffentlichen Blättern bekannt zu machen und zu dem Handelsregister einzureichen.
>
> Im Uebrigen werden die Grundsätze, nach welchen die Bilanz aufzunehmen, Reservefonds zu bilden und anzulegen sind und die Prüfung der Bilanz zu erfolgen hat, durch den Gesellschaftsvertrag bestimmt.

Nach Art. 239b findet diese für die Kommanditgesellschaft auf Aktien gegebene Vorschrift auf Aktiengesellschaften entsprechende Anwendung.

Art. 239a gestattet, daß die Generalversammlung der Aktiengesellschaft zur Prüfung der Bilanz Revisoren ernennt.

Weitere Vorschriften über die Genehmigung finden sich nicht; über die Entlastung des Vorstands, resp. der Komplementare enthält auch das neue Gesetz keine allgemeine Bestimmung.

Nach der bisherigen Praxis haben die meisten Aktiengesellschaften der Generalversammlung das Recht, Decharge zu ertheilen, nicht gewährt.

So bestimmt z. B. das Statut der Berlin-Potsdam-Magdeburger Eisenbahngesellschaft:

> § 38. Die Jahresrechnungen des Direktorii werden vom Ausschusse geprüft, monirt und nach Erledigung der Einwendungen dechargirt.
>
> § 23. Es muß in den regelmäßigen jährlichen Generalversammlungen
>
> 8. der Geschäftsbericht des Direktorii vorgelesen,
> 9. die Rechnung über das vorhergehende Verwaltungsjahr vorgelegt und ein gedruckter Abschluß derselben unter die Aktionäre vertheilt werden.

---

[1]) Mot. I. S. 357 vgl. auch S. 229.

Hiermit stimmen im Wesentlichen die Statuten der älteren preußischen Eisenbahnen überein.[1]) Bei anderen Gesellschaften sind behufs Prüfung der Bilanz und Ertheilung der Decharge besondere Revisoren bestellt;[2]) in noch anderen ist die Feststellung der Bilanz und die Ertheilung der Decharge verschiedenen Organen zuertheilt und z. B. jene dem Aufsichtsrath (Verwaltungsrath), diese den Revisoren übertragen.[3])

Gegenüber dieser thatsächlichen Uebung hätte es einer klaren gesetzlichen Bestimmung bedurft, wenn die Entlastung ausschließlich der Generalversammlung vorbehalten[4]) oder wenn durch die Ge-

---

[1]) Vgl. z. B. Statut der Oppeln-Tarnowitzer Eisenbahngesellschaft (1856) § 42, 26.

[2]) Z. B. Berliner Lampen- und Broncewaarenfabrik § 35, Gumbinner Aktienbrauerei § 34.

[3]) Aktien-Bauverein „Passage" §§ 44, 45; Berliner Bockbrauerei Aktiengesellschaft §§ 35, 41.

[4]) Ring, Das Reichsgesetz über die Kommanditgesellschaften auf Aktien rc. S. 278, v. Völderndorff, A.G. S. 707 ff., Kayser, A.G. S. 132 kommen zu entgegengesetztem Resultat. Sie stützen sich zunächst auf die Entstehungsgeschichte des Gesetzes. Nach Art. 239b des ersten und 185c, 239b des zweiten Entwurfs sollte „die Bilanz und die Gewinn- und Verlustrechnung mit dem Beschlusse über die Entlastung" bekannt gemacht und zu dem Handelsregister eingereicht werden. Die Reichstagskommission (Bericht S. 26) beschloß, von der „Veröffentlichung des vielleicht umfänglichen Entlastungsbeschlusses" abzusehen, und es wurde demgemäß der bezügliche Vermerk in Art. 185c gestrichen. Hieraus können u. E. Folgerungen nicht gezogen werden. Denn auch die Entwürfe enthielten keine Vorschrift dahin, daß der Entlastungsbeschluß von der Generalversammlung ausgesprochen werden müsse. Auch Art. 239a Abs. 3 ist nicht beweisend. Nach diesem soll, wenn die Generalversammlung auf Verlangen einer Minderheit vertagt wird, bezüglich der nicht bemängelten Ansätze die Entlastung des Vorstands als erfolgt angesehen werden müssen. Diese Vorschrift gilt zunächst nur für Aktiengesellschaften, und es kann nicht angenommen werden, daß die Kompetenz der Generalversammlung in diesem Punkte anders als bei der Kommanditgesellschaft auf Aktien geordnet werden sollte. Die Bestimmung schließt aber auch nicht aus, daß andere Organe zur Entlastung des Vorstands bestellt werden können. Haben diese die Entlastung ausgesprochen, so wird Art. 239a Abs. 3 gegenstandslos. Es genügt für die Auslegung dieser Vorschrift, daß er für den Fall Vorsorge trifft, wenn die Generalversammlung die Entlastung auszusprechen hat. Daß diese hierzu ausschließlich zuständig ist, besagt weder Art. 239a Z. 3, noch sonst irgend eine Vorschrift des Aktiengesetzes. Uebrigens erscheint die Bestimmung wenig glücklich. Man wird — wenn man nicht zu unmöglichen Resultaten kommen will — annehmen müssen, daß die Generalversammlung berechtigt ist, die Entlastung vollständig zu verweigern,

nehmigung der Bilanz ohne Weiteres, etwa auf Grund einer Rechtsvermuthung,[1]) die Entlastung ausgesprochen sein sollte.[2])

Hiernach hat die Bilanz und deren Feststellung für die Frage der Dechargirung kaum unmittelbare Bedeutung. Sie ist nur neben der Gewinn- und Verlustrechnung und neben dem Geschäftsbericht eines der Mittel, durch welche die Rechenschaftslegung an die Generalversammlung vorbereitet wird.

Die Decharge kann auch im Laufe des Jahres, z. B. bei Abgang eines Direktors ertheilt werden, ohne daß die Bilanz gezogen würde;[3]) sie ist auch fernerhin weder von der Feststellung der Bilanz abhängig, noch die unmittelbare Folge derselben.

---

wenn sie auch nur einen Theil der Bilanz genehmigt; eine richtige Bilanz muß sie eben genehmigen, auch wenn die Mitglieder des Vorstands wegen irgend eines Akts regreßpflichtig sind.

[1]) A. M. Ring S. 279. Das belgische Gesetz vom 18. Mai 1873 enthält eine derartige Rechtsvermuthung. Nach Art. 64 soll die Annahme der Bilanz als Decharge für den Vorstand und die Kommissare gelten, wenn die Generalversammlung keinen gegentheiligen Vorbehalt macht und die Bilanz weder Auslassungen noch falsche Angaben über die Lage der Gesellschaft enthält.

[2]) Selbst die Vorschrift, daß die Generalversammlung die Bilanz genehmigen muß, findet sich nicht dispositiv klargestellt, sondern in den Worten „nach Genehmigung der Bilanz durch die Generalversammlung" versteckt (Art. 185c).

[3]) Hecht, Zur Reform des Aktiengesellschaftsrechts (1882) S. 24 schlug vor, die Dechargirung unter Umständen erst in der ordentlichen Generalversammlung des zweitfolgenden Jahres eintreten zu lassen, trotzdem er augenscheinlich an der Feststellung der Bilanz in der ersten Generalversammlung nicht rütteln wollte.

Zweites Kapitel.

Geschichtlicher Ueberblick.[a])

I. Die kaufmännische Bilanz überhaupt.

Mittelalterliche Buchführung.

§ 5. Die Führung der Handelsbücher ist alte kaufmännische Sitte. Schon die römischen Argentarii und Nummularii führten solche. Im Mittelalter wurde der Gebrauch derselben allgemein; ihre Bedeutung fand eine scharfe Anerkennung durch die ihnen zugebilligte Beweiskraft, welche bereits zur Zeit der Postglossatoren allgemein anerkannt wurde.[1]) Aber jene älteren Handelsbücher hatten mit den jetzt üblichen wenig gemein; sie ähnelten dem Memorial und führten nur ohne feste Reihenfolge, theilweise unter Angabe der Beweismittel, die von dem Kaufmann abgeschlossenen Geschäfte in erzählender Form auf; nachträglich wurden wohl auch zum Theil die auf die betreffenden Geschäfte geleisteten Zahlungen dabei notirt. Eine rechnungsmäßige Zusammenstellung von Personenconti oder die Führung eines Waarenbuchs fand nicht statt — noch weniger die Ziehung eines Inventars oder einer Bilanz.[2])

---

[a]) Verfasser ist sich der mannigfachen Unzulänglichkeiten des folgenden Kapitels bewußt; die gewonnenen Resultate schienen ihm aber erheblich genug, um in den nachstehenden Erörterungen zusammengestellt zu werden.

[1]) Vgl. hierüber Endemann in der Zeitschrift für das ges. Handelsrecht II. S. 329 ff.

[2]) Vgl. hierzu J. C. M. Laurent, Das älteste hamburgische Handlungsbuch aus dem vierzehnten Jahrhundert (Hamburg 1841), betreffend die Geschäfte der van Gheldersen'schen Societätshandlung aus den Jahren 1367 bis 1408, aus welchem nach dem Zeugniß des Herausgebers weder der jährliche Geschäftsumsatz noch das Vermögen genau zu bestimmen ist (S. 6), und in welchem vielfach der Schuldgrund, sowie auch augenscheinlich die geleisteten Zahlungen fehlen. Ferner Ott Rulands Handlungsbuch (herausgegeben in der Bibliothek des Litterarischen Vereins zu Stuttgart 1843), betreffend die Geschäfte des genannten Ulmer Handlungsherrn aus den Jahren 1442 bis 1464, in welchem die Geschäfte ohne Innehaltung einer Ordnung aufgeführt sind, zum Theil ohne Bezeichnung des Rechtsgrunds, ja sogar ohne Angabe des Gegenkontrahenten (bei einer kreditirten Forderung bezüglich des Schuldners der Zusatz: „ich hab des namens vergessen" S. 11). Endlich das neuerlich von Koppmann publizirte, weit sorgfältiger und übersichtlicher geführte Handlungsbuch des Rostockers

§ 6. Um die Entstehung des modernen Handlungsbuchs zu ermöglichen, mußte zunächst eine Neuerung vorangehen: die Einführung der arabischen Ziffern. Die römischen, aus Buchstaben bestehenden Zahlzeichen sind für das Summiren, wie überhaupt für jede übersichtliche Rechnung durchaus ungeeignet. Für diesen Zweck war eine Zifferschrift erforderlich, bei welcher jede Ziffer

Entstehung der doppelten Buchführung und in ihrem Gefolge der Bilanz. Lucas Paccioli.

Johann Tölner von 1345 bis 1350 (Geschichtsquellen der Stadt Rostock I [1885]), in welchem sich auch Zusammenstellungen der Schuldner finden. Wesentlich höher stehen nach den Mittheilungen Peruzzis in dessen Storia del commercio e dei banchieri di Firenze dal 1200 al 1345 (Florenz 1868) S. 223 ff. die Buchführungen der Gesellschaften der Peruzzi und Alberti in Florenz aus dem Ende des 13. und dem 14. Jahrhundert. Ein Hauptbuch wird geführt; seine Verschiedenheit von dem modernen Hauptbuch ergiebt sich aber schon daraus, daß die Gläubiger in demselben quittiren. Peruzzi erwähnt auch Gesellschaftsbilanzen; doch scheint er unter denselben nur die in den Societätsverträgen erwähnten, z. Th. zweijährlich gezogenen ragioni generali zu verstehen; und es erhellt jedenfalls nicht, daß es sich um Vermögensbilanzen im heutigen Sinn handelt.

In deutschen Statutarrechten des sechzehnten Jahrhunderts finden wir als beweiskräftig die „Schuldtbücher" der Kaufleute und Handwerker, und schon die Gleichstellung ergiebt, daß wir es nicht mit den Büchern der spezifisch kaufmännischen Buchführung zu thun haben; vgl. Freiburger Stadtrecht von 1520, tr. I. tit. IX. p. 21v, Neues Landrecht des Fürstenthums Würtemberg. Th. I. S. 58. Aus dem Freiburger Stadtrecht, in welchem sich über die Form der Schuldtbücher Vorschriften finden, ergiebt sich, daß das Schuldtbuch nichts Weiteres als das Memorial der einfachen Buchführung enthielt.

In den italienischen Statuten, welche genauere Vorschriften über die Buchführung enthalten (vgl. Lattes, Il diritto commerciale nella legislazione statutaria delle città italiane, Mailand 1884, p. 263), finden sich denn auch, soweit Verfasser durchgesehen, jedenfalls im Mittelalter keine Vorschriften über Inventar und Bilanzen. Noch die Statuta mercatorum von Bologna von 1509, welche über das Journal und die libri dei creditori e debitori eingehende Vorschriften enthalten (c. 51), sagen darüber nichts. Auch die Statuta Ferrariae von 1567 verlangen zur Glaubwürdigkeit der Bücher nur, daß zornalia und liber authenticum geführt werden (lib. II. cap. 37). Nach den Statuten von Modena von 1546 sollen die Posten ausdrücklich Jahr, Monat, Tag, Person des Gegenkontrahenten und den Rechtsgrund erkennen lassen; über das System der Buchführung enthalten sich auch diese Statuten einer Vorschrift (lib. I. rubr. XVII) — vgl. auch Statuten von Pesaro von 1531, lib. II. rubr. LIV. Da hiernach noch im sechzehnten Jahrhundert die Glaubwürdigkeit der Bücher im Prozeß von einem Abschluß derselben durch Bilanz nicht abhängig war, so ist anzunehmen, daß dies auch früher nicht der Fall war. Vgl. auch bezüglich des älteren belgischen Rechts De Jonge, Historia juris mercatorii Belgici septentrionalis (Diss. inaug. Lugduni-Batavorum 1842) p. 85.

durch den Platz, den sie einnimmt, ihren Werth erhält. Diese Voraussetzung traf bei den arabischen[1]) Zahlzeichen zu.

Das Abendland erhielt zwar die Kenntniß dieses Zahlensystems bereits im Jahre 1202 durch den liber abbaci des Lionardo Fibonacci von Pisa; aber es fand zunächst nur in der Mathematik Anwendung. Der Gebrauch desselben wird erst in den Zeiten der Renaissance ein allgemeiner und seitdem die Rechenkunst mehr und mehr Volkseigenthum.

Hiernach kann sich die moderne Buchführung erst im fünfzehnten Jahrhundert entwickelt haben;[2]) die älteste bekannte literarische Bearbeitung derselben ist im Jahre 1494 erschienen. Es ist der Traktat de computis et scripturis in Luca Paciolis Summa de Arithmetica, Geometria, Proportioni & Proportionalità.[3]) Hier tritt uns das System der doppelten, sog. italienischen Buchführung vollkräftig entgegen. Pacioli, welcher sich hauptsächlich auf die venetianische Praxis stützt, kennt Memorial, Journal und Hauptbuch (quaderno dobbio), in welchem letzteren sich die lebenden und todten Conti unserer heutigen Buchführung finden. Er kennt auch bereits das Eingangsinventar, Kapitalconto und Gewinn- und Verlustconto. Dagegen sind ihm spätere regelmäßige Inventarisirungen unbekannt. Die Schlußbilanz wird nach seiner Angabe nur an vereinzelten Orten jährlich gezogen.[4]) Be-

[1]) Eigentlich indischen. Vgl. hierüber und über die Einführung der arabischen Ziffern im Abendland: Cantor in Schlömilchs Zeitschrift für Mathematik und Physik I. S. 73, Wöpcke im Journal asiatique, 6. série, t. I. p. 527, Treutlein, Geschichte unserer Zahlzeichen (1875) S. 21 ff. Wattenbach, Anleitung zur lateinischen Paläographie (2. Aufl. 1872) S. 42 f.

[2]) Freilich scheint das neue Ziffernsystem auch auf hartnäckigen Widerstand gestoßen zu sein. Nach dem Freiburger Stadtrecht von 1520 (vgl. S. 13) sollen die kaufmännischen Schuldtbücher nur beweiskräftig sein, sofern die Summen „nit mit zyffern, sondern langenzal oder mit ganzen worten“ angegeben sind. So auch schon Stat. dell'arte del cambio von Florenz des Jahres 1299 (Majorfi im archivio storico ital. app. t. III p. 528).

[3]) Dist. IX, tract. XI — das Titelblatt fehlt in dem Exemplar der Kgl. Bibliothek zu Berlin. Ueber Pacioli (Frater Lucas Paciolus e Burgo S. Sepulchri) und sein Werk vgl. Beckmann, Beyträge zur Geschichte der Erfindungen (1782) I. S. 3 ff.; Jäger, Lucas Paccioli und Simon Stevin (1876) S. VII ff., 1 ff.; F. A. Bonalumi, Sullo svolgimento del pensiero computistico in Italia (1880) p. 41 ff. Eine neue Ausgabe des Traktats mit Einleitung von Vincenzo Gitti (Turin 1878).

[4]) Per ragione che fosse pieno o vero per ordine anuale di milesimo come el più si costuma per luochi famosi che ogni anno maxime a milesimi nuoni le gran mercatanti sempre lo observano — cap. XXXII.

grifflich erforderlich erschien sie nur zu dem rechnerischen Zweck des Abschlusses der Bücher, sobald diese voll waren. Dann wurden Geschäftsspesen, Privatausgaben, Gewinne u. dgl. auf Gewinn- und Verlustconto übertragen, die buchmäßig vorhandenen Waarenbestände zu den buchmäßig ermittelten Erwerbspreisen eingesetzt, alle Conti — Gewinn- und Verlustconto durch Kapital — saldirt. Sämmtliche Saldi waren dann in der Bilanz, welche auf einem besonderen Blatte[1]) aufgestellt wurde, zu verzeichnen, und von hier aus auf die neuen Bücher zu übertragen.

Die Form für die Bilanz war damit im Wesentlichen festfestgestellt und hat sich in der doppelten Buchführung erhalten. Materiell haben allerdings später Aenderungen stattgefunden. Wie bereits erwähnt, war der Zweck der damaligen Bilanz nur ein buchhalterischer. Es liegt ihm keine neue Inventarisirung zu Grunde, und es konnten demgemäß die materiellen Ziele, welche wir jetzt durch die Bilanz[2]) erstreben, nicht erreicht werden.

§ 7. Die doppelte Buchführung fand aus Italien frühzeitig in Deutschland Eingang.[3]) Die älteste deutsche Arbeit über dieselbe, des Magister Henricus Grammateus „new künstlich Rechenbüchlein vff alle Kaufmannschaft" (1518) steht auf einem primitiveren Standpunkt als Pacioli. Meister Heinrich kennt kein Memorial, dagegen „Zornal" und Hauptbuch, welches letztere er in „Kaps" (Waarenconten) und „Schuldtbuch" (persönliche Conten und Cassaconto) theilt. Inventar kennt er überhaupt nicht, ebenso

Verbreitung und Entwickelung derselben. Henricus Grammateus.

---

[1]) Lo bilancio del libro s'intende 1o foglio piegato per lo luogo sul quale dala mano destro si copiano li creditori del libro e dala sinistra i debitori — cap. XXXVI.

[2]) Zu beachten ist, daß das Wort Bilantium schon in älterer Zeit in einer anderen Bedeutung vorkommt, nämlich für die Skontri auf den Wechselmessen; vgl. Raphael de Turri, Tractatus de cambiis (Frankfurt 1645) disp. I. qu. 17, disp. II. qu. 1; Endemann, Studien in der romanisch-kanonistischen Wirthschaftslehre I. S. 177.

[3]) Die einfache sog. deutsche Buchhaltung ist jünger als die doppelte, und aus einer Abkürzung derselben entstanden. Die älteren bekannten deutschen Handelsbücher haben keinerlei Hauptbuch; die deutschen Schriftsteller des 16. Jahrhunderts kennen wiederum nur die italienische Buchführung, und erst später taucht die einfache auf. Vgl. auch Jäger, Paccioli S. VII. In den nachstehenden Erörterungen ist theils aus diesem Grunde, theils aus den sich aus § 22 ergebenden Motiven nur die Entwickelung der doppelten Buchhaltung skizzirt.

wenig Bilanz. Dagegen hat er bei dem Bücherabschluß im Zornal eine Gewinn= und Verlustrechnung,[1]) am Schluß des Kaps führt er die „bleibenden Güter" zu Einkaufspreisen und im Schuldtbuch bei jedem Conto den Restsaldo auf. Von hier sind jedenfalls die Posten auf neue Rechnung vorgetragen worden. Der zweite deutsche Schriftsteller, Joann Gottlieb, stellt in seinem 1531 erschienenen Werk den Abschluß der Bücher überhaupt nicht dar, angeblich weil dies ohne praktische Anweisung überhaupt nicht möglich sei.[2])

Joann Gottlieb.

Das italienische Buchhaltungssystem eroberte durch seine innere Folgerichtigkeit bald den gebührenden Platz in den Comptoirs der Kaufleute; in der Mitte des sechzehnten Jahrhunderts finden wir es bereits in England.[3]) Eine reiche Litteratur entwickelte sich in Italien.[4])

Um das Jahr 1600 soll dann eine Neuerung in dem Abschluß der Bücher stattgefunden haben.

Passchier Goessens.

Nach Passchier Goessens aus Brüssel, welcher in seiner 1594 zu Hamburg erschienenen Schrift[5]) insofern noch auf dem Standpunkt des Pacioli steht, als er nur ein Anfangs=, aber kein Schluß=inventar kennt, soll man nämlich die bei Abschluß der Bücher unverkauften Waaren „was sie werth sein aestimieren und in

---

[1]) „Adi/18 des Christmonats habe ich beschlossen mein Rechnung (die er am 1. Januar begonnen hatte) und finde gewinn und verlust als wie folget."

[2]) „Nun solt ich weyter für die jugent anzeygen wie man dise vnd ein yegliche rechnung abfertigen, beschliessen und probiren soll, vnd den rest, er sey am parmgelt, schulden, gegenschulden oder an wahre in ein newe Rechnung tragen, das ist, rechnung auff rechnung führen, vnd die newe, recht vnd förmlich wieder anfahen vnd endlich wie man außzüge machen sol, So wil sich solchs weder bey der jugent noch den andern one augenscheinliche zeygung vnd werckung nicht wol bilden noch pflanzen lassen," nach Beckmann a. a. O. S. 11. Gottliebs Werk „Ein teutsch verstendig Buchhalten für Herren oder Gesellschaffter inhalt wellischem prozeß" 2c. (Nürnberg 1531) lag dem Verfasser nicht vor; auf der Göttinger Bibliothek, wo Beckmann es gesehen, wird es vermißt.

[3]) Beckmann S. 7; Anderson, Historische und chronologische Geschichte des Handels. Aus dem Englischen übersetzt. Riga 1773 bis 1778, IV. S. 122.

[4]) Vgl. über dieselbe insbesondere Bonalumi a. a. O. S. 69 ff., über Manzoni und Pietra Jäger, Beiträge zur Geschichte der Doppelbuchhaltung, S. 1 ff.

[5]) Buchhalten fein kurtz zusammengefasst und begriffen, nach arth und weise der Italianer mit allerhant verständlichen guten Exemplen 2c. (Hamburg 1594 bei Binder).

Bilantz setzen". Hierin findet Jäger[1]) den ersten Nachweis einer Werthsermittelung bei dem Bücherabschluß. Bei genauerer Prüfung erscheint aber diese Ansicht nicht als haltbar. In dem Anfangsinventar findet sich bei Goessens allerdings theils der Kostenpreis und theils der Schätzungswerth;[2]) in der Schlußbilanz findet sich aber thatsächlich nur der Einkaufspreis ausgeworfen. Auf das Wort „Aestimiren" darf nicht entscheidendes Gewicht gelegt werden. Denn auch in der ungleich bedeutenderen, fünfzehn Jahre später erschienenen Bearbeitung derselben Materie durch Simon Stevin[3]) wird bei der Bilanzirung eine opum et status aestimatio für erforderlich erachtet. Was aber unter dieser aestimatio verstanden wurde, ergiebt sich aus cap. 9 (p. 64), wo es heißt: ad secundum mucum .... positum accedo, quarum 173 L. 5 unc. esse invenio, quarum singulas libras 7 β taxo, tanto enim precio divenduntur, quanto coemptae sint. Dagegen verlangt Stevin, daß die Bücher jährlich abgeschlossen werden; außerdem bei dem Tode des Kaufmanns und bei der Auflösung des Geschäfts. Simon Stevin.

§ 8. In der ersten Hälfte des siebenzehnten Jahrhunderts muß sich dann das Schlußinventar entwickelt haben. Denn als sich die französische Gesetzgebung der Buchführung bemächtigte, finden wir gerade dieses unter den Erfordernissen derselben. Fortsetzung. Ordonnance de commerce von 1673.

Die ordonnance de commerce von 1673 verlangte zur ordnungsmäßigen Buchführung außer dem Journal[4]) nur ein alle

---

[1]) Beiträge S. 257.

[2]) Bei Immobilien nur der Erwerbspreis; bei Mobilien heißt es theils „hat mich kost", theils „ist geschetzt auf". A. 4.

[3]) De apologistica principum ratiocinio italico. Sie bildet die secunda pars miscellaneorum in dessen Hypomnemata mathematica, Band II. (Leyden 1605.)

[4]) Titre 3 art. 1. Dieses Journal, welches sich in art. 8 des code de commerce wiederfindet, ist ein charakteristisches Beispiel dafür, wie wenig die Gesetzgebung auf diesem Gebiet spezialisiren darf. Es ist allgemein anerkannt, daß selbst in Frankreich ein Journal, welches den Erfordernissen des Gesetzes entspricht, regelmäßig nicht geführt wird, vgl. Brinckmann im Archiv für civ. Praxis Bd. 23 S. 77, Schiebe-Odermann, Lehre von der Buchhaltung, 12. Aufl. S. 4 Note 3. Trotzdem sind die Bestimmungen des Art. 8 code de comm., wie ein Blick in die Borchard'sche Sammlung der Handelsgesetze zeigt, bis in die neueste Zeit kritiklos in die sich an den code de comm. anschließenden Gesetzbücher aufgenommen worden, und fast wären sie auch in die deutschen Handelsgesetze gedrungen. Vgl. Entwurf des Reichshandelsgesetzbuchs Art. 10.

zwei Jahr zu errichtendes Inventar, welches alle beweglichen und unbeweglichen Güter, sowie alle Forderungen und Schulden enthalten soll.[1])

In der Praxis des Kaufmannsstandes scheint man aber trotzdem auch fernerhin selbst in Frankreich von einer Inventarisirung bei dem Abschluß der Bücher abgesehen zu haben.

De la Porte. De La Porte, welcher in seinem 1687 erschienenen Büchlein „Le guide des negocians et teneurs de livres“ ausdrücklich auf die ordonnance de commerce Bezug nimmt, kennt ein Inventarbuch nicht. Der Bestand der Waaren wird nicht effektiv aufgenommen, sondern lediglich aus den Büchern berechnet;[2]) nur bei der Kasse soll man deren Uebereinstimmung mit den Büchern prüfen — wenn der Fehler groß, so soll man ihn zu entdecken versuchen, kleine Differenzen aber einfach auf Gewinn- und Verlustconto buchen. Der Werth der Waaren wird nach dem Einkaufspreis in die Bilanz gesetzt und dieser soll nach den Grundsätzen der Regel de Tri festgestellt werden.[3])

Savary Vater und Sohn. Dagegen verlangte Jaques Savary, der geistige Urheber der ordonnance de commerce,[4]) und sein Sohn Jaques Savary Desbruslons[5]) effektive Inventarisirung. Die Waaren sollen ge-

---

[1]) Art. 8: Seront aussi tenus tous les marchands de faire, dans le même délai de six mois, inventaire sous leur seing, de tous leurs effets mobiliers et immobiliers et de leurs dettes actives et passives, lequel sera récolé et renouvelé de deux ans en deux ans. Abgedruckt u. a. bei Isambert, Taillandier und Decrusy, Recueil général des anciennes lois françaises XIX. p. 92 und bei Bravard-Veyrières, Manuel de droit commercial (6. éd.) p. 39. Der Ausdruck „dettes actives et passives“, der sich wiederholt in den Handelsgesetzbüchern wiederfindet, ist in der Borchard'schen Sammlung mehrfach unrichtig „Aktiva und Passiva“ übersetzt, im ägypt. H.G.B. Art. 8 (I. S. 2) und im belgischen (I. S. 305).

[2]) On tire la dite quantité venduë de celle achetée (p. 145).

[3]) Si telle quantité achetée me revient à telle somme, combien doit couter la quantité qui me reste à vendre (p. 145). War der Erwerbspreis in Pfund Sterling gewährt, so soll derselbe nach dem Londoner Wechselkurs umgerechnet werden (p. 146).

[4]) In seinem berühmten Werke „Le parfait négociant ou instruction générale pour ce qui regarde le commerce des marchandises de France et des pays étrangers“, zuerst erschienen 1675. Dem Verfasser liegt die 7. Auflage vor, welche von dem jüngeren Savary besorgt ist (Paris 1723). Inventar und Bilanz werden behandelt I. livre IV c. 9 p. 324—348.

[5]) In seinem zuerst 1723 erschienenen Werke: Dictionnaire universel de

messen werden (auner). Bezüglich der Bewerthung der Waaren erklärt der jüngere Savary: La juste estimation des marchandises doit se faire à mesure qu'on en charge son Inventaire & s'ajoûter au bout de chaque article, non pas toujours sur le pied du prix courant ou de ce qu'on a déjà vendu, mais à proportion de ce qu'elles peuvent alors véritablement valoir; y en ayant beaucoup qui diminuent, soit par la mode qui s'est passée; soit par les piquûres et tarres qui peuvent y être survenuës depuis qu'elles sont en boutiques et quelques-unes aussi qui augmentent par cette vicissitude si ordinaire dans les étoffes & marchandises, sur tout pour celles qui ne sont que de goût.[1]) Die Bilanz bildet dann den Abschluß des Inventars. Während bei de la Porte die Bilanz noch im Wesentlichen nur buchhalterische Zwecke hat,[2]) erklären die beiden Savary als deren Aufgabe, ein Bild des Vermögensstands zu gewähren und im Fall des Konkurses die bona fides des Kridars darzuthun, beziehungsweise den Gewinn und Verlust festzustellen.[3])

§ **9.** In Deutschland ist aber die Buchhaltung diesen Anregungen nicht gefolgt. Büsch[4]) verlangt keine Inventarisirung und läßt die Waaren zum Einkaufspreise in der Bilanz erscheinen. Gerhard Heinrich Buse schreibt in seinem 1804 erschienenen Werke „Das Ganze der Handlung" zwar Errichtung eines Inventars vor, konstatirt aber die vorhandenen Bestände lediglich auf Grund des Ein- und Verkaufs. Als Inventurwerthe läßt er die Einkaufspreise gelten.[5]) Fortsetzung. Büsch. Buse. Das Allgemeine Landrecht.

Das Allgemeine Landrecht stellte für die Buchführung keine Spezialbestimmungen auf; es verlangte nur, daß dieselbe nach kaufmännischer Art gehalten werden müssen.[6]) Augenscheinlich ge-

---

commerce. Dem Verfasser liegt eine 1726 in Amsterdam erschienene Ausgabe in zwei Bänden vor. Inventaire I. p. 437 s.; Bilan I. p. 143.

[1]) I p. 437; entsprechend Parfait négociant I. p. 328.

[2]) Bilan: c'est un état de la solde de tous les comptes, que l'on fait quand on veut faire un Inventaire ou prendre des nouveaux livres p. 143.

[3]) Dictionnaire I. p. 437, Parfait négociant I. p. 324.

[4]) Büsch, Theoretisch-praktische Darstellung der Handlung (2. Aufl. 1800) II S. 124 ff.

[5]) So nach Jäger, Pacioli S. 152. Ebenso auch Marperger, Neu eröffnete Kauffmanns-Börse (Hamburg 1707) cap. XII. S. 157.

[6]) § 566 II. 8.

hörte es aber zu dieser kaufmännischen Art, mindestens einmal jährlich „Balance" zu ziehen; denn das Unterlassen der Balanceziehung wurde als fahrlässiger Bankrutt bestraft.[1]) Für Societätshandlungen wurden Bestimmungen über Verpflichtung, Zeit und Werthansatz des Inventariums getroffen,[2]) welche indessen nur mangels anderweitiger Vereinbarung der Theilnehmer zur Anwendung kommen sollten.

Schluß. Die neueren Kodifikationen.

§ **10.** Die Kodifikationen des Handelsrechts im neunzehnten Jahrhundert haben durchweg die Handelsbücher und in Verbindung hiermit meist auch Inventarien und Bilanzen in den Bereich ihrer Vorschriften gezogen.

Der französische code de commerce schließt sich im Wesentlichen an die ordonnance von 1673 an und bestimmt im Art. 9:

> Il (d. i. tout commerçant) est tenu de faire, tous les ans, sous seing privé, un inventaire de ses effets mobiliers et immobiliers, et de ses dettes actives et passives et de le copier, année par année, sur un régistre spécial à ce destiné.

Es ist hier also jährliche Inventur vorgeschrieben und außerdem Eintragung in ein besonderes Inventarbuch angeordnet. Eine nähere Bestimmung über den Werthansatz fehlt;[3]) ebenso ist die Ziehung einer Bilanz nicht angeordnet.

---

[1]) § 1468 II. 20.

[2]) § 642 II. 8. Sind in dem Contracte keine besondere Verabredungen getroffen, so kann jedes Mitglied verlangen, daß am Ende des Jahres ein Inventarium über das gesammte Societätsvermögen aufgenommen; alsdann der Abschluß aus den Handlungsbüchern angefertigt; und nach demselben Gewinn oder Verlust vertheilt werde. § 643. Bei dem Mangel anderer Bestimmungen muß dies am Ende des Monats Dezember in jedem Jahre geschehen. § 644. Sind in dem Contracte keine besondere Abreden getroffen, so werden, bei Aufnahme des Inventarii, die zum Handlungsvermögen gehörenden Vorräthe an Materialien und Waaren nur zu dem Preise, wofür sie angeschafft sind, und wenn der gangbare Werth zur Zeit der Inventur niedriger ist, nur zu diesem niedrigeren Preise angesetzt. § 645. Von solchen Materialien und Waaren, deren Werth durch das Liegen im Lager vermindert wird, ingleichen von den Geräthschaften, welche sich durch den Gebrauch abnutzen, muß außerdem noch ein verhältnißmäßiger Abzug gemacht werden. § 646. Die ausstehenden Forderungen der Handlung, welche nicht beigetrieben werden können, müssen ganz abgeschrieben; die zweifelhaften aber nur nach einem verhältnißmäßigen Abzuge angesetzt werden.

[3]) Dies hebt rühmend hervor Didier, Sur l'inventaire des sociétés industrielles im Journal des sociétés VI. p. 128 ff.

Wörtliche oder im Wesentlichen übereinstimmende Vorschriften enthalten die Handelsgesetzbücher von Aegypten (Art. 14), Belgien (Ges. vom 15. Dezember 1872 Art. 17), Griechenland (Art. 9), Haiti (Art. 9), Monaco (Art. 11), Serbien (Art. 10). Das italienische Handelsgesetzbuch von 1882, welches sonst übereinstimmt, verlangt den Abschluß der Inventur durch Gewinn- und Verlustrechnung (Art. 22). Im niederländischen Handelsgesetzbuch wird Aufstellung von Status und Bilanz ohne nähere Erläuterung verlangt.[1])

Das spanische Handelsgesetzbuch (Art. 36) und im Anschluß an dasselbe fast durchgängig die Gesetzbücher der südamerikanischen Republiken[2]) verlangen, daß der Kaufmann bei Beginn des Geschäfts ein Eingangsinventar aufstellt und dann jährlich eine Generalbilanz zieht. Für diese Bilanzen ordnen sie erneute Inventur nicht an; Vorschriften über den Werthansatz werden nicht gegeben. Nur Honduras (Art. 29) verlangt bei dem Eingangsinventar ausdrücklich Abschätzung.

Das deutsche Handelsgesetzbuch schreibt in dem Titel von den Handelsbüchern vor:

> Art. 29. Jeder Kaufmann hat bei dem Beginne seines Gewerbes seine Grundstücke, seine Forderungen und Schulden, den Betrag seines baaren Geldes und seine anderen Vermögensstücke genau zu verzeichnen, dabei den Werth der Vermögensstücke anzugeben und einen das Verhältniß des Vermögens und der Schulden darstellenden Abschluß zu machen; er hat demnächst in jedem Jahre ein solches Inventar und eine solche Bilanz seines Vermögens anzufertigen.
>
> Hat der Kaufmann ein Waarenlager, dessen Inventur nach der Beschaffenheit des Geschäfts nicht füglich in jedem Jahre geschehen kann, so genügt es, wenn das Inventar des Waarenlagers alle zwei Jahre aufgenommen wird.
>
> Für Handelsgesellschaften kommen dieselben Bestimmungen in Bezug auf das Gesellschaftsvermögen zur Anwendung.
>
> Art. 31. Bei der Aufnahme des Inventars und der Bilanz sind sämmtliche Vermögensstücke und Forderungen nach dem Werthe anzusetzen, welcher ihnen zur Zeit der Aufnahme beizulegen ist.

---

[1]) Staat en balans (art. 8); cf. de Wal, Het Nederlandsche Handelsregt. I. p. 65.

[2]) Argentinische Republik Art. 59; Bolivia Art. 38, 39; Chile Art. 29; Cundinamarca Art. 27, 28; Costa-Rica Art. 36; Guatemala Art. 25; Nicaragua Art. 23. Ebenso Mexico Art. 50, 51.

Zweifelhafte Forderungen sind nach ihrem wahrscheinlichen Werthe anzusetzen, uneinbringliche abzuschreiben.

Materiell übereinstimmende Vorschriften enthalten das ungarische H.G.B. (Art. 26, 29) und das bosnische (Art. 28, 30).

II. Die Bilanz der Aktienvereine.

Buchführung der montes. Ambrosiusbank zu Mailand.

§ 11. Es war natürlich, daß die Aktienvereine, welche Handelsgeschäfte im großen Umfange betrieben, frühzeitig die kaufmännische Buchführung annahmen. Freilich scheint dieselbe anfangs sehr unordentlich geführt worden zu sein und Pacioli räth ausdrücklich den Kaufleuten, in der Buchführung gegenüber den montes vorsichtig zu sein.[1])

Genauere Nachrichten haben wir über die Buchführung bei der Bank des heiligen Ambrosius zu Mailand.[2]) Diese im Jahre 1593 gegründete Bank zog ausweislich ihrer Statuten von 1601[3]) vier Male im Jahre (Ende Februar, Mai, August, November) Bilanz.[4]) Der Rechnungsführer hatte die Bilanz auf Grund des Hauptbuchs (libro maestro) festzustellen; die einzige Schwierigkeit hierbei bot die Bewerthung der Wechsel, welche er nach dem Tageskurs berechnen sollte.[5]) Die Hälfte des Bruttogewinns wurde unter die

---

1) Als Grund führt er den häufigen Wechsel der Buchführer an; jeder wolle die Bücher nach einer neuen Methode einrichten und dadurch entstehe die Verwirrung. Cap. XVII.

2) Die älteste Bank, die St. Georgsbank in Genua, setzte den Reingewinn jährlich fest und vertheilte denselben unter die Aktionäre, seit 1456 aber erst drei Jahre nach der Festsetzung. Cuneo, Memorie sopra l'antico debito pubblico, mutui, compere e banca di S. Giorgio in Genova (1845?) p. 119. Die von Cuneo (p. 113—117) aufgeführten Bücher und Register ergeben nicht, daß Handlungsbücher im Sinne der modernen Buchführung gehalten sind. Ueber die Bilanzirung ist nichts zu finden.

3) Eine Uebersetzung findet sich auszugsweise bei Jäger, Die ältesten Banken und der Ursprung des Wechsels (1879) S. 53 ff.

4) Die kurzen Bilanzzeiten hatten ihren Grund in der eigenthümlichen Verfassung der Bank. Ein Theil der Aktionäre (luogatorii im Gegensatz zu den multiplici genannt) konnte mit dreißigtägiger Frist ihre Betheiligung zur Rückzahlung zum Ende dieser Monate kündigen (I. cap. 8, 13). Jäger, Aelteste Banken S. 56 ff.

5) stabilire i prezzi regulandoli con i correnti della piazza de Mercanti (II. cap. 15). Jäger a. a. O. S. 69.

Aktionäre vertheilt;[1]) aus der anderen Hälfte mußten die Kosten bestritten werden und der Rest verblieb der Bank. Die Gouverneure konnten den Antheil der Aktionäre auf drei Fünftel erhöhen, unter Umständen auch eine Ermäßigung desselben veranlassen.[2])

§ **12**. Bei den großen Handelskompagnien, welche im siebenzehnten Jahrhundert gegründet wurden, scheint die Feststellung des Gewinns nicht sowohl auf Grund des Ueberschusses der Aktiva über die Passiva, sondern ohne Rücksicht auf den Stand der Aktiva auf Grund einer Gewinnberechnung stattgefunden zu haben, deren Basis insbesondere die Differenz zwischen den Einkaufskosten und dem Verkaufspreis der seitens der Gesellschaftsschiffe ein- und ausgeführten Waaren bildete.[3]) Eine Bilanz wurde nur sporadisch aus bestimmten Anlässen aufgestellt. Von der im Jahre 1600 begründeten englisch-ostindischen Kompagnie[4]) erzählt ein Präsident derselben im Jahre 1677,[5]) daß sie „in oder um 1665" eine Rechnung und Bilanz ihres ganzen Fonds aufgestellt habe, und es wird uns dann erst wieder von einer Bilanz aus dem Jahre 1685 berichtet.[6]) Die im Jahre 1664 begründete französisch-ostindische Kompagnie fertigte Bilanzen nur an, wenn ein königlicher Befehl sie dazu zwang; diese Bilanzen wurden lediglich auf Grund der Bücher festgestellt; von einem Inventar oder einer Abschätzung ist nicht die Rede.[7])

Die Handelskompagnieen des 17. Jahrhunderts.

Freilich war in den Oktrois der Gesellschaften meist bestimmt, daß die Verwalter Rechnung legen sollten; aber unter dieser Rechnung sind kaufmännische Bilanzen nicht zu verstehen. So heißt es in dem Privilegium der holländisch-westindischen Kompagnie von 1621[8]): „Alle 6 Jahr soll man eine General Rechnung von

---

[1]) Bei den multiplici, deren Kapital 5 Jahre stehen bleiben mußte, allerdings nicht sofort (I. cap. 10). Jäger a. a. O. S. 56.

[2]) II. cap. 6, Jäger a. a. O. S. 64.

[3]) Anderson V. S. 449.

[4]) Geschichte derselben bei Semler, Allg. Geschichte der Ost- und Westindischen Handelsgesellschaften. Aus dem Englischen übersetzt (Halle 1764) I. S. 379 ff.

[5]) Josia Child, vgl. Anderson VI. S. 42.

[6]) Savary, Dictionnaire I. p. 1393.

[7]) Die Bilanzen wurden am 15. Dezember 1668, 21. Mai 1675 und 27. Mai 1684 gezogen. Savary a. a. O. p. 1340 ff.

[8]) Marquard, De jure mercatorum Th. II. S. 612.

aller Zurüstung und von dem / was wieder einkommen / wie auch von allen Gewinn und Verlust der Gesellschaft thun; nämlich eine was den Handel / und eine was den Krieg betrifft / ein jede besonders." Aus dieser Theilung der Rechnung in Handels- und Kriegsrechnung ergiebt sich bereits, daß eine kaufmännische Bilanz nicht gemeint ist.

Die Vertheilung des Gewinns war augenscheinlich eine ziemlich willkürliche. Bei der französisch-ostindischen Kompagnie ordnete Ludwig XIV. durch Erlaß vom 13. September 1675 ohne Weiteres die Vertheilung einer Dividende von 10% an.[1]) Die englisch-ostindische Kompagnie, welche nach ihrer Bilanz von 1665 130% und nach derjenigen von 1685 über 230% des Nominalkapitals besaß, vertheilte im ersteren Jahre 40% per annum,[2]) im letzteren 25% Dividende.[3])

Diese Willkürlichkeiten hingen mit der Geheimniskrämerei zusammen, welche mit dem Status der Gesellschaften getrieben wurde.[4]) Schon von der Ambrosiusbank wird berichtet, daß von der Bilanz nur eine Abschrift, und zwar für die Bankkanzlei, hergestellt werden dürfte.[5]) Noch im Jahre 1733 beschloß die Generalversammlung der englisch-ostindischen Kompagnie, gegen den dringenden Rath der Direktoren, eine Semesterdividende von 3½% (statt 3%) zu vertheilen, wobei die Direktoren ausdrücklich erklärten, aus Verschwiegenheit eine genaue Berechnung zur Motivirung nicht vorlegen zu dürfen.[6]) Die Direktoren der holländischen Aktiengesellschaften wurden zum Theil erst durch lange Prozesse gezwungen, Rechnung zu legen.[7])

Die Vertheilung des Gewinns geschah in den mannigfachsten Arten. Die Zahlung erfolgte zum Theil sofort, theils erst in

---

[1]) Savary, Dictionnaire I. p. 1341.

[2]) Anderson V. S. 508.

[3]) Savary a. a. O. p. 1389. In dieser Bilanz sind etwa 830 000 Pfund Sterling als uneinbringlich abgeschrieben.

[4]) Vielfach läßt sich das Bestreben, die Bilanzen geheim zu halten, noch bis in die neueste Zeit verfolgen. Vgl. Wagner, System der Zettelbankpolitik (1873) S. 81 Note 208.

[5]) Statuten Theil II. cap. 15 bei Jäger, Aelteste Banken S. 67.

[6]) Anderson VII. S. 225.

[7]) Hecht, Zur Reform des Aktiengesellschaftsrechts. 1882. S. 23.

späterer Zeit;[1]) in baarem Gelde, in verzinslichen Obligationen oder in Waaren, namentlich Spezereien.[2]) Im Jahre 1676 benutzte die englisch-ostindische Kompagnie ihren großen Gewinn dazu, den Nominalbetrag ihrer Aktien zu verdoppeln.[3])

Die Gewinnvertheilung war vielfach von den etwaigen regelmäßigen Rechnungen unabhängig. Bei der holländisch-westindischen Kompagnie sollte sie z. B. erfolgen, sobald 10% des Aktienkapitals verdient sein würden,[4]) und noch im folgenden Jahrhundert finden wir bei der portugiesischen Pernambucogesellschaft die Bestimmung, daß die erste Dividende erst nach der Rückkehr von drei Flotten vertheilt werden sollte.[5])

§ **13**. Im Allgemeinen können wir seit dem Ende des siebenzehnten Jahrhunderts allmählich eine größere Ordnung und Regelmäßigkeit in Buchführung und Bilanzirung beobachten. Das achtzehnte Jahrhundert.

Nach dem neuen Patent der englisch-ostindischen Kompagnie vom 11. November 1693 mußte die Gesellschaft Bücher halten, in welche die Summe ihrer Fonds, sowie alle Veräußerungen und Verpfändungen eingetragen wurden; das die Fonds enthaltende Buch sollte zur Einsicht der Interessenten liegen.[6]) Das Patent für die Bank von England vom 27. Juli 1694 läßt die Dividende von der Generalversammlung festsetzen, und zwar aus den Zinsen und dem Gewinn, welche aus dem Stammkapital und

---

[1]) Die englisch-ostindische Kompagnie beschloß 1685 eine Dividende von 25%, wovon 10% sofort, 15% im März 1686 zahlbar. Savary I. p. 1390.

[2]) Die holländisch-ostindische Kompagnie vertheilte ihre Dividende wiederholt in Muskat, Nelken und Pfeffer; Anderson VII. S. 77; Marperger, Neu eröffnete Kauffmanns Börse (Hamburg 1707) S. 66. Das Patent der englisch-ostindischen Kompagnie vom 11. November 1693 verbot ausdrücklich die Vertheilung von Dividende in anderer Weise, als durch Geld.

[3]) Anderson VI. S. 17, Savary I. p. 1393. Der Vorgang ähnelt den Praktiken, welche Bontoux im Jahre 1880 bei der Union générale in Paris übte, indem er 50% angeblich erzielten Gewinn zur Vollzahlung der mit 50% eingezahlten Aktien benutzte.

[4]) Marquard a. a. O.

[5]) Moser, Versuch des Neuesten Europäischen Völkerrecht (1779), Bd. VII. S. 366. Die Hamburger Bank, welche keine Aktiengesellschaft war, zog nach der Banco-Ordnung vom 31. Dezember 1639 Nr. 35 jährlich Ende Dezember Bilanz. Marquard a. a. O. S. 588.

[6]) Anderson VI. S. 207.

den Fonds der Gesellschaft innerhalb der statutarischen Grenzen erzielt sind.[1])

Nach dem Reglement der Law'schen Banque générale[2]) sollte bei dieser Gesellschaft zwei Mal jährlich Bilanz gezogen und es wurden zu diesem Zweck die Bureaus stets vom 15. bis 20. Juni und vom 15. bis 20. Dezember geschlossen. Die Generalversammlungen fanden am 20. Juni und 20. Dezember statt und hatten über die Vertheilung der Dividende Beschluß zu fassen. Halbjährliche Dividendenvertheilungen auf Grund von Generalversammlungsbeschlüssen finden wir zu jener Zeit auch bei der englisch-ostindischen Kompagnie und bei der englischen Südseegesellschaft.[3]) Bei der englisch-ostindischen Kompagnie blieb aber die Festsetzung der Dividende fortgesetzt eine willkürliche; wir erfahren von fortdauernden Kämpfen zwischen Regierung und Gesellschaft über die Höhe der Dividende.[4])

Die formell korrekten Bestimmungen, welche die Law'sche Banque générale auszeichnen, finden wir dann später mehr oder minder genau wieder. Bei der im Jahre 1763 begründeten neuen dänischen Levantekompagnie[5]) sollte ein Status und ein Geschäftsbericht der jährlichen Generalversammlung vorgelegt werden, welche die Höhe der Dividende festzusetzen hatte. Die französisch-indische Kompagnie[6]) sollte ihre Bücher am 30. Juni abschließen. „En conséquence il sera procédé sans délai à un Inventaire général et balance des livres de la compagnie, le tout sera examiné et vérifié par les syndics . . .“ Jährlich im Januar mußte die Bilanz der Generalversammlung vorgelegt werden und diese bestimmte die Höhe der Dividende.[7])

---

[1]) Anderson VI. S. 226, Otto, Buch berühmter Kaufleute (1868), S. 259.

[2]) Abgedruckt bei Isambert, Taillandier und Decrusy, Recueil général des anciennes lois françaises XXI. No. 61 p. 107 ff.; ähnliche Bestimmungen bei der compagnie d'Occident von 1717, welche jährlich Bilanz ziehen sollte (Savary, Dict. I. p. 1365).

[3]) Anderson VI. S. 544, 633, VII. S. 343.

[4]) Adam Smith, Natur und Ursachen des Volkswohlstands (übersetzt von Löwenthal, Berlin 1879) II. S. 262 ff.

[5]) Oktroi vom 9. Juli 1763 bei Moser, Völkerrecht VII. S. 317 ff.

[6]) Patent vom 28. Juni 1768 bei Moser a. a. O. S. 330 ff.

[7]) Die „Generalstatus“ der holländisch-ostindischen Kompagnie aus den Jahren 1786 bis 1790, welche mit Ausnahme desjenigen für 1787 per 31. Mai

Insbesondere die Preußischen Aktiengesellschaften.

Bezüglich der unter Friedrich dem Großen begründeten Aktiengesellschaften sind uns mannigfache Bestimmungen über Rechnungsabschluß und Gewinnvertheilung erhalten.[1]) Am bedeutsamsten ist in dieser Beziehung das Patent vom 14. Oktober 1772 wegen Errichtung einer See-Handlungs-Gesellschaft.[2]) Diese Gesellschaft, welche „gute und zuverlässige Cassen-Journale von Ankauf, Verkauf und Absendung in doppelter Buchhaltung nach kaufmännischer Art" führen mußte,[3]) sollte jährlich die Bücher abschließen. Die Generaldirektion war jährlich „die Bilanz der Angelegenheiten der Gesellschaft zu ziehen gehalten, nach Maaßgabe dessen die Vertheilung des Gewinns unter die Actionairs angefertigt werden soll." Es sollten jährlich vorweg 10% in zwei halbjährlichen Raten ausgezahlt werden.[4]) Die nach Abzug dieser 10% sich bilanzmäßig ergebenden Benefizien sollten nach Verhältniß der Aktienantheile als Dividende vertheilt werden; soweit die erforderlichen Gelder hierzu nicht flüssig waren, sollten die Aktionäre „Scheine" erhalten, die „nach Einlauf besagter Fonds am Ende des laufenden Jahrs saldiret werden sollen". Die Generaldirektion hatte aber die Befugniß, den bilanzmäßigen Gewinn zurückzuhalten, wenn sie glaubte, davon „nützlicheren Gebrauch machen zu müssen, es sei zum Schiffs-Bau oder anderweitiger Ausdehnung der Handlung". Aehnlich sollten bei der Salz-Handlungs-Gesellschaft zunächst halbjährlich 3% vertheilt werden; der „Überschuß vom ganzen Handlungsvortheil" gelangte nach Festsetzung des Direktors zur Ausschüttung, jedoch also, „daß sie jederzeit die benötigten Fonds haben, um in den Magazinen an allen denen Vorräthen, so zu dem künftigen Debit

---

aufgenommen sind, entsprechen freilich noch sehr wenig den Formen und dem Inhalt einer Bilanz. Staat der Generale Nederlandsche Compagnie, behelzende Rapporten van de Heeren etc. als mede nader Rapport van gemelde Heeren Gecommitteerden, en Bylaagen In dato 14. Juli 1791 (Amsterdam 1792) I. S. 63 ff.

1) Vgl. betreffend die Getreide-Handlungs-Compagnie auf der Elbe Novum corpus constitutionum IV. p. 6649, G. auf der Oder IV. p. 6654, Preußische Salz-Handlungs-Gesellschaft V. p. 552

2) Nov. corp. const. V. S. 515 ff.

3) Das Patent der Emdener Bengalischen Kompagnie enthielt nach Moser (a. a. O. S. 370) die Bestimmung: Les comptes ... de la compagnie seront en Langue Française et dans le Stile connû et reçû parmi les Négocians.

4) Diese 10% wurden bald darauf von der Churmärkischen Landschaft garantirt. N. c. c. V. p. 752.

des Salzes in denen folgenden Jahren erforderlich sein könnten, nichts fehlen zu lassen".[1])

Die neueren Kodifikationen.

§ **14**. Als der französische code de commerce zuerst das Recht der Aktiengesellschaften kodifizirte, unterließ er es, besondere Vorschriften über die Bilanzen und die Gewinnvertheilung zu treffen. Es hing dies damit zusammen, daß die Gesellschaften der staatlichen Konzession bedurften und daß die Staatsregierung regelmäßig gerade in jenen Punkten auf die Statuten einzuwirken suchte. Es wurden in Frankreich insbesondere auch Normativbestimmungen getroffen, durch welche die Vertheilbarkeit des Gewinns und die Rücklage eines Reservefonds geregelt wurde.[2])

Auf dem in dieser Beziehung rein negativen Standpunkt des code de commerce stehen noch jetzt die Handelsgesetzbücher von Aegypten, Griechenland, Mexiko, Haiti, Monako u. a.

Das spanische Handelsgesetzbuch und die sich im Wesentlichen anschließenden südamerikanischen enthalten meist nur dürftige Bestimmungen.[3]) Zu beachten ist das H.G.B. von Nicaragua, nach dessen Art. 156 das Statut bestimmen soll, welcher Theil des Reingewinns zum Reservefonds geschlagen werden soll, bis derselbe ein Zehntel des Kapitals ausmacht, und nach welchem mindestens alljährlich die Ziehung der Bilanz stattfinden soll.

Nach dem niederländischen Handelsgesetzbuch (Art. 49) dürfen keine festen Zinsen vorbedungen werden; den Statuten ist eine Bestimmung darüber vorbehalten, daß nur eine bestimmte Quote des Reingewinns zur Vertheilung kommt.

Das preußische Aktiengesetz vom 9. November 1843 (G.S. S. 341) schrieb die Führung regelmäßiger Bücher und jährliche Bilanzziehung vor (§ 24). Das Statut mußte die Grundsätze enthalten, nach denen die Bilanz aufzunehmen ist (§ 2).[4])

Die Stipulation von Aktienzinsen wurde für unzulässig erklärt, eine Ausnahme nur zu Gunsten von Bauzinsen während eines bestimmten statutarisch festzusetzenden Zeitraums gemacht (§ 17).

---

1) N. c. c. V. p. 552.

2) Pardessus, Cours de droit commercial, 5. éd. IV. p. 471 s.

3) Daß nach einigen derselben nur der flüssige Gewinn vertheilt werden darf, ist bereits oben (S. 5) hervorgehoben.

4) Vgl. auch § 25 (bilanzmäßiger Verlust der Hälfte des Grundkapitals), § 26 (bilanzmäßige Ueberschuldung).

Das deutsche Handelsgesetzbuch wiederholte im Wesentlichen nur dieselben Bestimmungen.[1])

Das französische Gesetz über die Gesellschaften vom 24. Juli 1867 enthält Vorschriften über die Art und Weise der Bilanzziehung nicht. Dagegen schreibt es vor, daß die Gesellschaft jährlich ein Inventar errichten müsse, welches alle beweglichen und unbeweglichen Güter, sowie die Forderungen und Schulden enthalte; ferner, daß das Inventar, die Bilanz[2]) und die Gewinn- und Verlustrechnung den Kommissaren und den Aktionären mitzutheilen sei (Art. 34, 35). Jährlich muß ein Zwanzigstel des Reingewinns in einen Reservefonds gelegt werden, bis derselbe ein Zehntel des Kapitals beträgt (Art. 36).[3]) Die Vertheilung fiktiver Dividenden auf Grund fraudulösen Inventars oder ohne Inventar ist verboten und strafbar (Art. 15, 44, 45). Halbjährlich sollen überdies die Gesellschaften Rohbilanzen errichten (Art. 34).

Wesentlich auf demselben Standpunkt steht das belgische Gesetz vom 18. Mai 1873.[4]) Das italienische Handelsgesetzbuch vom 2. April 1882 enthält bezüglich des Inhalts der Bilanz die Vorschrift, daß aus derselben das effektive Kapital, sowie die Summe der geleisteten und der noch restirenden Einzahlungen hervorgehen müsse. Sie soll außerdem deutlich und wahrheits-

---

[1]) Art. 209. Der Gesellschaftsvertrag ... muß ... bestimmen ... die Grundsätze, nach welchen die Bilanz aufzunehmen und der Gewinn zu berechnen und auszuzahlen ist, sowie die Art und Weise, wie die Prüfung der Bilanz erfolgt. Art. 217. Zinsen von bestimmter Höhe dürfen für die Aktionäre nicht bedungen noch ausbezahlt werden; es darf nur dasjenige unter sie vertheilt werden, was sich nach der jährlichen Bilanz, und, wenn im Gesellschaftsvertrage die Innehaltung eines Reservekapitals bestimmt ist, nach Abzug desselben als reiner Ueberschuß ergiebt. Jedoch können für den in dem Gesellschaftsvertrage angegebenen Zeitraum, welchen die Vorbereitung des Unternehmens bis zum Anfange des vollen Betriebes erfordert, den Aktionären Zinsen von bestimmter Höhe bedungen werden. Art. 239 Abs. 1. Der Vorstand ist verpflichtet, Sorge zu tragen, daß die erforderlichen Bücher der Gesellschaft geführt werden. Er muß den Aktionären spätestens in den ersten sechs Monaten jedes Geschäftsjahres eine Bilanz des verflossenen Geschäftsjahres vorlegen. Vgl. auch Art. 240.

[2]) Bilan résumant l'inventaire wird sie in Art. 35 genannt.

[3]) Bei Versicherungsgesellschaften beträgt die Rücklage ein Fünftel des Reingewinns, bis der Reservefonds ein Fünftel des Kapitals beträgt. Décret portant règlement d'administration publique pour la constitution des sociétés d'assurances vom 22. Januar 1868, Art. 4.

[4]) Vgl. § 44.

gemäß Gewinn und Verlust ergeben (Art. 176). Nur der aus der bestätigten Bilanz hervorgehende Gewinn darf als Dividende vertheilt werden (Art. 181 Abs. 1 und 2). Bauzinsen in Höhe von höchstens 5% können auf längstens drei Jahre statutarisch festgesetzt werden; dieselben werden zu den Gründungskosten gerechnet und zu Lasten derjenigen Bilanzen vertheilt, welche wirkliche Gewinne ergeben.

Fortsetzung. Die deutsche Aktiennovelle von 1870.

§ 15. Neue Wege schlug für die Bilanzen der Aktiengesellschaften die ursprünglich nur für den Norddeutschen Bund bestimmte, später auf das ganze Deutsche Reich ausgedehnte[1]) Novelle vom 11. Juni 1870 ein. Diese ließ die staatliche Konzession für die Aktiengesellschaften fallen und setzte an deren Stelle mannigfache Normativbestimmungen. Zu diesen gehört der die Bilanzen betreffende Art. 239a, nach welchem für deren Aufstellung folgende Vorschriften maßgebend sein sollten:

1. Kurshabende Papiere dürfen höchstens zu dem Kurswerthe, welchen dieselben zur Zeit der Bilanzaufstellung haben, angesetzt werden;
2. die Kosten der Organisation und Verwaltung dürfen nicht unter die Aktiva aufgeführt werden, müssen vielmehr ihrem vollen Betrage nach in der Jahresrechnung als Ausgabe erscheinen;
3. der Betrag des Grundkapitals und des etwa im Gesellschaftsvertrage vorgeschriebenen Reserve- oder Erneuerungsfonds ist unter die Passiva aufzunehmen;
4. der aus der Vergleichung sämmtlicher Aktiva und sämmtlicher Passiva sich ergebende Gewinn und Verlust muß am Schlusse der Bilanz besonders angegeben werden.

Auf dem von der Novelle eingenommenen Standpunkt, die Bilanzen der Aktiengesellschaft im Einzelnen zu reglementiren, stehen dann auch die österreichischen Entwürfe von 1874[2]) und 1882,[3]) das ungarische und bosnische Handelsgesetzbuch, sowie das schweizerische Obligationenrecht.

Ungarisches, bosnisches H.G.B.

Das ungarische H.G.B. enthält in Art. 199 folgende Bilanzvorschriften:

1. Das Gesellschaftsvermögen ist in dem Werthe aufzunehmen, welcher dem Werthe der einzelnen Gegenstände am letzten Tage des Geschäftsjahres entspricht;

---

[1]) Vgl. Keyßner und Simon, Aktiengesetz S. VIII.

[2]) Beilage zu den Stenogr. Protokollen des Abgeordnetenhauses VIII. Session No. 255.

[3]) eodem IX. Session No. 616.

2. kurshabende Papiere können höchstens zu jenem Kurse aufgenommen werden, welchen sie am letzten Tage des Geschäftsjahres haben;
3. von den Kosten der ersten Organisation kann nur so viel unter die Forderungen aufgenommen werden, als bei einer Vertheilung derselben auf höchstens fünf Jahre nach dem betreffenden Geschäftsjahr übrig bleibt;
4. das Stammkapital und der etwaige Reservefonds der Gesellschaft sind unter die Passiva einzustellen;
5. zweifelhafte Forderungen sind nach ihrem wahrscheinlichen Werthe in Rechnung zu bringen, uneinbringliche Forderungen aber abzuschreiben;
6. der aus der Vergleichung des Aktiv- und Passivstandes sich ergebende Gewinn oder Verlust ist am Schlusse der Bilanz besonders anzusetzen.

Die Bilanz unterliegt der Genehmigung durch die Generalversammlung; die Vorlegung eines Gewinn- und Verlustcontos ist nicht erforderlich.

Das bosnische Handelsgesetzbuch hat im Wesentlichen dieselben Vorschriften. Abweichend ist nur die Bestimmung des Art. 214 Abs. 2:

> Kurshabende Papiere sind in der Regel zu jenem Kurse in die Bilanz aufzunehmen, welchen sie am letzten Tage des Geschäftsjahres haben; jedoch dürfen verloosbare Papiere höchstens zu dem Betrage, welcher für die zunächst bevorstehende Verloosung als geringster Einlösungsbetrag der gezogenen Papiere festgesetzt ist, andere kurshabende Papiere dagegen höchstens zum Ankaufskurse in die Bilanz aufgenommen werden.

Das ungarische Handelsgesetzbuch enthält außerdem Bestimmungen über die Versicherungsgesellschaften, durch welche auch diejenigen Versicherungsgesellschaften, welche Aktienunternehmungen bilden, getroffen werden. Hier sind nicht nur materielle Vorschriften — über die Kosten der Acquisition (Art. 460) —, sondern auch ein für alle Versicherungsunternehmungen verbindliches Bilanzformular gegeben (Art. 459).

Das Schweizerische Obligationenrecht Art. 656 bestimmt: Schweizerisches Obligationenrecht.

> Die Bilanz ist so klar und übersichtlich aufzustellen, daß die Aktionäre einen möglichst sicheren Einblick in die wirkliche Vermögenslage der Gesellschaft erhalten.
>
> Insbesondere sind dabei folgende Grundsätze zu beachten:
>
> 1. Gründungs-, Organisations- und Verwaltungskosten sind in der Jahresrechnung vollständig in Ausgabe zu

bringen. Ausnahmsweise dürfen Organisationskosten, welche in den Statuten oder den Beschlüssen der Generalversammlung, sei es für die ursprüngliche Einrichtung, sei es für einen später hinzugekommenen Geschäftszweig oder eine Gesellschaftsausdehnung vorgesehen sind, auf einen Zeitraum von höchstens fünf Jahren in dem Sinne vertheilt werden, daß in jedem Jahre mindestens der entsprechende Bruchtheil als Ausgabe zu verrechnen ist.

2. Grundstücke, Gebäude, Maschinen sind höchstens nach den Anschaffungskosten mit Abzug der erforderlichen und den Umständen angemessenen Abschreibungen anzusetzen. Ueberdies ist, wenn dieselben versichert sind, die Versicherungssumme anzumerken.
3. Kurshabende Papiere dürfen höchstens zu dem Kurswerthe angesetzt werden, welchen dieselben durchschnittlich im letzten Monat vor dem Bilanztage gehabt haben.
4. Waarenvorräthe dürfen höchstens zum Kostenpreis und, falls dieser höher als der Marktpreis stehen sollte, höchstens zu diesem angesetzt werden.
5. Die Gesammtsumme der zweifelhaften Posten und die Gesammtsumme der vorgenommenen Abschreibungen sind anzugeben.
6. Der Betrag des Grundkapitals und der Reserve- und Erneuerungsfonds ist unter die Passiva aufzunehmen.
7. Von der Gesellschaft ausgegebene Obligationen sind zu dem vollen Betrage, zu welchem sie zurückgezahlt werden müssen, anzusetzen. Dagegen kann die Differenz zwischen dem Emissionskurse und dem Rückzahlungsbetrage, welche durch jährliche Abschreibungen bis zum Verfalltage zu amortisiren ist, unter die Aktiva aufgenommen werden.

Bezüglich der Bilanzen der Eisenbahngesellschaften sind neuerlich besondere Vorschriften ergangen durch das Bundesgesetz betreffend das Rechnungswesen der Eisenbahngesellschaften vom 21. Dezember 1883[1]) und die Verordnung des Schweizer Bundesraths über die Vorlage und die Form der Rechnungen und Bilanzen der Eisenbahngesellschaften vom 25. November 1884.[2])

Englisches Recht.

§ **16**. Der englischen companies act von 1862 liegt eine Musterbilanz bei, welche in der Anlage abgedruckt ist. Dieselbe

---

[1]) Amtliche Sammlung der Bundesgesetze und Verordnungen der Schweizer Eidgenossenschaft, Neue Folge VII. S. 429 ff.

[2]) Amtl. S. N. F. VII. S. 725 ff.

enthält in detaillirter und übersichtlicher Weise diejenigen Positionen, welche regelmäßig in den Bilanzen vorzukommen pflegen und unterscheidet sich von den sonst üblichen Bilanzen dadurch, daß unter der eigentlichen Bilanz noch zwei Posten, die nicht anerkannten Ansprüche gegen die Gesellschaft und die nur eventuell zur Last fallenden Verbindlichkeiten, aufgeführt werden. Löwenfeld[1]) hat behauptet, daß die englischen Aktiengesellschaften nach diesem Normalschema bilanziren müssen, und nach den Motiven zum deutschen Aktiengesetz[2]) wird im englischen Recht „die Jahresbilanz nach einem gesetzlich vorgeschriebenen Schema oder doch in einer demselben möglichst entsprechenden Form gefordert". Beides ist unrichtig. Der Satz:

> A balance sheet shall be made out in every year and laid before the company in general meeting and such balance sheet shall contain a summary of the property and liabilities of the company arranged under the heads appearing in the form annexed to this table or as near thereto as circumstances admit

findet sich in Nr. 81 des dem Gesetz angefügten Normalstatuts, und dieses findet nach section 15 des Gesetzes nur Anwendung, wenn die Statuten nicht anderweitig disponiren.[3]) Demgemäß ist die Normalbilanz nur fakultativ und, wie eine große Anzahl dem Verfasser vorliegender Bilanzen englischer Aktiengesellschaften mannigfachster Art beweist, in der Praxis völlig obsolet, wenn sie überhaupt jemals benutzt sein sollte. — Einen Zwang zur Innehaltung bestimmter Bilanzformulare kennt das englische Recht nur für be-

---

[1]) Das Recht der Aktiengesellschaften S. 340.

[2]) Mot. I. S. 256.

[3]) Ebenmäßig ist auch die folgende Vorschrift der Nr. 80 über die Gewinn- und Verlustrechnung nur fakultativ: The statement shall show arranged under the most convenient heads the amount of gross income distinguishing the several sources from which it has been derived and the amount of gross expenditure, distinguishing the expense of the establishment, salaries and other like matters: every item of expenditure fairly chargeable against the years income shall be brought into account, so that a just balance of profit and loss may be laid before the meeting; and in cases where any item of expenditure which may in fairness be distributed over several years has been incurred in any one year, the whole amount of such item shall be stated, with the addition of the reasons why only a portion of such expenditure is charged against the income of the year.

stimmte Arten von Gesellschaften, nämlich für Eisenbahn- und Versicherungsgesellschaften.[1])

Das deutsche Aktiengesetz vom 18. Juli 1884.

§ **17.** Fast wäre das deutsche Aktienrecht zu Zwangsformularen für Bilanzen übergegangen; sowohl der erste, als auch der zweite Entwurf enthielt Vorschriften, nach denen der Reichskanzler, beziehungsweise der Bundesrath zur Anordnung solcher ermächtigt werden sollte.[2]) In der Reichstagskommission ist dieser Vorschlag gefallen.[3])

Dagegen ist das neue Aktiengesetz auf dem von der Novelle zuerst eingeschlagenen und seitdem, wie wir gesehen, im Ausland mehrfach befolgten Wege, Normativbestimmungen bezüglich der Bilanzbildung zu treffen, weiter gegangen. Dem mehrfach ausgesprochenen Wunsche, daß die im Gesetz enthaltenen Spezialisirungen nur als Regeln maßgebend sein sollen, von denen die einzelnen Gesellschaften, je nach ihren individuellen Verhältnissen, aber nur soweit es mit der Sorgfalt eines ordentlichen Kaufmanns vereinbar ist, sich entfernen dürften, ist keine Folge gegeben.

So treten uns denn in dem Aktiengesetz,[4]) welches die früher nur für die Aktiengesellschaft geltenden Bilanzvorschriften auch auf die Aktienkommandite ausdehnt, als zwingendes Recht folgende Vorschriften entgegen:

1. Für die Kommanditgesellschaften auf Aktien:

Art. 185 a. Für die Aufstellung der Bilanz kommen die allgemeinen Vorschriften des Artikels 31 mit folgenden Maßgaben zur Anwendung:[5])

---

[1]) Regulation of Railways Act 1868, 31 & 32 Vict. ch. 119. s. 3; Life assurance companies act 1870, 33 & 34 Vict. 60 s. 5, 6. Für die Eisenbahnen sind halbjährliche Bilanzen vorgeschrieben; dasselbe nach den Revised statutes of the state of New-York bezüglich der Chausseebaugesellschaften (Turnpike companies, t. 1 art. 1 s. 1 § 14 ed. Cothran 6. ed. II. p. 287.)

[2]) Entw. I und II Art. 185 a Abs. 2, 239 b.

[3]) Bericht der Reichstagskommission 5. Legislaturperiode IV. Session Nr. 128 S. 25.

[4]) Verfasser übergeht an dieser Stelle die legislatorische Entwicklung der einzelnen Vorschriften und wird auf dieselbe, soweit erforderlich, im Lauf der Darstellung zurückkommen.

[5]) Nach dem Handelsgesetzbuch und der Aktiennovelle sollten die Statuten die Grundsätze bestimmen, nach denen die Bilanz aufzunehmen und der Gewinn zu berechnen und auszuzahlen ist (Art. 209 Ziff. 6 resp. 7, so auch schweizerisches Obligationenrecht Art. 616 Ziff. 10). Diese Bestimmung, welche ohnehin in der Praxis nur in äußerlichster Weise ausgeführt wurde (vgl. Keyßner, Aktiengesellschaften S. 238), ließ das Aktiengesetz fallen. Dadurch ist nicht ausgeschlossen,

1. Werthpapiere und Waaren, welche einen Börsen- oder Marktpreis haben, dürfen höchstens zu dem Börsen- oder Marktpreise zur Zeit der Bilanzaufstellung, sofern dieser jedoch den Anschaffungs- oder Herstellungspreis übersteigt, höchstens zu letzterem angesetzt werden;
2. andere Vermögensgegenstände sind höchstens zu dem Anschaffungs- oder Herstellungspreise anzusetzen;
3. Anlagen und sonstige Gegenstände, welche nicht zur Weiterveräußerung, vielmehr dauernd zum Geschäftsbetriebe der Gesellschaft bestimmt sind, dürfen ohne Rücksicht auf einen geringeren Werth zu dem Anschaffungs- oder Herstellungspreise angesetzt werden, sofern ein der Abnutzung gleichkommender Betrag in Abzug gebracht oder ein derselben entsprechender Erneuerungsfonds in Ansatz gebracht wird;
4. die Kosten der Organisation und Verwaltung dürfen nicht als Aktiva, müssen vielmehr ihrem vollen Betrage nach in der Jahresrechnung als Ausgabe erscheinen;
5. der Betrag des Gesammtkapitals der Kommanditisten, der Antheil der persönlich haftenden Gesellschafter am sonstigen Gesellschaftsvermögen und der Betrag eines jeden Reserve- und Erneuerungsfonds sind unter die Passiva aufzunehmen;
6. der aus der Vergleichung sämmtlicher Aktiva und sämmtlicher Passiva sich ergebende Gewinn oder Verlust muß am Schlusse der Bilanz besonders angegeben werden.

Art. 185b. Zur Deckung eines aus der Bilanz sich ergebenden Verlustes ist ein Reservefonds zu bilden; in denselben ist einzustellen:

1. von dem jährlichen Reingewinne mindestens der zwanzigste Theil so lange, als der Reservefonds den zehnten oder den im Gesellschaftsvertrage bestimmten höheren Theil des Gesammtkapitals nicht überschreitet;
2. der Gewinn, welcher bei Errichtung der Gesellschaft oder einer Erhöhung des Gesammtkapitals durch Ausgabe der Aktien für einen höheren als den Nominalbetrag erzielt wird.

2. Für die Aktiengesellschaften:

Art. 239b. Die Vorschriften der Artikel 185a, 185b, 185c über die Bilanz und den Reservefonds finden entsprechende Anwendung.

---

daß in den Statuten Vorschriften über die Bilanz enthalten sein können. Dieselben dürfen aber niemals im Widerspruch mit dem Gesetz oder sonst anerkannten Bilanzgrundsätzen stehen.

Drittes Kapitel.

Aufbau und Grundzüge der Bilanz.

Die Bilanz als Abschluß der Handlungsbücher.

§ 18. Wir haben in den vorstehenden Erörterungen gesehen, daß die Bilanz sich als integrirender Theil der kaufmännischen Buchführung entwickelt hat. Ursprünglich stellte sie nur die formale Rechnungsoperation dar, welche bei dem Abschluß kaufmännischer Bücher und der Eröffnung neuer erforderlich ist. Der Abschluß fand zuerst nur statt, so oft alte Bücher vollgeschrieben waren; allmählich bildete sich ein regelmäßiger, letztlich im deutschen Recht ein alljährlicher Abschluß der Bücher aus. Ursprünglich war, wenigstens bei der doppelten Buchhaltung, aus welcher sich die Bilanz entwickelt hat, das Hauptbuch, in welchem sich alle lebenden und todten Conten, insbesondere Kapitalconto und Gewinn- und Verlustconto befinden, die einzige Grundlage der Bilanz; in der Endentwicklung, welche sie im deutschen Recht nimmt, ist regelmäßig[1]) eine Inventur als Basis der Bilanz nothwendig. In ihren Ausgängen hat die Bilanz lediglich rechnerische Bedeutung; allmählich ist sie in die bedeutsamen, im ersten Kapitel dargelegten Rechtsfunktionen hineingewachsen.

Aber unter allen diesen Wandlungen hat die Bilanz ihren Ausgangspunkt nie verleugnet: sie ist die kaufmännische Rechnung geblieben, durch welche der Bücherabschluß bewirkt wird. Nur von hier aus kann sie und ihre einzelnen Positionen richtig gewürdigt werden.[2])

Die Bildung der Bilanz gestaltet sich verschieden, je nachdem seitens des Kaufmanns einfache oder doppelte Buchführung zur Anwendung gebracht wird.[3])

---

[1]) Ausnahme im H.G.B. Art. 29 Abs. 2.

[2]) Die älteren Statuten haben häufig ausdrücklich die Bestimmung, daß die Bilanz auf Grund der kaufmännischen Bücher aufzunehmen ist, vgl. z. B. Preußische Hagelversicherungsgesellschaft § 53 (Weinhagen, Aktiengesellschaften Anhang S. 148).

[3]) Für die Erörterungen über die kaufmännische Buchführung sind aus der Literatur insbesondere benutzt: Büsch, Theoretisch-praktische Darstellung der

§ 19. Die nothwendigen Bücher der einfachen Buchhaltung sind: Einfache Buchführung.

1. Memorial. In dieses werden tagebuchartig alle diejenigen Geschäfte[1]) aufgenommen, welche nicht gegen Baarzahlung gemacht werden, aus denen also der buchende Kaufmann Gläubiger oder Schuldner wird. Diejenigen Handlungen, in welchen bezüglich der Waaren besondere Ein- und Verkaufsbücher geführt werden, tragen die Waarengeschäfte in das Memorial nicht ein.

2. Das Cassabuch, welches auf den beiden gegenüberstehenden Seiten die Eingangs- beziehungsweise Ausgangsposten enthält, nimmt alle Baarzahlungen, welche von dem Kaufmann oder an denselben geleistet werden — mögen dieselben auf Grund eines Comptantgeschäftes geschehen, also im Memorial nicht vorkommen, oder auf Creditgeschäfte geleistet werden, mithin als Zahlung der im Memorial vorkommenden Geschäfte anzusehen sein.

3. Die im Waarenhandel üblichen Einkaufs- und Verkaufsbücher enthalten tagebuchartig alle Anschaffungs- und Veräußerungsgeschäfte von Waaren, mögen dieselben gegen Baarzahlung oder gegen Credit geschehen.

4. In dem Hauptbuch wird jedem Geschäftsfreunde, welcher Schuldner oder Gläubiger des Buchführers wird und der als solcher mithin in dem Memorial, dem Einkaufs- oder Verkaufsbuche ersichtlich ist, ein Conto eingeräumt. In das Hauptbuch werden die Schuldverhältnisse aus diesen drei Büchern, die Zahlungen aus dem Cassabuch übertragen.

Handlung, 2. Aufl. (Hamburg 1800) II. S. 121 ff.; Töplitz, Die doppelte und einfache Buchführung (Posen 1845); Schiebe, Die Lehre von der Buchhaltung, 12. Aufl., bes. von Odermann (Leipzig 1881); Braune, Anleitung zur einfachen und doppelten Buchhaltung. 3. Auflage (Leipzig 1885); Behrend in Holtzendorffs Rechtslexikon, 3. Aufl. I. S. 426; J. G. Courcelle-Seneuil, Traité élémentaire de comptabilité, 3. Aufl. (Paris 1883). Die Literatur über die Buchhaltung ist, trotz ihres großen Umfangs, noch nicht zu der vom juristischen Standpunkt aus wünschenswerthen Durchbildung gelangt.

[1]) Die Definition ist, wie im § 42 gezeigt werden wird, nicht präzise; Verfasser hat sich, der Uebersichtlichkeit wegen, an dieser Stelle den üblichen Lehrbüchern angeschlossen.

5. Das **Inventarienbuch** muß jede Buchführung nach der speziellen Bestimmung des Handelsgesetzbuchs enthalten.[1])

Bei der Aufstellung des Inventars werden die Debitoren und Creditoren aus dem Hauptbuch ermittelt; Immobilien und Mobilien, unter den letzteren insbesondere Cassa, Waaren und Werthpapiere, sind zu verzeichnen und zu bewerthen. Die Differenz zwischen den Aktivis und Passivis ergiebt das Kapitalvermögen. Gewinn oder Verlust erhält man aus einer Vergleichung des diesjährigen Kapitalcontos mit dem vorjährigen.

Die Bilanz bildet einen das Verhältnis der Aktiva zu den Passivis darstellenden Abschluß des Inventars, in welchem die einzelnen Posten summarisch und übersichtlich zusammengefaßt sind.[2]) Sie wird in Form eines Conto aufgestellt; zum Zwecke der Bilanzirung, d. h. der Gleichstellung der Aktiva und Passiva, wird das Kapitalconto auf derjenigen Seite eingefügt, welche die niedrigere Summe aufweist: auf der Seite der Passiva, wenn Reinvermögen vorhanden ist, auf der Seite der Aktiva, wenn das Vermögen die Schulden nicht deckt.

Die einfache Buchführung, die fast nur noch in kleineren Geschäften üblich ist, betrachtet die einzelnen Geschäftsvorfälle isolirt; die Bücher bilden in ihrer Gesammtheit kein zusammenhängendes Ganzes, die Summe aller Buchungen gewährt noch keinen Ueberblick über die Geschäftslage. Ohne Inventar ist auch nicht annähernd möglich, ein Bild von dem Vermögen zu erhalten. Der Gewinn wird in rohester Weise ermittelt und kommt als solcher in den Büchern nicht zum Ausdruck, verschwindet vielmehr in dem Kapitalconto. Die einzelnen Positionen, aus denen sich Gewinn und Verlust zusammensetzt, insbesondere auch die Handlungsunkosten und die Vertheilung derselben, werden buchmäßig nicht festgestellt. Freilich ist hier, wie überhaupt, die Möglichkeit nicht ausgeschlossen, unabhängig von den Büchern insbesondere durch Rückschlüsse aus dem Inventar und durch Auszüge aus dem Cassabuch zu ermitteln, aus welchen Posten sich Gewinn und Verlust zusammensetzt; zu der einfachen Buchführung gehört aber eine solche Aufstellung, welche

---

[1]) Außer diesen Büchern werden in größeren Geschäften auch noch Waarenbücher und Wechselscontri geführt; dieselben sind aber nicht nothwendige Bestandtheile der einfachen Buchführung.

[2]) „C'est une photographie réduite de l'inventaire", sagt der belgische Justizminister Bara von der Bilanz in den Motiven zu dem Gesetzentwurf über Bilanzfälschungen (Journal des sociétés civiles et commerciales I. p. 56).

thatsächlich mit den größten Schwierigkeiten verbunden wäre, in keiner Weise.

Doppelte Buchführung. Allgemeines.

§ **20**. Die doppelte Buchführung dagegen bildet ein einheitliches, festgefügtes System. Sie geht von dem Gesichtspunkt aus, daß in dem geschäftlichen Getriebe für jeden Gegenstand, der in dem Geschäfte ein- oder ausgeht, ein Aequivalent gegeben oder empfangen wird. Geht die Waare ein, so muß dagegen entweder der Preis der Kasse entnommen werden oder dem Verkäufer eine Forderung erwachsen. Die doppelte Buchführung bucht nun jeden Geschäftsvorfall doppelt, d. h. sie giebt an, welches Vermögensobjekt sich durch denselben vermehrt und welches sich vermindert hat; die Mehrung des einen Conto hat die Minderung des andern zur nothwendigen Folge. Zu diesem Zweck muß sie über jedes Vermögensobjekt, mag dasselbe nun in körperlichen Gegenständen, Rechten oder Verbindlichkeiten bestehen, ein Conto führen, auf welchem die Ab- und Zuschreibungen vorgenommen werden. Das Objekt, welches durch die Einlage des Prinzipals, sowie durch die bei dem Abschluß der Bücher ermittelten Gewinne und Verluste betroffen wird, ist das Vermögen des Prinzipals, für welches demgemäß ein besonderes Conto geführt wird. Durch die Führung desselben wird es möglich, für die Einlage, durch welche zunächst das Conto des eingelegten Gegenstandes belastet werden muß, eine entsprechende Gegenbuchung zu machen. Aeußerlich zeigt sich der Unterschied zwischen der einfachen und doppelten Buchführung insbesondere im Hauptbuch: dasjenige der einfachen Buchführung enthält nur Gläubiger und Schuldner, dasjenige der doppelten auch die Sachkonten und die Kapitalkonten.

Die doppelte Buchführung hat regelmäßig folgende Bücher:

1. Memorial. Dasselbe beruht auf denselben Prinzipien wie das Memorial der einfachen Buchführung; nur sind hier alle Geschäftsvorfälle, auch die Cassa- und Waarengeschäfte zu buchen. Auch wird bereits hier vermerkt, welche beiden Conten des Hauptbuchs durch die einzelnen Geschäftsvorfälle tangirt werden. Würden z. B. Waaren für den Kaufpreis von 100 *M.* an Primus geliefert, so wird im Memorial Waarenconto für 100 *M.* erkannt (creditirt) und das Conto des Primus dagegen belastet (debitirt).[1])

---

[1]) Mehrfach wird neben dem Memorial noch ein Einkaufs- und Verkaufsbuch geführt.

2. Das Cassaconto wird gleichfalls durch die Bezugnahme auf die doppelte Buchführung modifizirt. Bei jedem Posten wird angegeben, welches Conto für die eingehenden Gelder zu erkennen, und welches für die ausgehenden zu belasten ist.

3. Das Journal enthält eine monatliche Zusammenstellung der Posten aus dem Memorial und Cassabuch und faßt diejenigen, welche denselben Debitor oder Creditor enthalten, in einen Posten zusammen, um auf diese Weise den Uebertrag in das Hauptbuch zu erleichtern. Begrifflich nothwendig ist das Journal für die doppelte Buchführung nicht und wird neuerdings vielfach fortgelassen, so daß dann die Uebertragung in das Hauptbuch direkt aus dem Memorial und dem Cassabuch geschieht.

4. Das Hauptbuch. In diesem sind zu unterscheiden:

a) Die Sachconten. Diese enthalten sämmtliche Vermögensgegenstände des Kaufmanns mit Ausnahme der ausstehenden Forderungen. Dahin gehören in erster Reihe die Immobilien, die Waaren und die Kasse. Außerdem aber diejenigen Werthpapiere, in welchen sich gewisse Vermögensrechte verkörpern: Aktien, öffentliche Schuldverschreibungen (Obligationen) und Wechsel. Die beiden letztgenannten Kategorien stellen juristisch Forderungsrechte dar; buchhalterisch werden sie aber in Folge der Veräußerlichkeit durch Uebertragung der Schuldurkunden und Wechsel wie Waaren angesehen.[1]) Schulden können nie Gegenstand von Sachconten sein. Zwar werden von manchen Schriftstellern[2]) die geschuldeten Accepte und Obligationen hierher gerechnet; doch erscheint diese Ansicht begrifflich unrichtig. Accepte und Obligationen sind Schulden, bei denen der Buchführer wegen der über die Schuld ausgegebenen Urkunden die Person des Gläubigers nicht kennt; er faßt daher die bezüglichen Verpflichtungen unter dem Sammelnamen Acceptconto, Obligationenconto zusammen, während eigentlich die Wechseleigner, die Obligationsinhaber aufgeführt werden müßten. Darum bleiben aber die betreffenden Conten doch Personen- und nicht Sachconten.

---

[1]) Bezüglich des Werthansatzes der Wechsel s. aber unten § 39.

[2]) Z. B. Courcelle-Seneuil a. a. O. S. 35, Marghieri, Diritto commerciale I. p. 272.

b) Die Personenconten. Diese enthalten die Gläubiger und Schuldner.

Aeußerlich wie ein Personenconto erscheint auch das Conto des Prinzipals, welches sich indessen von den übrigen Personenconten wesentlich dadurch unterscheidet, daß es nicht eine Forderung oder Schuld, sondern, wie die Sachconten, den Bestand eines Vermögensobjekts, nämlich den Betrag des in dem Geschäft steckenden Vermögens des Prinzipals, zum Ausdruck bringt. Es entsteht: 1. aus der ursprünglichen Einlage, 2. aus späteren Einlagen und Entnahmen, und 3. aus den im Geschäft erzielten Gewinnen und Verlusten. Die Gewinne und Verluste werden aber von den einzelnen Conten nicht sofort auf das Kapitalconto übertragen, sondern zunächst auf einem besonderen Conto, dem Gewinn- und Verlustconto, zusammengestellt. Für gewisse Arten von Gewinnen und Verlusten (Provisionen, Zinsen, Handlungsunkosten u. dgl.) werden überdies besondere Conten im Laufe des Jahres geführt, deren Saldo auf Gewinn- und Verlustconto bei Jahresabschluß übertragen wird. Diese Conten sind lediglich Hilfsconten des Gewinn- und Verlustcontos, ebenso wie letzteres nur ein Hilfsconto des Kapitalcontos ist.

6. Das Inventarienbuch.

§ **21**. Der Abschluß der Bücher, die Ermittelung des Gewinns und Verlustes und die Ziehung der Bilanz hat in folgender Weise zu geschehen: Bücherabschluß der doppelten Buchführung.

Zunächst ist das Inventar zu errichten, um den Effektivbestand festzustellen. Zu diesem Zwecke ist, soweit es sich um Schulden handelt, auf sämmtlichen lebenden Conten der Saldo festzustellen. Ist das Conto an sich ausgeglichen, so daß für den Buchführer sich weder Forderung noch Schuld ergiebt, so kommt es für die Bilanz nicht in Betracht.

Debet.	**Conto A. Schulze.**				*Credit.*
Dez.12	An Waarenconto . . .	10 000	Dez.13	Per Cassaconto . . .	10 000
		10 000			10 000

Soweit aber die Debet- und Creditseite an sich nicht gleich sind, ist die Differenz als Saldo auf der niedriger summirenden Seite einzusetzen und, da nach den Grundsätzen doppelter Buchführung jeder Posten einen entsprechenden Gegenposten in der Buchführung finden muß, auf das Bilanzconto, welches zur Aufnahme aller bei der Bilanzirung sich ergebenden Saldi bestimmt ist, zu übertragen.

Bleibt für den Korrespondenten eine Schuld, so ist der Betrag derselben, da die Debetseite größer als die Creditseite, auf der letzteren als „Saldo an Bilanzconto“ zu verzeichnen. Im Bilanzconto findet sich dann derselbe Betrag in der Debetseite, welche mithin die Aktiva des Buchführers enthält.

Debet. **Conto B. Müller.** *Credit.*

Dez. 1	An Waarenconto . .	9000	Dez. 1	Per Cassaconto . . .	7000
			Dez. 31	Per Bilanzconto . .	2000
		9000			9000

Debet. **Bilanzconto.** *Credit.*

Dez. 31	An B. Müller	2000			

Umgekehrt: bleibt der Buchführer bei Abschluß der Bücher dem Korrespondenten etwas schuldig, so ist die Differenz zwischen der Debet- und Creditseite, da erstere kleiner, als Saldo in dieselbe einzusetzen und dagegen Bilanzconto zu creditiren. Die Creditseite des Bilanzcontos enthält die Schulden des Buchführers.

Debet. **Conto C. Schmidt.** *Credit.*

Dez. 3	An Cassaconto . . .	16 000	Dez. 1	Per Waarenconto . .	30 000
Dez. 31	An Bilanzconto . . .	14 000			
		30 000			30 000

Debet. **Bilanzconto.** *Credit.*

			Dez. 31	Per C. Schmidt . . .	14 000

Der Saldirung der Sachconten hat eine Vergleichung der aus den Büchern sich ergebenden Sollbestände mit den Effektivbeständen voraufzugehen. Als Saldo darf nur der Effektivbestand eingesetzt werden. Dieser ist vorschriftsmäßig zu bewerthen und als Saldo in die Creditseite einzustellen. Der entsprechende Betrag ist auf Bilanzconto in der Debetseite (Aktiva) zu buchen. Durch diesen Saldo wird aber regelmäßig das Sachconto nicht ausgeglichen. Es würde dies nur dann der Fall sein, wenn die betreffenden Gegenstände zu genau gleichen Preisen erworben und veräußert sind und wenn der verbleibende Saldo zu dem Erwerbspreise bewerthet wird.

Debet. **Generalwaarenconto.** *Credit.*

Dez. 1	An C. Schmidt . . .	30 000	Dez. 1	Per B. Müller . . .	9 000
			Dez. 12	Per A. Schulze . . .	10 000
			Dez. 31	Per Bilanzconto (Bestand laut Inventur)	11 000
		30 000			30 000

In allen anderen Fällen bleibt eine Differenz bestehen. Diese Differenz ergiebt den Gewinn, resp. Verlust. Der Gewinn ist auf der Debetseite, der Verlust auf der Creditseite des Sachcontos einzutragen. Die Gegenbuchung findet auf dem Gewinn- und Verlustconto statt. Hier findet sich der Gewinn demgemäß auf der Credit-, der Verlust auf der Debetseite.

Debet. **Generalwaarenconto.** *Credit.*

Dez. 1	An C. Schmidt . . .	30 000	Dez. 1	Per B. Müller . . .	9 000
Dez. 31	An Gewinn- und Verlustconto	1 000	Dez. 12	Per A. Schulze . . .	10 000
			Dez. 31	Per Bilanzconto (Bestand laut Inventur)	12 000
		31 000			31 000

Debet. **Gewinn- und Verlustconto.** *Credit.*

Dez. 31			Dez. 31	Per Generalwaarenconto	1000

Das Gewinn- und Verlustconto ist dazu bestimmt, alle einzelnen Gewinn- und Verlustposten, welche sich auf den verschiedenen Conten vorfinden, in sich aufzunehmen und zu vereinigen.

Wie dies bei den Sachconten geschieht, muß in dieser Weise auch auf den Personenconten verfahren werden, wenn bei diesen sich ein Gewinn oder Verlust ergeben sollte. Dies ist buchmäßig regelmäßig nur möglich, wenn ein Schuldner schlecht wird und in Folge dessen Verluste erlitten werden oder wenn Nebenforderungen (Zinsen, Provisionen u. dgl.) neben der Kapitalsforderung entstehen. Die Gewinne und Verluste aus solchen Nebenforderungen werden aber, wie wir gesehen, regelmäßig nicht unmittelbar auf Gewinn- und Verlustconto, sondern auf das betreffende Hilfsconto desselben übertragen.

Würden die einzelnen Gewinn- und Verlustposten sofort auf das Hauptconto des Prinzipals, nämlich das Kapitalconto gebucht werden, so würde bei Abschluß der Bücher nicht übersichtlich ermittelt werden können, aus welchen einzelnen Posten sich Gewinn und Verlust zusammensetzt. So aber sehen wir alle Handlungsunkosten, die Provisionen, Zinsen u. dgl. im Laufe des Jahres auf besonderen Conten. Bei Abschluß der Bücher müssen diese Conten, wie alle anderen, ausgeglichen werden. Der Saldo der Handlungsunkosten 2c. muß auf Gewinn- und Verlustconto übertragen werden. Die ganzen Handlungsunkosten bilden z. B. einen Verlust, während die Zinsen und Provisionen, je nachdem die Aktiv- beziehungsweise Passivzinsen oder Provisionen überwiegen, einen Gewinn resp. Verlust darstellen.

Im Gewinn- und Verlustconto finden sich durch die angegebenen Operationen alle Gewinne und Verluste nach ihren sachlichen Gründen geordnet. Es lassen sich hierbei unmittelbar und mittelbar zur Erscheinung kommende Gewinne und Verluste unterscheiden. Die unmittelbaren ergeben sich aus den zum Schluß erwähnten Hilfsconten des Gewinn- und Verlustconto, welche, ohne daß ein Saldo für die Bilanz bleibt, lediglich über Gewinn- und Verlustconto saldirt werden, z. B. Zinsen, Provisionen 2c. Mittelbare Gewinne sind diejenigen, welche erst mit Zuhilfenahme des Inventars, resp. unter Einsetzung des Restbestandes des betreffenden Contos ermittelt werden können, — wie z. B. Kursgewinne und -Verluste an den Beständen, Verluste an ausstehenden Forderungen u. dgl.

Der Saldo des Gewinn- und Verlustcontos bildet den Nettogewinn, resp. den Nettoverlust. Derselbe ist auf Kapitalconto zu übertragen, und es muß auf diese Weise das Gewinn- und Verlustconto ausgeglichen werden.

Ist der Saldo des Gewinn- und Verlustcontos auf Kapitalconto gebracht, so muß auf diesem wiederum das Reinkapital ermittelt werden, und dieses Reinkapital ist auf Bilanzconto zu übertragen.

Damit haben wir den letzten Posten gefunden, welcher auf dem Bilanzconto zu figuriren pflegt.

Auf diesem Bilanzconto finden sich demgemäß:

1. als Debitoren diejenigen Conti, welche per Saldo Debitoren geblieben sind, d. h. die Sachconti, bei welchen sich ein Restbestand ergiebt, und die Personenconti, welche bei dem Bücherabschluß eine Forderung für den Prinzipal ergeben, d. h. also die Aktiva.

2. Auf der Seite der Creditoren
   a) diejenigen Personenconti, welche per Saldo Creditoren geblieben sind, d. h. die Schulden;
   b) das Kapitalconto, wie es unter Berücksichtigung des Gewinns resp. Verlustes des betreffenden Jahres festgestellt ist.

Sollte ein Defizit vorhanden sein, so würde das Kapitalconto unter die Debitoren kommen (Unterbilanz).

Als Resultat aller jenen complicirten Buchungen ergiebt sich somit, daß im Bilanzconto die Aktiva als Debitores, die Schulden und das Kapitalconto — letzteres wenigstens in dem regelmäßigen Fall, daß kein Defizit vorhanden — als Creditores figuriren.

Sind die Summen der Debitoren und Creditoren in der Bilanz gleich, so ergiebt sich daraus, daß die gesammte Buchführung, einschließlich der Gewinn- und Verlustrechnung, eine richtige war. Andernfalls muß die Buchführung irgendwo eine fehlerhafte gewesen sein.

Anwendung der beiden Buchführungsarten.

§ **22**. Die großen Vortheile, welche die doppelte Buchführung gewährt, insbesondere die Kontrole für die Richtigkeit und die in der Gewinn- und Verlustrechnung zum klaren Ausdruck gelangende Uebersicht über die Resultate der einzelnen Zweige der Geschäftsthätigkeit, haben eine Reihe von Gesetzgebungen, insbesondere die spanische[1]) und die sich anschließenden mittel- und südamerikanischen[2]), veranlaßt, die doppelte Buchhaltung ausdrücklich vorzuschreiben.

Das deutsche Handelsgesetzbuch verzichtete auf eine Bestimmung hierüber. Es enthält im Art. 28 nur die Vorschrift, daß der Kaufmann Bücher führen soll, aus denen seine Handelsgeschäfte und die Lage seines Vermögens vollständig zu ersehen sind. Es ist ihm überlassen, die zur Erreichung dieses Zwecks geeigneten Bücher einzurichten; da die einfache Buchführung nicht verboten ist, wird man ihm aus Benutzung derselben niemals einen Vorwurf machen dürfen.[3])

---

[1]) H.G.B. Art. 34.

[2]) z. B. Cundinamarca Art. 25, Guatemala Art. 23, Mexico Art. 42, Nicaragua Art. 22.

[3]) A. M. Behrend, Lehrbuch des Handelsrechts I. S. 294, nach welchem die einfache Buchführung dann nicht zu Grunde gelegt werden darf, wenn sie im konkreten Fall nicht geeignet ist, die nöthige Uebersicht zu gewähren. Die

Buchführung der Aktienvereine.

Auch für die Aktienvereine findet sich keine ausdrückliche Vorschrift, daß sie die doppelte Buchführung anwenden müssen. Nach Art. 239 ist der Vorstand der Aktiengesellschaft verpflichtet, die „erforderlichen Bücher" zu führen, wie solches auch den persönlich haftenden Gesellschaftern der Kommanditgesellschaft auf Aktien obliegt; auch ist bereits im Handelsgesetzbuch die Bilanzziehung vorgeschrieben; irgend welche weitere Andeutungen über die Art der Buchführung gab das Gesetz nicht.

Im Anschluß an den Vorgang auswärtiger Gesetzgebungen [1]) hat das neue Aktiengesetz für beide Aktienvereine die Aufstellung einer Gewinn- und Verlustrechnung erfordert (Art. 185, 239). Wie im Vorstehenden dargelegt, findet sich nur bei der doppelten Buchführung eine Gewinn- und Verlustrechnung, wenigstens in dem buchtechnischen Sinn, der hier — in Verbindung mit der Bilanz — allein gemeint sein kann. Daß nur diese den Verfassern des Entwurfs vorgeschwebt hat, ergeben die Motive. In diesen [2]) wird sie „die den Jahresbeschluß des Gewinn- und Verlustcontos bildende Gewinn- und Verlustrechnung" genannt.

Eine Gewinn- und Verlustrechnung, die den Jahresabschluß des Gewinn- und Verlustcontos bildet, gibt es nun zwar nicht. Gemeint sein kann nur diejenige Rechnung, welche die einzelnen Positionen des Gewinns und Verlusts aufdeckt, d. h. das Gewinn- und Verlustconto selbst. Jedenfalls ergibt sich aber aus den Worten der Motive, daß nicht etwa eine improvisirte Berechnung, wie sie allenfalls auch ohne Buchführung aufgestellt werden könnte, gemeint ist. Es ergibt sich aber auch ferner, daß der Absicht des Gesetzes nicht genügt wird, wenn ohne Zerlegung der Gewinn, wie dies bei der einfachen Buchführung geschieht, lediglich aus der Differenz zwischen vorjährigem und diesjährigem Kapitalvermögen berechnet wird.

Ist aber die Gewinn- und Verlustrechnung der doppelten Buchhaltung erforderlich, so ist demgemäß auch durch das Aktiengesetz für die Aktiengesellschaften und Kommanditgesellschaften auf Aktien die doppelte Buchhaltung selbst noth-

Mängel der einfachen Buchführung sind aber begriffliche — eine Uebersicht gewährt diese ohne Inventarisirung nie.

[1]) Französisches Gesetz über die Gesellschaften vom 24. Juli 1867 Art. 34, belgisches Gesetz über die Gesellschaften vom 18. Mai 1873 Art. 62.

[2]) Mot. I. S. 356.

wendig geworden. Es erscheint dies Resultat als ein durchaus angemessenes. Die zum Theil großen Summen, welche in den Aktienvereinen festgelegt werden, die damit verbundene Komplizirtheit des Betriebes und die Schwierigkeit, mit welcher die Abnahme der Rechnungen ohnehin verknüpft ist, rechtfertigen völlig, daß für den Geschäftsbetrieb der Aktienvereine diejenige Art der Buchführung angewandt wird, welche die größte Uebersichtlichkeit und die leichteste Kontrole gewährt.[1])

Demgemäß darf auch die Bilanz der Aktienvereine nur auf Basis der doppelten Buchhaltung errichtet werden.

Besonderheiten der Buchführung der Aktienvereine.

§ **23**. Die besondere Struktur der Aktienvereine und die für dieselben gegebenen gesetzlichen Bestimmungen erheischen für die Bilanz der Aktienvereine einige formelle Abweichungen von den gewöhnlichen Bilanzen.[2])

Gewinn und Verlust muß besonders angegeben werden.

a) Wie wir im § 21 gesehen haben, wird bei der gewöhnlichen kaufmännischen Buchführung das Gewinn- und Verlustconto auf Kapitalconto übertragen. In der Bilanz selbst kommt der Gewinn resp. Verlust nicht getrennt zum Ausdruck; das Kapitalconto erscheint bereits in der durch den Jahresertrag modifizirten Form. Nehmen wir an, das Eingangskapital hätte 100 000 betragen und der Saldo des Gewinn- und Verlustcontos ergebe einen Reingewinn von 6 000 *M.*, so würde bei der gewöhnlichen Buchführung folgendermaßen zu buchen sein:

1885

Debet. **Kapitalconto.** ***Credit.***

An Bilanzconto	106 000	Per Bilanzconto 1884 . .	100 000
		Per Gewinn- u. Verlustconto	6 000
	106 000		106 000

[1]) Das italienische H.G.B. (Art. 22 Abs. 2) schreibt für jeden Kaufmann ein conto de' profitti e perdite vor. Trotzdem scheint man in Italien nicht die Konsequenz gezogen zu haben, daß in Folge dessen die doppelte Buchführung nothwendig sei. Bei Marghieri dir. comm. I. p. 272, ist dies um so auffallender, als er in seiner zutreffenden Beschreibung der beiden Buchhaltungen das Gewinn- und Verlustconto nur bei der doppelten Buchhaltung erwähnt.

[2]) Vgl. Schiebe-Odermann S. 220 ff.

Debet.	**Bilanzconto.**		*Credit.*
An Cassaconto	15 000	Per Kapitalconto	106 000
An Waarenconto	80 000	Per Contocorrentconto (Schulden)	29 000
An Contocorrentconto (ausstehende Forderungen) . .	40 000		
	135 000		135 000

Die Bilanzen der Aktienvereine müssen von diesem Schema abweichen.

Bei Einzelkaufleuten und den übrigen Handelsgesellschaften amalgamirt sich der Gewinn und Verlust alsbald mit dem Kapitalvermögen. Die Gewinne vermehren dasselbe; das vermehrte Kapital bleibt bei dem Einzelkaufmann, soweit nicht die Haushaltungsausgaben in Betracht kommen, für die weitere Geschäftsführung maßgeblich. Auch bei der offenen Handelsgesellschaft und der Kommanditgesellschaft werden im Prinzip die Gewinne dem Kapitalconto der Gesellschaften gutgeschrieben (H.G.B. Art. 107, 161); nur unter bestimmten Voraussetzungen kann der Gesellschafter die festgestellten Gewinne aus der Gesellschaftskasse nehmen (Art. 108, 161). Tritt ein Verlust ein, so wird durch diesen das Kapitalconto von selbst vermindert; wenn im folgenden Jahre Gewinne erzielt werden, so sind dieselben nicht zur Deckung der ursprünglichen Einlage zu verwenden, sondern werden als Gewinn angesehen. Eine Ausnahme in der letztgedachten Beziehung macht nur der Kommanditist.

Bei der offenen Handels- und Kommanditgesellschaft wird der Gewinn überdies nach festen, gesetzlichen oder vertraglichen Grundsätzen getheilt, und es kann daher der Antheil des einzelnen Gesellschafters an demselben ohne Weiteres durch Buchung festgestellt werden.

Anders bei den Aktienvereinen. Ihre nothwendige Grundlage bildet das nominelle Grundkapital der Aktiengesellschaft, respektive das Gesammtkapital der Kommanditisten[1]), welche beide Begriffe nachstehend unter der Bezeichnung Aktienkapital zusammengefaßt werden sollen.

Die Erhaltung des Aktienkapitals ist Pflicht der Gesellschaftsorgane. Dividenden dürfen nur gezahlt, Aktien ohne Beobachtung

[1]) Ueber das Kapital des persönlich haftenden Gesellschafters vgl. § 49.

der für die Herabsetzung des Grundkapitals gegebenen Vorschriften nur zurückgezahlt werden, soweit die Bilanz einen Ueberschuß über das Nominalkapital ergiebt (H.G.B. Art. 161, 197, 203 Abs. 2, 216, 217, 215d Abs. 2). Ist ein Verlust vorhanden, so ist dieser aus späteren Einnahmen zu ergänzen, bevor Gewinne vertheilt werden dürfen. Die Gewinne accresciren — mit geringen Ausnahmen — nicht irgend einem Conto; vielmehr sind sie im Wesentlichen zur Vertheilung zu bringen, und ihre Vertheilung unterliegt nach statutarischer Vorschrift meist der Beschlußfassung der Gesellschaftsorgane.

Aus diesen Erwägungen enthält der Art. 185a Ziffer 5, 239b die Vorschrift, daß der Betrag des Gesammtkapitals der Kommanditisten resp. des Grundkapitals stets in die Passiva aufzunehmen ist.

Diese Aufnahme muß selbstverständlich besonders und ohne Vermischung mit anderen Posten geschehen, weil sonst der Zweck des Gesetzes, die Erkennbarmachung des ursprünglichen Aktienkapitals, vereitelt werden würde. Unzulässig ist es namentlich, Gewinn oder Verlust mit dem Aktienkapital zu vermischen, vielmehr muß nach ausdrücklicher Bestimmung des Art. 185a Ziffer 6 „der aus der Vergleichung sämmtlicher Aktiva und sämmtlicher Passiva sich ergebende Gewinn oder Verlust am Schlusse der Bilanz besonders angegeben werden.“ [1])

Es soll also nicht, wie bei den sonstigen kaufmännischen Bilanzen, das Gewinn- und Verlustconto auf Kapitalconto, sondern auf Bilanzconto ausgeglichen werden.

In dem oben angeführten Zahlenbeispiel würde also zu buchen sein:

Debet. **Aktienkapitalconto.** *Credit.*

An Bilanzconto	100 000	Per Bilanzconto 1884 . .	100 000
	100 000		100 000

Debet. **Bilanzconto.** *Credit.*

An Cassaconto	15 000	Per Aktienkapitalconto . .	100 000
An Waarenconto	80 000	Per Contocorrentconto . .	29 000
An Contocorrentconto . . .	40 000	Per Gewinn- u. Verlustconto	6 000
	135 000		135 000

---

[1]) Durchaus unzulässig ist es daher, wenn die Neue Theater-Aktiengesellschaft zu Frankfurt a. M. die Verluste vom Aktienkapital abzieht und nur den Rest als Passivum in die Bilanz stellt. G.A. II. S. 505.

Das Aktienkapitalconto ist Jahr für Jahr mit derselben Summe anzusetzen, soweit nicht etwa eine Erhöhung oder Herabsetzung desselben erfolgt.[1])

Ist Gewinn vorhanden, so ist derselbe je nach der Vertheilung bei Beginn des neuen Jahres auf Dividendenconto, Vortrag auf neue Rechnung, Reservefonds u. s. w. zu übertragen.

Ist Verlust vorhanden, so ist derselbe auf der Seite der Aktiva zu buchen und in den nächstjährigen Büchern auf Gewinn- und Verlustconto wieder vorzutragen.

Im Fall eines Verlustes würde sich ein Bilanzconto z. B. folgendermaßen stellen:

Debet.		*Credit.*	
An Cassa	3 000	Per Aktienkapitalconto . .	100 000
An Waarenconto	80 000	Per Contocorrentconto	
An Contocorrentconto		(Schulden)	50 000
(Forderungen)	60 000		
An Gewinn- u. Verlustconto	7 000		
	150 000		150 000

Die Gewinn- und Verlustrechnung des folgenden Jahres muß dann beginnen im Credit mit: Per Bilanzconto 1885: 7000. Sie würde also, wenn das folgende Jahr einen Jahresgewinn von 5000 bringt, etwa folgendermaßen zu fixiren sein:

Gewinn- und Verlustconto.

Debet.		*Credit.*	
An Waarenconto	9 000	Per Bilanzconto 1885 . .	7 000
An Bilanzconto 1886 . . .	2 000	Per Handlungsunkosten . .	4 000
	11 000		11 000

Es ist daher zu beachten, daß der Saldo der Gewinn- und Verlustrechnung des neuen Jahres keineswegs das Jahreserträgniß wiedergibt, sondern die Verluste früherer Jahre in sich aufgenommen hat. Nur dieser Saldo fungirt denn auch in der Bilanz des neuen Jahres (1886). Es entspricht dies allein der Vorschrift des Art. 185a Ziff. 6, nach welcher nicht der Jahresgewinn oder der Jahresverlust, sondern der aus der Vergleichung sämmtlicher

[1]) Die ältere französische Buchführung setzte den Saldo des Gewinn- und Verlustcontos allgemein ohne Vermischung mit dem Kapitalconto in die Bilanz. Savary, Parfait négociant I. p. 347.

Aktiva und sämmtlicher Passiva sich ergebende Gewinn oder Verlust am Schluß der Bilanz besonders angegeben werden soll.[1])

Es wird zwar vielfach anders bilanzirt und in Fällen, wie dem zuletztgedachten, in der Bilanz für 1886 unter den Aktivis „Verlust aus 1885: 7000", unter den Passivis „Gewinn aus 1886: 5000" gebucht, doch entspricht dies nicht den gesetzlichen Vorschriften und zerstört insbesondere auch das vom Gesetz gleichfalls geforderte Gewinn- und Verlustconto. Mehrfach[2]) ist behauptet worden, daß es unzulässig sei, in der Bilanz Gewinn und Verlust unter der Rubrik „Gewinn- und Verlustconto" in die Bilanz einzustellen, weil das Gesetz verlange, daß der Gewinn „oder" Verlust besonders angegeben werde. Nun wird aber zunächst nicht geleugnet werden können, daß Gewinn und Verlust auch dann „besonders" angegeben werden, wenn sie in der angegebenen Weise rubrizirt sind.[3]) Die Ansicht verkennt auch den Zusammenhang der Bilanz mit der kaufmännischen Buchführung; in der Buchbilanz muß die Post für Gewinn oder Verlust als Saldo aus dem Gewinn- und Verlustconto übertragen werden. Wenn Thöl sagt, das unerfahrene Publikum glaube, daß das unter den Aktivis figurirende Gewinn- und Verlustconto Gewinn darstelle, so ist darauf zu erwidern, daß, wer die einfachsten Grundsätze kaufmännischer Buchführung nicht kennt, aus der Bilanz ohnehin sich kein Bild machen kann.

Kapitalvermehrungen müssen besonders angegeben werden. Reservefonds.

§ **24.** b) Das Aktienkapitalconto darf nicht nur in Folge von Verlusten nicht vermindert, sondern auch in Folge von Gewinnen nicht erhöht werden. Es kommen aber Fälle vor, in denen der Gewinn nicht vollständig zur Vertheilung gelangen, sondern in dem Gesellschaftsvermögen verbleiben soll (vgl. Art.

---

1) So muß nach der Verordnung des Schweizer Bundesraths über die Rechnungen und Bilanzen der Eisenbahngesellschaften vom 25. Nov. 1884 der Saldo des Vorjahres in die Gewinn- und Verlustrechnung des laufenden Jahres eingesetzt werden (Neue Sammlung VII. S. 734). Unzulässig ist es dagegen, wenn zu dem Jahresgewinn auch die nicht erhobenen Dividenden früherer Jahre in der Bilanz gerechnet werden und wenn z. B. in der Bilanz der Holsteinischen Marschbahn, in der eine besondere Angabe des Gewinns fehlt, statt dessen ein Posten steht: „Dividende pro 1878 und früher" (Saling S. 152).

2) Thöl, Handelsrecht I. § 162, v. Hahn, Handelsgesetzbuch I. S. 743, Ring, Aktiengesetz S. 270.

3) Man vgl. auch ital. H.G.B. Art. 176 Abs. 2: Il bilancio deve dimostrare con evidenza e verità gli utili realmente conseguiti e le perdite sofferte.

185b, 239a). Da diese Kapitalvermehrungen aber nicht dem Aktienkapitalconto zugeschrieben werden dürfen, so werden für dieselben besondere Conten eröffnet, welche gemeinhin „Reservefonds“ genannt werden. Reservefonds stellt mithin denjenigen Theil des Kapitals dar, welcher nicht aus dem nominellen Aktienkapital originirt; Aktienkapitalconto und Reservefonds ergeben — neben Gewinn- und Verlustconto — erst zusammen dasjenige, was sonst in der Buchführung „Kapitalconto“ genannt wird. Irreführend ist es daher, wenn in manchen Bilanzen von Aktienvereinen [1]) das Aktienkapitalconto allein als „Kapitalconto“ bezeichnet wird.

Es entspricht vollständig dem Charakter des Reservefonds als eines Theils des Kapitalcontos und demgemäß den Grundsätzen kaufmännischer Buchführung, wenn das Aktiengesetz (Art. 185a Z. 5, 239b) im Anschluß an die Aktiennovelle vom 11. Juni 1870 (Art. 239a) vorschreibt, daß der Betrag eines jeden Reservefonds [2]) unter die Passiva aufzunehmen ist.

Die Bezeichnung „Reservefonds“ hat in die Praxis der Bilanzen und in die Erkenntniß derselben unheilvolle Verwirrung gebracht. Es kommen in den Büchern der Aktiengesellschaften zahlreiche Reserveconti [3]) vor, welche mit den Reservefonds, wie sie vorstehend entwickelt und in Art. 185a Ziff. 5 und 185b gesetzlich anerkannt sind, nichts gemein haben. Wir werden im Lauf der Darstellung auf diesen Punkt wiederholt zurückkommen müssen. Es ist aber daran festzuhalten, daß der Reservefonds im technischen Sinn nur die aus dem Zurückhalten von effektiven Gewinnen originirende Kapitalvermehrung darstellt; wir werden dieselben daher als Gewinnrücklage bezeichnen dürfen.

Wenn in dem eingangs erwähnten Beispiel von dem Gewinn 1000 in den Reservefonds gelegt, der Rest als Dividende vertheilt würde, so müßte im nächsten Jahr in den Bilanzpassivis außer dem Aktienkapitalconto von 100 000 noch ein Reservefonds von 1000 figuriren.

---

[1]) z. B. Deutsche Genossenschaftsbank Sörgel, Parisius & Co. G.A. II. S. 133.

[2]) Der in derselben Ziffer aufgeführte Erneuerungsfonds hat wesentlich anderen Charakter — vgl. unten § 33.

[3]) z. B. Reserveconto für zweifelhafte Forderungen, Reserveconto für Abnutzungen u. dgl.

§ 25. Aus der Verkennung der Stellung der Bilanz in den kaufmännischen Buchführungen sind eine Reihe von Irrthümern über die Bedeutung und den Inhalt der Bilanz geflossen. Soweit dieselben einzelne Ansätze betreffen, werden sie im Laufe der Darstellung hervorgehoben werden; hier mag nur auf einige allgemeine Irrthümer hingewiesen sein. Bekämpfung von Irrthümern.

1. Das Kapitalconto ist zwar ein Bilanzpassivum der Gesellschaft, aber keine Schuld derselben, und nicht unzutreffend werden daher in der englischen Normalbilanz die beiden Seiten der Bilanz statt Aktiva und Passiva „Property and assets“ resp. „Capital and liabilities“ überschrieben. Kapitalconto keine Schuld.

Trotzdem häufig hervorgehoben ist, daß das Gesetz, welches die Einstellung des Aktienkapitals in die Passiva verlangt, dieselbe keineswegs als Gesellschaftsschuld erachte,[1]) so ist in der gerichtlichen Praxis dieser Grundsatz doch noch in neuester Zeit verkannt worden. Eine Berliner Aktiengesellschaft wurde in Konkurs erklärt, weil das Vermögen nicht die Schulden decke, und unter den hierbei berücksichtigten Schulden befand sich auch das Aktienkapital! Es ist klar, daß dann über das Vermögen jedes Aktienvereins, dessen Bilanz einen Verlust aufweist, Konkurs eröffnet werden müßte.

2. Die Bilanz giebt nur ein Augenblicksbild. Was vorher geschehen, wie sich die einzelnen Posten entwickelt haben, welche Zahlungen geleistet, überhaupt welche Umsätze gemacht sind, ist aus ihr nicht ersichtlich. Einige Banken veröffentlichen freilich auch Umsatzbilanzen.[2]) In dieser figurirt z. B. Cassaconto nach folgendem Schema: Bilanz kein Bild der Geschäftsthätigkeit.

Bestand am 31. Dezember 1878 ·	1 000
Hierzu Eingang im Jahre 1879	200 000
Summe	201 000
ab Ausgang im Jahre 1879 . .	150 000
Bestand am 31. Dezember 1879	51 000

Aber in der gesetzlich vorgeschriebenen Bilanz, welche bei der Breslauer Discontobank im Gegensatz zur Umsatzbilanz zutreffend Saldenbilanz genannt wird, ist für Einnahmen und Ausgaben kein Platz.

[1]) Keyßner, Aktiengesellschaften S. 244, Motive zur Aktiennovelle S. 31.

[2]) z. B. Allgemeine Deutsche Creditanstalt G.A. I. S. 397, Leipziger Discontogesellschaft G.A. I. S. 404, Breslauer Discontobank G.A. II. S. 88.

In den Statuten der Aktienvereine, namentlich der älteren, finden sich in dieser Beziehung vielfach Irrthümer. So heißt es z. B. in § 27 der Statuten der Cöln-Soester Eisenbahn-Gesellschaft:[1])

> In der Bilanz werden alle Einnahmen (!) des betreffenden Jahres nach ihrem Baarbetrage .... als Aktiva eingesetzt. Dagegen kommen als Passiva in Ansatz alle Ausgaben, die im Laufe des Jahres entstanden und nicht aus dem Reserve- oder Erneuerungsfonds zu bestreiten gewesen, mit Einschluß der etwa am Jahresschlusse verbliebenen Rückstände.

Es kann nicht zweifelhaft sein, daß die Cöln-Soester Eisenbahn-Gesellschaft niemals nach diesen Grundsätzen bilanzirt hat.

Eine Aktiengesellschaft hat allerdings thatsächlich in der Bilanz Einnahmen und Ausgaben; es ist dies die Holsten-Brauerei in Hamburg.[2]) Die von ihr veröffentlichte Bilanz enthält folgende Posten: Als Aktiva: Grundstücksconto, Disagioconto, Salairconto, Lohnconto, Generalunkostenconto, Organisationskostenconto; als Passiva: Aktienkapital, Hypothek, Bierconto (Einnahmen für verkauftes Bier), Abfallconto (Einnahmen für Seihe, Dünger), Creditores. — Es bedarf keiner Ausführung, daß eine solche Bilanz einfach widersinnig ist.

Zu Art. 185a Ziff. 4.

3. Völlig verkannt wurde mit Rücksicht auf die Stellung der Einnahmen und Ausgaben die Bilanz von Thöl, und es ist merkwürdig, daß gerade er durch ein offenbares Versehen bei der Gesetzesauslegung zu seinem Irrthum gelangte. Art. 239a Z. 2 der Novelle vom 11. Juni 1870 bestimmte nämlich in inhaltlicher Uebereinstimmung mit Art. 185a Z. 4, 239b des Aktiengesetzes:

> Die Kosten der Organisation und Verwaltung dürfen nicht als Aktiva, müssen vielmehr ihrem vollen Betrage nach in der Jahresrechnung als Ausgabe erscheinen.

Thöl sagt hierzu:[3]) „Daß diese Kosten nicht unter die Aktiva aufzunehmen sind, ist eine Einzelheit, welche selbstverständlich ist und daher keiner besonderen Erwähnung bedurfte, mögen sie gezahlt sein oder geschuldet werden. Werthvoll ist aber die Vorschrift, daß

---

[1]) Abgedruckt bei Weinhagen, Aktiengesellschaften Anh. S. 114.

[2]) G.A. V. S. 287.

[3]) Handelsrecht I. § 162 Z. 2.

diese Kosten erscheinen sollen und ihr voller Betrag erscheinen soll in der Bilanz."[1])

Die gesetzliche Bestimmung ist, soweit die formelle Bedeutung in Frage kommt, in ihrem ersten Theil klar: die Kosten der Organisation und Verwaltung sollen nicht als Werthobjekte angesehen werden können, welche als Aktiva in der Bilanz fungiren.

In dem zweiten Theil steht jedenfalls nicht das, was Thöl darin findet; es ist nicht gesagt, daß jene Kosten als Passiva in der Bilanz figuriren sollen, sondern als Ausgaben in der Jahresrechnung. Passiva in der Bilanz können sie sein, nämlich dann, wenn sie noch nicht bezahlt sind; andernfalls dürfen sie überhaupt nicht in derselben figuriren.

Freilich, der Wortlaut der gesetzlichen Vorschrift, daß die Kosten als Ausgaben in der Jahresrechnung figuriren sollen, ist unklar. Werden unter Jahresrechnung die während des Jahres geführten Rechnungsbücher verstanden, so dürfen in derselben nur diejenigen Kosten als Ausgaben figuriren, welche effektiv bezahlt sind, nicht aber die noch schuldigen. Versteht man aber unter der Jahresrechnung die Gewinn- und Verlustrechnung des betreffenden Jahres,[2]) so sind dort die Organisationskosten als Verlust, nicht als Ausgaben zu buchen. Daß das Gewinn- und Verlustconto übrigens nicht unter der Jahresrechnung gemeint ist, ergeben die Motive zur Aktiennovelle.[3])

Der Sinn der gesetzlichen Vorschrift ist klar: die fraglichen Kosten dürfen in der Bilanz nicht als Aktiva, müssen dagegen in der Gewinn- und Verlustrechnung als Verlust aufgeführt werden. In der Bilanz können sie als Passiva vorkommen, soweit sie näm-

---

[1]) Anscheinend derselben Ansicht das Reichsoberhandelsgericht XX. S. 216. Edwin Katz, Die strafrechtlichen Bestimmungen des Handelsgesetzbuchs (1885) S. 68, erklärt sogar, die Organisationskosten müßten in die Passiva kommen. Gegen Thöl vor allem: Keyßner, Handelsgesetzbuch S. 228.

[2]) So wohl Keyßner a. a. O. S. 229. Er spricht allerdings von Jahresbetriebsrechnung; es ist darunter aber wohl die Gewinn- und Verlustrechnung zu verstehen, denn sonstige Jahresbetriebsrechnungen kennt die kaufmännische Buchführung nicht.

[3]) S. 31: „Die Organisationskosten der Aktiengesellschaften sind häufig ohne alle Beschränkung nicht als Ausgaben, sondern als Aktiva betrachtet, um als solche in der Jahresrechnung, sowie in der Bilanz aufgeführt zu werden." Was ist „Aktivum" in der Gewinn- und Verlustrechnung?

lich noch nicht bezahlt sind. Der zweite Theil der Vorschrift ist zum mindesten überflüssig, da die Absicht des Gesetzes bereits aus dem ersten Theil deutlich erhellt.

Zu Art. 185a Ziff. 5. 4. Zu der Bestimmung der Novelle (Art. 239a Z. 3): „Der Betrag des Grundkapitals und des etwa im Gesellschaftsvertrage vorgeschriebenen Reserve- und Erneuerungsfonds ist unter die Passiva aufzunehmen" [1]) macht Thöl [2]) folgende Bemerkungen:

> Dies ist, wenn es verstanden werden soll: nur unter die Passiva, unrichtig für den Fall, daß der Betrag auch unter die Passiva aufzunehmen ist; und wenn es verstanden werden soll: auch unter die Passiva, unrichtig für den Fall, daß der Betrag nur unter die Passiva aufgenommen werden soll.

Thöl führt dann weiter aus:

> Der Betrag des Grundkapitals ist, soweit derselbe eingezahlt ist, unter die Passiva aufzunehmen und, soweit das eingezahlte vorhanden ist, in Natur oder in anderen Vermögensstücken, ist der Betrag des Vorhandenen unter die Aktiven aufzunehmen. Der Betrag des nicht eingezahlten Grundkapitals .... ist unter die Passiva und, weil er eine Forderung der Gesellschaft gegen die Gesellschafter bildet, auch unter die Aktiva aufzunehmen..... In Betreff des Reservefonds und des Erneuerungsfonds ist die Vorschrift richtig und unrichtig, je nach der Art des so genannten Fonds. Der abgesondert vorhandene z. B. Reservefonds und Erneuerungsfonds ist als Aktivum und auch als Passivum aufzuführen; die zum Zweck der Reserve oder der Erneuerung erfolgende bloße Abschreibung ist freilich nur unter die Passiva aufzunehmen.

Die vorstehenden Ausführungen Thöls beruhen auf Verkennung des Bilanzbegriffs.

Dasselbe Objekt kann niemals Aktivum und Passivum der Bilanz sein, so wenig wie Forderung und Schuld identisch sein können. Grundkapital und Reservefonds bilden gemeinsam das Geschäftskapital, das sich ermitteln läßt, wenn wir von der Summe der Aktiva die Schulden und den Jahresgewinn in Abzug bringen; nach dem obersten Grundsatz der Buchführung müssen sie daher ausschließlich im Passivum stehen, da nur auf diese Weise die Gleichstellung der beiden Bilanzseiten stattfinden kann.

---

[1]) Vgl. jetzt Art. 185a Ziff. 5, 239b.

[2]) Handelsrecht § 162 Nr. 5.

Je nachdem das Kapital verwendet wird, gestalten sich die Aktiva; aber die Immobilien, Mobilien und Forderungen bilden für die Bilanz nicht das Grundkapital resp. den Reservefonds, sondern stehen ihm vielmehr als Gegenposten gegenüber. Thöl verwechselt das Kapitalconto der Bilanz mit dem wirthschaftlichen Kapitalsbegriff, unter den die Aktiva regelmäßig fallen werden, und nur aus dieser Vermischung zweier inkommensurabler Gegenstände ist es zu erklären, daß er dasselbe Objekt als Aktivum und Passivum betrachten konnte.

Die gesetzliche Vorschrift ist völlig präzise und dahin auszulegen, daß Grundkapital, Reservefonds und Erneuerungsfonds[1]) nur unter die Passiva und nicht auch unter die Aktiva gestellt werden dürfen.

§ **26**. 5. In der Praxis wird viel gesündigt gegen die gesetzliche Vorschrift, daß der Gewinn oder Verlust am Schluß der Bilanz angegeben werden muß. Zu Art. 185a Ziff. 6.

Da treten uns zunächst eine Anzahl Aktiengesellschaften entgegen, welche den Gewinn alsbald auf bestimmte Conten übertragen.

In der Bilanz der Hamburgisch-Südamerikanischen Dampfschifffahrtsgesellschaft z. B.[2]) steckt der Reingewinn des Jahres, soweit er dem Reservefonds zufließt, in diesem, — soweit er unter die Mitglieder der Verwaltung zu vertheilen ist, unter „Diverse Creditores" — und soweit er unter die Aktionäre zur Vertheilung gelangt, im „Dividendenconto"; außerdem findet sich in den Bilanzpassivis ein „Gewinn- und Verlustconto", in welchem aber nur der auf neue Rechnung vorgetragene Theil des Gewinns aufgeführt ist. Die Oldenburgische Versicherungsgesellschaft[3]) macht in der Bilanz eine Angabe über Gewinn oder Verlust überhaupt nicht; in dem Geschäftsbericht heißt es: „Der im Jahre 1879 erzielte Reingewinn ist, weil zur Vertheilung zu klein, der Kapitalreserve übertragen worden."[4])

---

[1]) Das Nähere über diesen unten § 33.

[2]) G.A. I. S. 261.

[3]) G.A. I. S. 437.

[4]) Aehnliches läßt sich bei zahlreichen Aktiengesellschaften beobachten, vgl. z. B. noch Westfälische Bank in Bielefeld (G.A. II. S. 289), Deutsche Dampfschiffsrhederei in Hamburg (G.A. II. S. 202), Schlesische Bodencreditbank (G.A. I. S. 210), Commerz- und Discontobank in Hamburg (G.A. I. S. 215), Bank

All dies ist unzulässig. Der Gewinn resp. Verlust muß am Schluß der Bilanz besonders, d. h. getrennt von allen anderen Bilanzposten und in einer Ziffer angegeben werden. Das Publikum soll denselben in einem Posten und an einer bestimmten Stelle der Bilanz vor sich haben. Durch die Zerstückelung des Gewinns in verschiedene Posten geht die Erkennbarkeit desselben verloren.

Nach der Reichsverordnung über die Bilanzen der deutschen Notenbanken [1]) soll unter den Passivis nach Ziffer 9 figuriren:

> der Betrag des aus dem gleichzeitig zu veröffentlichenden Jahresabschlusse des Gewinn- und Verlustcontos sich ergebenden Reingewinns.

Außerdem soll aber nach Ziffer 2 in die Passiva gestellt werden:

> der Reservefonds, und zwar sofern derselbe die vorgeschriebene Höhe noch nicht erreicht hat, unter Angabe
> a) des Bestandes am Schlusse des Vorjahrs,
> b) des für das Geschäftsjahr statutenmäßig überwiesenen Betrages
>
> und des aus a und b sich ergebenden Bestandes.

Da derjenige Theil des Reingewinns, welcher dem Reservefonds überwiesen wird, doch auch Reingewinn ist und als solcher in dem Saldo des Gewinn- und Verlustcontos zur Erscheinung kommen muß, so kann unmöglich derselbe Betrag nochmals in den Reservefonds eingestellt werden. Schiede man ihn aus dem Gewinn- und Verlustconto aber aus, so würde man dadurch auch die Vorschrift des Aktiengesetzes, wonach der Gewinn am Schlusse der Bilanz besonders anzugeben ist, verletzen.

Die Gewinnvertheilung gehört begrifflich überhaupt nicht in die Bilanz der Aktienvereine. Nach Art. 193, 225 hat der Auf-

---

für Süddeutschland (G.A. II. S. 26); auch nach dem neuen Aktiengesetz: z. B. Sächsische Holzindustriegesellschaft zu Rabenau und Aktien-Badegesellschaft zu Kissingen (Reichsanzeiger 1885 Nr. 251). Auch in der Bilanz der Reichsbank (G.A. II. S. 205) ist der Reingewinn nicht erkennbar. Was dort als Reingewinn bezeichnet wird, ist thatsächlich nur derjenige Theil desselben, welcher die Superdividende, den Gewinnantheil des Reichs und den Gewinnvortrag auf neue Rechnung darstellt; die Abschlagsdividende und die Dotation des Reservefonds aus dem Reingewinn ist nicht inbegriffen.

[1]) Bekanntmachung, betreffend die Vorschriften über die von den Notenbanken in den Jahresbilanzen gesondert nachzuweisenden Aktiva und Passiva, vom 15. Januar 1877 (Centralblatt S. 24).

sichtsrath die Jahresrechnungen, die Bilanzen und die Vorschläge zur Gewinnvertheilung zu prüfen — Beweis, daß die Gewinnvertheilung nicht Theil der Bilanz ist.

Zweckmäßig ist es allerdings, wenn, wie es viele Gesellschaften thun, vor dem Strich die Gewinnvertheilung skizzirt wird, z. B.:

Passiva.

Aktienkapital		100 000
Creditores		30 000
Gewinn, welcher vertheilt wird .		10 000
a) Tantiemen	1 000	
b) Reservefonds	500	
c) Dividende (8 %)	8 000	
d) Vortrag auf neue Rechnung	500	
	10 000	
		140 000

Doch ist es nur Nützlichkeitsfrage, ob die Bilanz in dieser Weise erläutert werden soll.

Einige Aktiengesellschaften veröffentlichen zur Klarstellung der Gewinnvertheilung zwei Bilanzen, die eine den Gewinnsaldo als besondere Post am Schluß der Passiva aufführend, die zweite nach Vertheilung des Gewinns unter die einzelnen Passivposten. So z. B. die Aachener Bank für Handel und Industrie[1]) („Bilanz vor dem Abschluß", „Bilanz nach dem Abschluß") und der Basler Bankverein[2]) („Bilanz pro 31. Dezember 1879", „Eventuelle Schlußbilanz pro 31. Dezember 1879 nach erfolgter Repartition der Aktivsaldos gemäß Antrag der Direktion"). Hiergegen wäre an sich nichts einzuwenden, wenn nicht die Aufstellung zweier Bilanzen von einigen industriellen Gesellschaften zu einer Verdunkelung der Vermögensverhältnisse, resp. des Gewinnbetrags Anlaß gäbe. Es wird nämlich zuweilen eine „Brutto-" und eine „Nettobilanz" errichtet.[3]) In der Bruttobilanz werden Anlagen und Utensilien zum Erwerbspreis, resp. dem vorjährigen Bilanzpreis, Forderungen zum Nominalbetrag angegeben, zum Schluß ein Bruttogewinn ausgeworfen. In der Nettobilanz werden dagegen die erforderlichen

---

[1]) G.A. II. S. 766.

[2]) G.A. II. S. 286.

[3]) Vgl. z. B. Bergischer Gruben- und Hüttenverein (G.A. V. S. 116) und Aktienbrauerei zum Bergkeller in Radeberg (G.A. I. S. 29).

Abschreibungen vorgenommen. Es liegt auf der Hand, daß die Bruttobilanz, da in derselben die Aktiva geständlich falsch bewerthet sind, nicht nur zwecklos, sondern geradezu irreführend ist. Nur die Nettobilanz ist die gesetzlich vorgeschriebene und kaufmännisch brauchbare.

Mindestens ist aber erforderlich, daß in der Nettobilanz der Nettogewinn am Schluß angegeben werde; wenn auch dies nicht geschieht und in der Nettobilanz der Gewinn alsbald in einzelnen Conten (Reservefonds, Dividendenconto 2c.) verschwindet, so muß dies als eine Verschleierung des Vermögenszustandes angesehen werden.

Der Bruttogewinn ist ein vollkommen trügerischer Begriff; denn es ist selbstverständlich ganz gleichgiltig, welcher Gewinn erzielt sein würde, wenn keine Abschreibungen vorgenommen, d. h. wenn die Aktiva der Gesellschaft höher bewerthet werden, als dies gesetzlich zulässig ist. Gerade in jüngster Zeit haben aber viele Aktiengesellschaften der gesetzlichen Vorschrift, daß der Gewinn am Schlusse der Bilanz angegeben werden müsse, dadurch nachzukommen geglaubt, daß sie den Bruttogewinn angaben. Eine einzige Nummer des Reichsanzeigers zeigte zwei derartige Bilanzen.[1]) Das Verfahren muß als gesetzwidrig gekennzeichnet werden. Das Gesetz verlangt die Angabe des aus der Vergleichung sämmtlicher Aktiva und sämmtlicher Passiva sich ergebenden Gewinns und Verlustes. Selbstverständlich müssen die Aktiva und Passiva hierbei nach Vorschrift des Gesetzes und nicht nach beliebigen anderen Grundsätzen bewerthet werden.

Ist weder Gewinn noch Verlust vorhanden, so besteht kein gesetzlicher Zwang, dies in der Bilanz besonders zu deklariren[2]); doch mag es im Interesse der Deutlichkeit wünschenswerth erscheinen, die Thatsache durch einen Zusatz kenntlich zu machen.

Getheilte Bilanzen. § **27**. Größere Aktiengesellschaften, welche Geschäfte an verschiedenen Orten oder in verschiedenen Zweigen haben, pflegen getrennte Bücher für die verschiedenen Verwaltungen zu führen. Das Zweiggeschäft (Filiale, auch juristisch unzutreffend Kommandite

---

[1]) Nr. 253 de 1885 (Thode'sche Papierfabrik, Aktiengesellschaft zu Hainsberg; Aktienspinnerei und Färberei H. F. Kürzel zu Krimmitschau).

[2]) Dieser überaus seltene Fall findet sich in der Bilanz des „Gutenberg" Kommanditgesellschaft auf Aktien Fischer, von Langen & Co. (Reichsanzeiger Nr. 253 de 1885).

genannt) wird in seiner Buchführung selbständig gestellt.[1]) Es wird von dem Hauptgeschäft mit einem Kapital ausgestattet, welches in den Büchern des Zweiggeschäfts als Kapitalconto (Conto des Hauptgeschäfts) erscheint. Am Schluß des Geschäftsjahres errichtet das Zweiggeschäft eine Bilanz, in welchem Gewinn und Verlust festgestellt und das Restkapital ermittelt wird. Dies Restkapital wird — sofern kein effektives Defizit vorhanden ist — in den Büchern des Hauptgeschäfts als Aktivum eingestellt. Buchmäßig stellt es eine Forderung des Hauptgeschäfts an das Zweiggeschäft, thatsächlich stellt es den Werth der Aktiva des Zweiggeschäfts nach Abzug der Passiva dar.

Da die Aktienvereine Kapitalconto und Gewinn- und Verlustrechnung getrennt halten müssen, so muß dies auch in der Bilanz der Zweiggeschäfte derselben geschehen, so daß also das Guthaben der Hauptanstalt in zwei Theile: Kapitalguthaben und Gewinnguthaben (resp. Verlustsaldo) zu theilen ist.

Aktienvereine, welche in dieser Weise getrennte Buchhaltungen haben, sind berechtigt, die Hauptbilanzen und Spezialbilanzen, sowie die Gewinn- und Verlustrechnungen des Haupt- und Spezialgeschäfts zu veröffentlichen.

Denn das Gesetz verbietet nicht, einzelne Posten der Hauptbilanz und der Haupt-Gewinn- und Verlustrechnung durch Spezialaufstellungen, welche im Endergebniß sich in den Hauptrechnungen wiederfinden, zu erläutern. Nothwendig ist nur, daß auch die Spezialbilanzen nach denjenigen Grundsätzen aufgestellt werden, welche für die Bilanz überhaupt gegeben sind. Auf diese Weise finden sich schließlich alle Aktiva und Passiva in derjenigen Deutlichkeit wieder, welche das Gesetz erheischt. Es hat die Abordnung der Spezialbilanzen aus der Hauptbilanz und demgemäß auch die Aufstellung der speziellen Gewinn- und Verlustconti sogar den Vorzug, daß die einzelnen Positionen detaillirter hervortreten, als dies gemeinhin zu geschehen pflegt.

Falls die Gesellschaft in ihren Büchern derartige getheilte Bilanzen aufstellt, so ist sie auch verpflichtet, dieselben in dieser Form zu veröffentlichen. Denn es soll „die" Bilanz, d. h. die buchmäßige, veröffentlicht werden. Würden — was an sich ja

[1]) Vgl. Brinckmann im Archiv für civ. Praxis Bd. 23 S. 88; auch Entsch. des Reichsgerichts in Straff. V. S. 407.

möglich wäre — die einzelnen Positionen der Bilanz der Zweiganstalten in die für den Aktienverein veröffentlichte Generalbilanz einzeln hineingefügt werden, so würde eine Bilanz nach außen kundgegeben werden, welche mit den Büchern nicht übereinstimmt.[1])

In der Praxis finden sich derartige getheilte Bilanzen nicht selten.

Die Vereinsbank in Nürnberg z. B. veröffentlicht eine Spezialbilanz und ein Spezial-Gewinn- und Verlustconto der Hypothekenabtheilung.[2]) In den Passivis der Spezialbilanz findet sich das Dotirungskapital des Hauptgeschäfts unter Vereinsbankconto und der Saldo des Spezial-Gewinn- und Verlustcontos. Beide Posten finden sich in den Aktivis der Hauptbilanz. Die Ungarische Allgemeine Creditbank[3]) gibt Spezialbilanzen der Bank- und Waarenabtheilung und der vereinigten Dampfmühlen und stellt das Buchguthaben bei der letzteren (Contocorrentforderung benannt) als Aktivum in die Bilanz der Bank- und Waarenabtheilung ein.

Bedenklich erscheint der bei den großen Gasaktiengesellschaften (Neue Gasaktiengesellschaft in Berlin[4]), Thüringer Gas-Aktiengesellschaft[5]), Deutsche Continental-Gasaktiengesellschaft zu Dessau[6]), Allgemeine Gasaktiengesellschaft zu Magdeburg[7])) eingeschlagene Modus. Dieselben haben Gasanstalten in zahlreichen, die erstgenannte Gesellschaft in 22 Städten. Sie veröffentlichen eine General-Bilanz und ein General-Gewinn- und Verlustconto und außerdem Eine Spezialbilanz und Eine Spezial-Gewinn- und Verlustrechnung. Letztere haben zum Theil die sachlich zutreffende Ueberschrift „Zusammenstellung der Spezial-Abschlüsse“. In der Spezialbilanz finden sich die gleichartigen Posten aus den verschiedenen Anstalten zusammengestellt, z. B. in den Aktivis: Kassabestände in den verschiedenen Anstaltskassen, Kohlenconto für die auf den Anstalten vorräthigen Kohlen 2c.; in den Passivis: Conto der Hauptkasse a) Saldi per 31. Dezember 1879, b) Gewinnsaldi der Anstalten.

---

1) Vgl. Jäger, Beachtenswerthe Fälle 2c. S. 44.

2) G.A. I. S. 167.

3) G.A. II. S. 279.

4) G.A. V. S. 163.

5) G.A. I. S. 318.

6) G.A. I. S. 332.

7) G.A. I. S. 410.

In der Hauptbilanz dagegen die Werthe der einzelnen Gasanstalten in einheitlicher Summe ohne Spezialisirung der Aktiva und Passiva ausgeworfen.

Für diese Positionen fehlt es aber in der Spezialbilanz an jedem Anhalt. Wenn z. B. die Thüringer Gasgesellschaft in der Hauptbilanz die Gasanstalt Aschersleben mit 249 759 Mk. 29 Pf. in den Aktivis führt, so müßte die Spezialbilanz ergeben, aus welchen Theilen sich diese Summe zusammensetzt. In der Spezialbilanz findet sich aber nicht der geringste Anhalt für diese Summe, geschweige denn eine bilanzmäßige Erklärung derselben. Wollen die Gasgesellschaften nicht eine einzige Sammelbilanz veröffentlichen — was mit Rücksicht auf die augenscheinlich getrennte Buchhaltung der Gasanstalten allerdings nicht angemessen erscheint —, so werden sie für jede einzelne Anstalt eine Spezialbilanz veröffentlichen müssen.

Absolut unzulässig aber ist es, wenn z. B. die Berlin-Anhaltische Maschinenbau-Aktiengesellschaft ein Generalbilanzconto [1]) veröffentlicht, dessen einzige Aktiva lauten: „Conto der Filiale Moabit Saldo und Gewinn, Conto der Filiale Dessau Saldo und Gewinn, Conto der Filiale Stadtgeschäft Saldo und Gewinn," ohne dieselbe durch Spezialbilanzen zu erläutern. Aehnlich neuerdings auch die Neue Gasaktiengesellschaft.[2]) Eine solche Bilanz gibt überhaupt keine Aufstellung der Aktiva.[3])

Erwähnt werden mag, daß nach der englischen life assurance companies act von 1870 [4]) die Gesellschaften, welche außer der Lebensversicherung noch andere Geschäfte betreiben, spezielle Rechnung über die Lebensversicherung führen müssen. Sie haben nach einem gesetzlich vorgeschriebenen Formular eine Spezialbilanz für die Lebensversicherung zu errichten, deren Saldo sie als Passivum in die Hauptbilanz einsetzen.[5])

---

[1]) G.A. V. S. 243.

[2]) Reichsanzeiger 1885 Nr. 255.

[3]) Vgl. Wagner, System der Zettelbankpolitik S. 99.

[4]) 33 & 34 Vict. c. 61 s. 4.

[5]) l. c. s. 6 und Schedula 3. Wenn die Absonderung des besonderen Fonds thatsächlich erfolgt ist, muß eine vollständige Sonderbilanz errichtet werden. „If the life assurance fund is, in accordance with s. 4 of this Act, a separate trust fund for the sole security of the life policy holders, a separate balance sheet for the life branch may be given in the form contained in Schedule 2." Anmerkung zu Sch. 4.

Die jährliche Ziehung der Bilanz.

§ 28. Aktienvereine können, wie jeder Kaufmann, zu beliebigen Zeiten und in beliebigen Formen Vermögensaufstellungen machen; für die Notenbanken sind sogar wöchentliche Vermögensübersichten gesetzlich vorgeschrieben.[1]) Gegenstand dieser Abhandlung ist aber nur diejenige Bilanz, welche alle Aktienvereine, ebenso wie alle nicht durch Art. 10 H.G.B. ausgenommenen Kaufleute, auf Grund des Art. 29 H.G.B. jährlich errichten müssen und deren Ziehung im Art. 185, 239 des Aktiengesetzes nochmals besonders zur Pflicht gemacht ist.

Nach Art. 29 ist die erste Bilanz bei dem Beginn des Gewerbes, d. h. bei Aktienvereinen alsbald bei Eintragung (Art. 178, 211) zu errichten. Bei der reinen Geldgesellschaft, bei der keine besonderen Gründungslasten übernommen sind, wird die erste Bilanz nur drei Posten zeigen: im Passivum das Aktienkapital, im Aktivum die vor der Eintragung gemäß Art. 176 Abs. 3, 210 Abs. 3 geleisteten Einzahlungen und die Ansprüche gegen die Aktionäre auf Leistung der fehlenden Einzahlungen. Sind in dem Statut zu Lasten der Gesellschaft an Gesellschafter oder Andere Entschädigungen oder Belohnungen für die Gründung oder deren Vorbereitung übernommen worden (Art. 175b Abs. 3, 209b Abs. 3), so muß deren Betrag in das Passivum gestellt werden. Ebenso muß der Anspruch auf Einlegung von Apports, sowie die etwaige Uebernahme von Schulden bei dem im Statut genehmigten Erwerb von Geschäften oder Grundstücken in der Eröffnungsbilanz berücksichtigt werden.

Das Aktiengesetz enthält keine speziellen Vorschriften über die Eröffnungsbilanz; insbesondere verlangt es nicht, daß dieselbe von der Generalversammlung genehmigt wird.[2]) Die konstante Praxis sieht von einer solchen Genehmigung auch ab; überläßt vielmehr die Feststellung der Eröffnungsbilanz den zuständigen Gesellschaftsorganen. Unter diesen Umständen wird man Mangels anderweitiger statutarischer Bestimmung und mit Rücksicht auf die regelmäßig rein

---

[1]) § 8 des Bankgesetzes vom 14. März 1875 (R.G.Bl. S. 177). In manchen Gesetzgebungen, insbesondere in der französischen loi sur les sociétés vom 24. Juli 1867 (Art. 34) sind halbjährliche Status vorgeschrieben. Oeftere Uebersichten verlangen z. B. auch das italienische H.G.B. Art. 177, die englische Companies act von 1862 s. 44.

[2]) Ring, Aktiengesetz S. 254.

rechnerische Bedeutung der Eröffnungsbilanz der Aktienvereine diese Praxis auch fernerhin als zulässig erachten dürfen.

Nach Art. 29 H.G.B. soll die Bilanz von jedem Kaufmann, und also auch von Aktienvereinen „in jedem Jahre" gezogen werden. Das kann nicht wörtlich genommen werden; dem Art. 29 wird nicht genügt, wenn eine Bilanz am 2. Januar 1880 und die zweite am 30. Dezember 1881 errichtet wird; gemeint ist die jährliche,[1]) d. h. für zeitlich durch ein Jahr getrennte Momente festgestellte Bilanz.

Für Aktienvereine kann diese Auslegung nicht zweifelhaft sein, da nach Art. 185, 239 binnen sechs Monaten die „Bilanz für das verflossene Geschäftsjahr" vorgelegt werden soll. Uebrigens mag bemerkt werden, daß der Ausdruck „B. für das verflossene Geschäftsjahr" inkorrekt ist. Denn es giebt überhaupt keine Bilanz für ein Geschäftsjahr, sondern nur für einen Moment, nämlich für den Zeitpunkt des Jahresschlusses.

Die Bilanzziehung kann erst beginnen mit dem Ablauf des Geschäftsjahres. Denn erst in diesem Augenblick kann der Geschäftsherr übersehen, welche Gegenstände als zu seinem Vermögen gehörig anzusehen sind.[2]) Ueber den Zeitpunkt, wann sie vollendet sein muß, enthält der Art. 29 keine Vorschrift; es wird im Allgemeinen die kaufmännische Uebung[3]) und im Besonderen die Natur des Etablissements entscheiden müssen.[4]) Für die Aktienvereine bestehen,

---

[1]) Nürnberger Prot. S. 46.

[2]) Unrichtig daher die Entsch. des Ob.Tribunals bei Oppenhoff, Rechtsprechung des Ob.Trib. in Strafsachen VIII. S. 501 und des Reichsgerichts in den Entsch. des R.G. in Strafs. II. S. 31. Wie Jemand im Laufe des Jahres wissen soll, was er am Ende desselben besitzen wird, und wie er daher die Bilanz nicht nur beginnen, sondern mit dem Ablauf desselben auch schon beendigt haben soll, ist unerfindlich. Kein Kaufmann hat jemals nach denjenigen Grundsätzen Bilanz aufgestellt, welche in den gedachten beiden Entscheidungen ausgesprochen sind. Nicht korrekt daher auch die Bestimmung der Art. 185, 239 des Aktiengesetzes, daß die Vorlegung der Bilanz „spätestens" in den ersten sechs Monaten des Geschäftsjahres erfolgen muß. Früher kann es überhaupt nicht geschehen.

[3]) Vgl. Entsch. des Ob.Trib. bei Oppenhoff, Rechtspr. IX. S. 122.

[4]) Das Obertribunal (VIII. S. 501) meint, nur der Strafrichter könne eine „Nachfrist" bewilligen; ein Recht darauf habe der Kaufmann aber nicht; insbesondere könne er sich nicht auf Unmöglichkeit stützen. Wie ein Strafrichter den konstitutiven Akt der Gewährung der „Nachfrist" ausüben soll, erhellt nicht.

wie bereits angedeutet, wenigstens insoweit Spezialvorschriften, als die Vorlegung der Bilanz an den Aufsichtsrath und die Generalversammlung innerhalb der ersten sechs Monate des Geschäftsjahres geschehen muß.[1]) Wann die Gesellschaftsorgane, sofern die Frist zur Vorlegung der Bilanz innegehalten wird, dieselbe ziehen wollen, wird ihrem Ermessen überlassen bleiben müssen; namentlich sind sie nicht verpflichtet, die Bilanz per ultimo Dezember 1885 am 1. April 1886 fertigzustellen, weil die Bilanz per ultimo 1884 am 1. April 1885 beendigt war.[2])

Aber daran muß festgehalten werden: von Jahr zu Jahr ist Bilanz zu ziehen. Das Jahr kann das Kalenderjahr sein; es kann auch das Geschäftsjahr an einem anderen Zeitpunkt als dem ersten Januar beginnen — aber es muß immer ein Zeitjahr sein. Es mag gestattet sein, schon nach einem kürzeren Zeitraum Bilanz zu ziehen, und insofern wird es nicht für unzulässig zu erachten sein, wenn in Statuten bestimmt wird, daß das erste Geschäftsjahr kürzer als ein Zeitjahr sei — was auch Art. 191 Abs. 2, 224 des Aktiengesetzes für einen Spezialfall ausdrücklich für zulässig erklären.[3]) Aber unerlaubt ist es, das erste Geschäftsjahr — wenigstens soweit es die Bilanzziehung anbetrifft, — auf länger als ein Zeitjahr im Statut festzusetzen.[4]) Denn dadurch würde die gesetzliche Vorschrift der jährlichen Bilanzziehung illusorisch gemacht und der Zeitpunkt der Willkür der Statuten überlassen werden. Auch bei Verlegung des Geschäftsjahres darf eine Bilanzperiode niemals länger als

---

Daß ein Gesetz beabsichtige, Unmögliches zu verlangen, kann doch füglich nicht angenommen werden.

[1]) Art. 185, 239. Bei Aktiengesellschaften muß die Vorlegung in den ersten drei Monaten erfolgen, wenn die Statuten die Frist nicht auf sechs Monate erstrecken.

[2]) A. M. Ob.Tribunal in Oppenhoffs Rechtsprechung VIII. S. 354. „Da nun der Anfang des Geschäftsbetriebs des Angeklagten in das Jahr 1864 fällt, seine letzte Bilanz für das Jahr 1864 im März 1865 aufgenommen ist, so würde er nur dann der gesetzlichen Vorschrift genügt haben, wenn er im März 1866 die Bilanz für 1865 gezogen hätte. . . . . Das Gesetz legt ihm die Verpflichtung auf, in jedem Jahr die Bilanz zu ziehen, er hat sich daher mit seinen Geschäften so einzurichten, daß er dieser Verpflichtung Genüge leisten kann."

[3]) Bedenklich ist es allerdings, auf Grund einer nach kürzerem Zeitraum gezogenen Bilanz Dividende zu vertheilen, da die Art. 197, 217 dies nur auf Grund der jährlichen Bilanz zulassen.

[4]) Beispiele bei Ring in Buschs Archiv Bd. 45 S. 122 Note 54.

ein Zeitjahr dauern; wird der Beginn des Geschäftsjahres z. B. vom 1. October auf den 1. Januar verlegt, so muß in dem Uebergangsjahr die Zeit vom 1. October bis zum 1. Januar als besondere Bilanzperiode behandelt werden.[1])

Viertes Kapitel.

Allgemeines über die Bilanzposten.

§ **29**. Die Bilanz hat die Aufgabe, den Stand des Vermögens an einem bestimmten Zeitpunkt darzustellen. Zu diesem Zweck muß sie vor allen Dingen die einzelnen Objekte des Vermögens aufführen; ausführlich soll dies im Inventar, auszüglich in der Bilanz geschehen. Ideelle (fiktive) Posten.

Gesetzlich soll diese eine Aufzählung der Immobilien, Mobilien, Forderungen und sonstigen Vermögensstücke, sowie der Schulden enthalten (Art. 29). Nach den Grundsätzen der kaufmännischen Buchführung außerdem, wie wir gesehen haben, das Kapitalconto, welches bei Aktienvereinen in die Bestandtheile Grund (Gesammt)-kapital, Reservefonds, Gewinn- und Verlustsaldo getheilt werden muß (Art. 185a, 239b).

Es ist nicht nur thatsächlich unrichtig, sondern liegt auch selbstverständlich dem Kaufmann völlig fern, diese Kapitalconten als eine Schuld anzusehen, wenn sie auch in der Bilanz als Passivum stehen.

An sich könnte man das Vermögen auch in der Weise feststellen, daß man die Kapitalconten aus der Bilanz ganz fortläßt, Aktiv- und Passivseite addirt und aus der Differenz das Kapital ermittelt. Mit Rücksicht auf das Prinzip der doppelten Buchführung, den Saldo in die schwächere Seite einzusetzen und auf

---

[1]) Dies wohl auch die Meinung Rings (Aktiengesetz S. 254, vgl. aber auch S. 311).

diese Weise formell die gegenüberstehenden Seiten auszugleichen, hat man diesen Grundsatz auch auf die Bilanz angewandt.

Man hat nun diese Kapitalconten ideelle (fingirte) Posten genannt,[1]) offenbar von dem Gedanken ausgehend, daß Grundkapital, Reservefonds und Gewinn keine Schuld, Verlust keine Forderung des Aktienvereins bildet. Trotzdem ist die Bezeichnung unrichtig. Jene Conten sind insgesammt nur Modifikationen des Gesammtbegriffs Kapitalconto, welches selbst nur ein Saldirungsconto ist, und die Thatsache, daß sie zusammen das Reinvermögen darstellen, erweist ihre handgreifliche Reellität. Daß sie formell in der Bilanz nicht als Differenz eines Subtraktionsexempels, sondern als Addenden eines Additionsexempels auftreten, kann einen begrifflichen Unterschied nicht machen.

An sich würde die bloße Benennung der Kapitalconten als ideeller Posten unschädlich sein. Aber durch eine derartige Bezeichnung wird natürlich zunächst gar nichts erklärt. Denn wenn man das Kapitalconto als ideelle Schuld bezeichnet,[2]) so erkennt man damit nur an, daß es keine reelle Schuld, d. h. also, daß es überhaupt keine Schuld ist. Wer von der Meinung ausgeht, daß in die Passiva nur Schulden eingesetzt werden dürften, hätte daher ehrlicher Weise diejenigen Posten, welche keine Schuld darstellen, aus derselben entfernen müssen. Durch die Bezeichnung als ideelle Schuld sucht man dann über die vermeintliche Inkonsequenz hinwegzukommen.

Durch jede Fiktion dokumentirt der Dogmatiker nur, daß er auf Definition und Konstruktion verzichtet.[3]) Diese Unterlassungssünde aber rächt sich regelmäßig dadurch, daß die Praxis aus den Fiktionen die wunderlichsten Konsequenzen zieht. Gerade auf diesem Gebiete muß der Jurist das Principiis obsta vor Augen behalten.

Nirgends mehr, als bei der Bilanz, hätte man sich davor hüten müssen, mit ideellen und fiktiven Größen zu operiren, da sie doch den kältesten Realismus in der Aufstellung verlangt. Wie soll man vermeiden fiktive Dividenden zu vertheilen, wenn man fingirte Posten im Prinzip zuläßt!

---

[1]) z. B. v. Strombeck in der Zeitschrift für das ges. Handelsrecht Bd. 28 S. 470, Ring, Aktiengesetz S. 256, Wagner, System der Zettelbankpolitik S. 87, 108.

[2]) „Schuld an sich selbst" nennt es Wagner a. a. O.

[3]) Vgl. Bülow in dem Archiv für civilistische Praxis Bd. 62 S. 6 ff.

Natürlich blieb die Praxis, nachdem einmal die Kapitalposten als ideelle bezeichnet waren, nicht bei dieser einen Fiktion stehen; war es doch zu bequem, diesen Gedanken zu benutzen, um auf eigne Faust neue fiktive Posten zu erfinden, und es konnten natürlich diejenigen nichts dagegen einwenden, welche einmal in den Kapitalconten fiktive Posten gefunden zu haben glaubten und als zulässig anerkannten.[1])

Allmählich entstand daraus ein ganzes System. Wollte man Dividenden vertheilen, ohne solche verdient zu haben, so brauchte man nur ein ideelles Aktivum einzustellen — früher gewöhnlich unter dem Titel Verwaltungskosten oder Organisationskosten; seitdem diese beiden Bezeichnungen aber durch die Aktiennovelle stigmatisirt waren, verkrochen sie sich meist in andere Posten. Wollte man keine Dividende vertheilen, obgleich eine solche verdient war, so brauchte man nur einen ideellen Passivposten — oft unter der unscheinbaren Bezeichnung: Vortrag auf neue Rechnung — einzusetzen, und die Aktionäre mußten sich mit der Dividende auf das neue Jahr vertrösten.

§ **30**. Einen geradezu unheilvollen Einfluß auf die Bilanzen hat die Praxis des Preußischen Ministeriums der öffentlichen Arbeiten ausgeübt. **Dotation des Reservefonds aus dem Grundkapital.**

Wir finden nämlich schon in älteren Eisenbahnstatuten die sonderbare Bestimmung, daß der Reservefonds aus dem Grundkapital dotirt werden soll.

So enthält z. B. das Statut der Niederschlesisch-Märkischen Zweigbahn vom 8. November 1844[2]) die Vorschrift:

> § 5. Wenn die Anlagekosten unter 1 500 000 Thaler sich belaufen, so wird aus dem Ueberschuß bis zu einem Betrage von 75 000 Thalern ein Reservefonds zur Bestreitung der Kosten der Erneuerung und Vermehrung des Inventariums, sowie zur Deckung der in außerordentlichen Fällen nöthigen Ausgaben gebildet.

---

[1]) Wagner (System der Zettelbankpolitik S. 110) kommt denn auch thatsächlich dazu, als fingirte Aktivposten „Verwaltungskosten" einzustellen, und führt insbesondere auf: Rest aus dem Vorjahr, Einrichtungskosten, Banknotenfabrikationskosten, stattgefundene Verwaltungsausgaben des laufenden Geschäftsjahres.

[2]) G.S. S. 678.

Aehnlich bestimmt das Statut der Kottbus-Schwieloch-See-Eisenbahn vom 2. Mai 1845,[1]) daß die Ersparnisse bei dem Bau in den Reservefonds fließen.

Durch die Cirkularverfügung des Handelsministers vom 27. Januar 1858[2]) wurde diese Anschauung zur Regel erhoben. In derselben heißt es: Es sei nicht empfehlenswerth, den Reservefonds durch jährliche Rücklagen aus den Betriebserträgnissen anzusammeln, weil gerade in der ersten Zeit große Extraausgaben einzutreten pflegten. „Zur Vermeidung dieser Mißstände dürfte es den Vorzug verdienen, von vornherein bei Berechnung des Anlagekapitals zur Bildung des Reservefonds im Anschlag eine angemessene Summe auszuwerfen und solchen bei Beginn des Betriebs als eisernen Fonds zurückzulegen."

Gleichartige Bestimmungen lassen sich dann auch zahlreich bis in die neueste Zeit in den Statuten der Eisenbahngesellschaften verfolgen; noch die Konzessionsurkunde der Stendal-Tangermünder Eisenbahngesellschaft vom 30. März 1885[3]) verlangt in Art. IX, daß etwaige Ersparnisse aus dem Baukapitale in den Reservefonds fließen, soweit solches von dem Minister der öffentlichen Arbeiten für erforderlich erachtet werden sollte.

Derartige Bestimmungen verkannten augenscheinlich den Begriff des Reservefonds. Dieser stellt einen Kapitalfonds dar, welcher den Nominalbetrag des Aktienkapitals übersteigt. Soll wirklich ein Reservefonds aus dem Anlagekapital gebildet werden, so bedeutet dies nichts anderes, als daß die Gesellschaft Dividenden nicht eher vertheilen darf, als bis der Betrag des Reservefonds verdient ist. Ein Beispiel mag dies klarstellen.

Eine Eisenbahngesellschaft emittirt ein Aktienkapital von zwölf Millionen Mark. Hiervon verwendet sie zur Bahnanlage einschließlich des beweglichen Materials 11 Millionen; sie würde dann ein Betriebskapital von einer Million übrig behalten. Die Bilanz würde sich stellen:

Aktiva. **Passiva.**

Anlagekosten	11 000 000	Aktienkapitalconto . . .	12 000 000
Kassenbestand	1 000 000		
	12 000 000		12 000 000

[1]) G.S. S. 275.

[2]) Min.Bl. für die innere Verwaltung 1858 S. 28.

[3]) Reichsanzeiger Nr. 249 von 1885.

Muß nun nach dem Statut, resp. der Konzessionsurkunde in Höhe des nicht zu Anlagekosten verwandten Theils des Aktienkapitals ein Reservefonds gebildet werden, d. h. also, im gegebenen Beispiel, in Höhe von einer Million Mark, so müßte eine treue Bilanz lauten:

Aktiva.		**Passiva.**	
Anlagekosten	11 000 000	Aktienkapitalconto . . .	12 000 000
Kassenbestand	1 000 000	Reservefonds	1 000 000
Verlust	1 000 000		
	13 000 000		13 000 000

Diese Konsequenz erschien aber den Eisenbahngesellschaften doch zu hart. Sie wollten — und dies hat aller Voraussicht nach auch nur in der Absicht der Staatsbehörden gelegen — nur bestimmen, daß die eine Million Mark die Kapitalreserve (Betriebskapital) der Gesellschaft bilden sollte. In Statuten und Konzessionen aber ist konstant verwechselt: Kapitalreserve, d. h. der thatsächliche Zustand, nach welchem ein Theil des Vermögens nicht zu Anlagen verwandt wird, sondern flüssig bleibt, und Reservefonds, d. h. die rechtliche Bindung eines das Aktienkapital übersteigenden Betrags an die Gesellschaft.

Muß aber einmal nach dem Statut ein Reservefonds in Höhe von einer Million gebildet werden, so verlangt das Gesetz die Aufnahme desselben in das Passivum. Was thaten nun die Gesellschaften, um aus diesem Dilemma herauszukommen? Der Oberbaurath Scheffler giebt darüber folgende Instruktion:[1])

> Aus dieser durch das Gesetz geschaffenen Zwangslage giebt es keinen anderen Ausweg, als dem Aktivum einen ideellen Werth von 1 Million Mark hinzuzusetzen, welcher jenem ideellen Passivposten die Waage hält. Auf diese Weise entsteht der erste ideelle Aktivposten unter der Bezeichnung bisherige Dotation des Reserve- oder Erneuerungsfonds (oder auch des Betriebsfonds) aus dem Aktienkapitale oder aus Anleihen. . . . . Hinsichtlich der Dotationen aus dem Grundkapital hat die Bildung jenes ideellen Aktivpostens die Vereitelung der Absicht des Gesetzes nicht zur Folge, für diese

---

[1]) In der Vierteljahrsschrift für Volkswirthschaft, Politik und Kulturgeschichte Bd. 62 S. 8 f., vgl. auch v. Strombeck in der Zeitschrift für das ges. Handelsrecht Bd. 28 S. 471 f., dagegen Ring, Aktiengesetz S. 275.

Dotationen wird nämlich der obige Bestand des Reservefonds schon durch das ihm im reellen Passivum gegenüberstehende Aktienkapital festgehalten, also absolut unverwendbar gemacht."

Das Rezept ist also einfach: Setze statt des reellen Aktivpostens „Verlust" einen ideellen Aktivposten, ziehe dann die Bilanz und berechne den Reingewinn demgemäß, nachdem du den Passivposten „Reservefonds" durch einen ideellen Aktivposten illusorisch gemacht hast. Es ist augenscheinlich völlig unrichtig, wenn Scheffler erklärt, daß die Bildung jenes ideellen Aktivpostens die Vereitelung des Gesetzes nicht zur Folge habe. Denn ich kann eine Milliarde in den Reservefonds setzen — wenn ich einen ideellen Aktivposten von einer Milliarde dagegen buche, so habe ich nicht einen Pfennig Reservefonds.

Unter den Augen der Behörden[1]) hat die Praxis nach diesem Rezept verfahren.

So finden wir in der Bilanz der Marienburg-Mlawka-Eisenbahngesellschaft[2]) unter den Aktivis

Bauconto I	24 564 222 *M.*
Bauconto II (nicht verwendet, zur Dotirung des Reservefonds und der Baureserve benutzt)	1 742 839 „

Auch außerhalb Preußens findet sich dieselbe Praxis. Bei der Mecklenburgischen Friedrich-Franzbahn[3]) z. B. lautet der erste Aktivposten der Bilanz: Uebernahmspreis inklusive 3 Millionen Mark zur Dotirung des Reserve- und Erneuerungsfonds.

Daß Gesellschaften, welche statutarisch gezwungen sind, einen Reservefonds zu bilden, trotzdem sie weder einen Gewinn aus dem

---

[1]) Die Prüfung der Bilanzen der Eisenbahngesellschaften geschieht, nach der Aussage des Ministerialdirektors Weishaupt in der Eisenbahnuntersuchungskommission, im Wesentlichen nur hinsichtlich des Reserve- und Erneuerungsfonds. Sten. Berichte des Abgeordnetenhauses 1873/74 Anl. III S. 1713.

[2]) Saling, Börsenpapiere V. 1. S. 175; ähnlich z. B. Oberlausitzer Eisenbahngesellschaft l. c. S. 202, Halberstadt-Blankenburger Eisenbahngesellschaft l. c. S. 124.

[3]) Saling eod. l. S. 180; bei dieser hatte sich das Gründungskonsortium gegenüber der Mecklenburgischen Staatsregierung ausdrücklich verpflichtet, zum Zweck der ersten Dotirung des Reserve- und Erneuerungsfonds 3 Millionen Mark unter Verzicht auf das Recht der Rückforderung und Verzinsung zu überweisen (eod. l. S. 176).

Betrieb noch aus einem Agio bei Emission von Aktien oder Obligationen erzielt haben, sich in einer üblen Lage befinden, soll keinen Augenblick verkannt werden. Setzen sie aber einmal einen Reservefonds in die Passiva, so sind sie nicht befugt, dagegen nicht existirende Aktiva aufzuführen. Widersinnige Statuten berechtigen noch nicht zu widerrechtlichen Bilanzen.

Freilich wird von Fall zu Fall zu prüfen sein, ob denn die Statuten in der That dazu zwingen, einen Reservefonds „aus dem Grundkapital" in die Bilanz zu setzen. Die Statuten sind, auch wenn sie obrigkeitlich genehmigt sind, Akte der Privatwillkür[1]) und daher, wie alle Willenserklärungen, der Interpretation fähig. Die statutarische Bestimmung, daß die nicht zur Bauanlage verwendeten Theile des Grundkapitals zum Reservefonds geschlagen werden, wird regelmäßig dahin auszulegen sein, daß diese Beträge nicht als Dividende vertheilt werden sollen, sondern bei der Gesellschaft belassen werden müssen. Die Anordnung würde unter diesen Umständen allerdings überflüssig sein. Denn wenn bei einem Aktienkapital von 12 Millionen Mark 11 Millionen zur Anlage verwendet werden und 1 Million Cassabestand bleibt, so darf schon nach der allgemeinen gesetzlichen Vorschrift, daß nur der Ueberschuß der Aktiva über die Passiva als Gewinn angesehen werden kann, ohnehin keine Dividende zur Vertheilung gelangen.

Kommt man durch Auslegung zu dem Resultat, daß ein Statut in der That nur eine derartige Vinkulirung des nicht zu Anlagekosten erforderlichen Theils des Grundkapitals bezweckte und diese Absicht nur überflüssiger Weise und zweckwidrig formulirte, so braucht die Gesellschaft überhaupt keinen „Reservefonds aus dem Grundkapital" in die Passiva zu stellen; thut sie dies aber einmal, so muß sie konsequent darauf verzichten, durch Ansetzung eines nicht existirenden Aktivums den Reservefonds außer Kraft zu stellen.

§ **31**. Nachdem einmal die Praxis auf diese Weise nicht existirende Größen in die Bilanz einzustellen sich gewöhnt hatte, fand sich auch die Theorie hierfür. Zum charakteristischen Ausdruck gelangte sie in dem bereits erwähnten Aufsatz Schefflers „Ueber Bilanzen"[2]): Schefflers Theorie über ideelle Posten.

---

[1]) Entsch. des Reichsoberhandelsgerichts IV. S. 58 ff. u. a.

[2]) a. a. O. S. 5 ff.

> Unter dem **reellen Aktivum** sind alle greifbaren Objekte verstanden, welche in Geldwerthen realisirbar oder für die Geschäftskasse verkaufbar sind, also alle Immobilien, Mobilien, Material- und sonstigen Vorräthe, baare Geldbestände, Werthpapiere, ausstehende Forderungen ...., Renten, welche von dritten Personen zu beziehen sind .... u. s. w. ....
>
> Jeder andere, nicht in Geldwerth realisirbare Gegenstand, welcher aus Rechnungsprinzipien oder zur Sicherung gewisser Verwaltungszwecke oder zur Erfüllung gewisser gesetzlicher Bestimmungen in das Aktivum eintritt, kann nur ein **ideeller Aktivposten** sein. Derselbe repräsentirt gewissermaßen eine Forderung der Gesellschaftskasse an das Unternehmen und entspringt aus dem Bedürfnisse der Deckung gewisser ideeller Passivposten, und wird demnach erst durch die Letzteren verständlich. .... Die **reellen Passivposten** sind alle Schulden und Verpflichtungen gegen dritte Personen .... Die Aktionäre der Gesellschaft sind der Geschäftskasse gegenüber dritte Personen, daher gehört zu den reellen Passivposten ... das Aktienkapital ... die Prioritätsanleihen, die Hypothekschulden .... die aus dem Sollbestande an Dritte etwa zu zahlenden Renten, der Sollbestand der ... deponirten Fonds .... Jede andere nicht von dritten Personen gegen die Gesellschaftskasse geltend zu machende Schuldforderung kann, wenn sie aus irgend einem Grunde im Passivum aufgenommen werden muß, nur **ideeller Passivposten** sein. Sie trägt den Charakter einer Forderung des Unternehmens an die Gesellschaftskasse. .... Der ... Sollbestand des Reserve- oder Erneuerungsfonds ist ein ideeller Passivposten.

Das heißt doch mit dürren Worten: Als Aktiva können in die Bilanz auch Positionen eingestellt werden, welche keine geldwerthen Gegenstände darstellen, sofern dies aus Rechnungsprinzipien oder zur Erfüllung von Verwaltungszwecken erforderlich ist, als Passiva jede nicht von Dritten geltend zu machende Schuldforderung (sic!), wenn sie „aus irgend einem Grunde“ in das Passivum aufgenommen werden muß. Kürzer: man kann aus irgend einem Grunde Aktiva oder Passiva in die Bilanz setzen, die keine Aktiva resp. Passiva sind, namentlich ist dies bei den Aktivis für Verwaltungszwecke zulässig.

Daß damit der Bilanz ihre Grundlage entzogen wird, ist augenfällig. Sie soll einen das Verhältniß des Vermögens zu den Schulden darstellenden Abschluß bilden. Selbstverständlich müssen das Vermögen (d. h. die Aktiva) und die Schulden existiren; die effektiven Vermögensstücke und die effektiven Schulden ergeben die effektiven Kapitalbeträge, und diese drei Effektivposten sind die einzigen, welche in der Bilanz auftreten dürfen.

Alle sog. ideellen Posten, welche sich in Bilanzen finden, sind entweder nur fälschlich so genannte, in Wirklichkeit reelle, wie die Kapitalposten,[1]) — oder sie sind in der That nur gedachte, nicht existirende Größen, wie die Dotirung des Reservefonds aus dem Aktienkapital. Die ersteren gehören in die Bilanz, die letzteren nicht. In der Bilanz ist der Gegensatz von Reell nicht Ideell, sondern Unreell.

§ **32**. Derartige unreelle Posten finden sich insbesondere in den Bilanzen der Eisenbahngesellschaften. Unreelle Posten.

So zeigt z. B. die Bergisch-Märkische Eisenbahngesellschaft im Aktivum einen Posten „Betriebsdefizit Finnentrop-Olpe"[2]), die Halle-Sorau-Gubener Eisenbahngesellschaft „Unterbilanz für 1875 und früher (jetzt Theil des Baucontos)"[3]).

Aus welchen Gesichtspunkten die Gesellschaften zu derartigen unzulässigen Ansätzen kamen, beweist die Bilanz der Aachen-Mastrichter Eisenbahngesellschaft.[4]) Hier finden wir in den Aktivis einen Posten „Konvertirte Prioritätskoupons 2 335 856 Mark". Ueber die Entstehungsgeschichte berichtet Saling[5]): „Die Bahn hatte wegen des geringen jährlichen Reinertrages mit Ausnahme der Jahre 1854—1857, für welche sie ½ % vertheilte, bis zum Jahre 1867 nicht nur keine Dividende, sondern während der Zeit vom 1. Januar 1861—1867 auch nicht einmal die Zinsen ihrer Prioritäten zahlen können, so daß die rückständig gebliebenen Koupons aus der Anleihe III. Emission eingelöst werden mußten." Nun kann es zunächst keinem Zweifel unterliegen, daß eingelöste Zinskupons in den Händen der Gesellschaft keinen reellen Aktivposten bilden; sie sind getilgt und stellen keinerlei Forderung oder sonstiges Recht dar. Wenn dieselben trotzdem mit ministerieller Genehmigung

[1]) Von diesen erkennt Scheffler das Aktienkapitalkonto als reelles Passivum an, während er den Reservefonds und die Gewinn- und Verlustrechnung in die ideellen Posten verweist. S. 45 ff.

[2]) Saling l. c. S. 41. Dieselbe Bilanz hat im Passivum: Defizit Ruhr-Sieg, wozu Saling mit Recht ein Fragezeichen macht.

[3]) Saling S. 131.

[4]) Saling S. 10.

[5]) a. a. O. S. 8.

in die Bilanz aufgenommen sind, so geschah dies augenscheinlich in der Erwägung, daß dieser Posten für die Betriebsausgaben nicht in Betracht kam. Wenn der Gewinn nicht nach dem Ueberschuß der Aktiva über die Passiva, sondern der Jahreseinnahmen über die Jahresausgaben berechnet werden müßte, so würde jener Zweck allerdings erreicht werden, wenn man jedes Kapitaldefizit durch einen ideellen Aktivposten ausgleicht. Aber ein derartiger Rechtssatz existirt nicht; maßgebend für die Gewinnvertheilung ist eine redliche Bilanz, in welcher aus keinerlei Rücksicht ein falscher Posten eingestellt und nur der Ueberschuß der Aktiva über die Passiva [1]) als Reingewinn angesehen werden darf. Die bezüglichen Bestimmungen der Art. 197, 216, 217 würden völlig illusorisch gemacht, wenn in die Bilanz beliebig Aktiva eingestellt werden dürften, u. z. gerade zu demjenigen Zwecke, welchen das Gesetz brandmarkt: Dividendenvertheilung, wenn die Aktiva nicht Schulden und Kapital decken.

In Fällen, wie dem vorliegenden, mag der beabsichtigte Zweck durch Herabsetzung des Grundkapitals erreicht werden können; aber die besonderen Vorsichtsmaßregeln, welche das Gesetz für Herabsetzungen trifft (Art. 226, 248), beweisen, daß dieser Zweck auf dem Wege der Bilanzirung nicht erreicht werden darf.

Es finden sich in den Bilanzen auch passive Fonds, welche der reellen Grundlage entbehren. So enthält z. B. die Bilanz der ostpreußischen Südbahn [2]) unter den Passivis die Post „Betriebsüberschüsse während der Bauzeit". Diese sind keine Verbindlichkeiten, sondern ein Gewinn der Gesellschaft und gehören in das Gewinn- und Verlustconto. Wenn sie dauernd als Passivum geführt werden sollen, so würden sie thatsächlich einen Reservefonds darstellen, als solcher bezeichnet werden müssen und nur insoweit zulässig sein, als überhaupt ein Reservefonds statutarisch gebildet werden darf.

Erneuerungsfonds (Begriffliches).

§ **33**. Ein Theil derjenigen Fonds, welche gemeinhin als ideelle bezeichnet zu werden pflegen, sind zulässig und geboten, weil sie in der That reelle sind.

---

[1]) So zutreffend auch Ministerialverfügung vom 29. März 1856 Nr. 44 bei Weinhagen, Aktiengesellschaften Anh. S. 87.

[2]) Saling S. 241.

Hierher gehören außer den drei im § 31 erwähnten Kapitalconten in erster Reihe der Erneuerungsfonds.[1])

Ueber den Begriff des Erneuerungsfonds sind in der Literatur und Praxis vielfach unrichtige Anschauungen zu finden; thatsächlich klargestellt ist die Materie in erster Reihe durch die in der Note citirten Arbeiten Keyßners.

Das Aktiengesetz hat das Wesen des Erneuerungsfonds scharf präzisirt in Art. 189a Ziff. 3.

> Anlagen und sonstige Gegenstände, welche nicht zur Weiterveräußerung, vielmehr dauernd zum Geschäftsbetriebe der Gesellschaft bestimmt sind, dürfen ohne Rücksicht auf einen geringeren Werth zu dem Anschaffungs- oder Herstellungspreise angesetzt werden, sofern ein der Abnutzung gleichkommender Betrag in Abzug gebracht oder ein derselben entsprechender Erneuerungsfonds in Ansatz gebracht wird.

Gewisse in Ziff. 3 aufgeführte Gegenstände dürfen zum Erwerbspreis angesetzt werden, sofern diejenige Summe in Betracht gezogen wird, welche der Abnutzung entspricht. Die Unterbringung der Summe kann formell auf zwei verschiedene Arten stattfinden. Entweder dieselbe wird alsbald von dem für das betreffende Aktivum auszuwerfenden Werth in Abzug gebracht, oder es wird der Erwerbs- oder Herstellungspreis voll in das Aktivum gesetzt, und dagegen die Abnutzungssumme in das Passivum geschrieben. Materiell kommt es auf dasselbe heraus, ob ich einen für 100 000 Mark erworbenen, um 5000 Mark abgenutzten Gegenstand mit 95 000 Mark in das Aktivum setze (Abschreibung) oder ob ich ihn im Aktivum mit 100 000 Mark bewerthe und dagegen einen Posten von 5000 Mark in das Passivum bringe (Erneuerungsfonds).

Der Erneuerungsfonds hat zwei Eigenschaften, welcher ihn innerlich von den in erster Reihe in Betracht gezogenen effektiven Passivposten (Schulden und Kapitalconten) unterscheidet. Er ist ein relativer Posten, der nicht für sich bestehen kann und fortfällt, sobald das Aktivum, für welches er gebildet ist, aus der Bilanz verschwindet. Er ist ferner inhaltlich lediglich ein der Werthfest-

---

[1]) Vgl. über diesen Scheffler a. a. O. S. 16 f., Keyßner, Aktiengesellschaften S. 238 ff. und in Buschs Archiv Bd. 32 S. 138 ff., v. Strombeck in der Zeitschrift für das ges. Handelsrecht Bd. 28 S. 486, Löwenfeld, Aktiengesellschaften S. 440 ff., Renaud, Aktiengesellschaften S. 559, Mot. I. S. 260 f.

setzung dienender, eine im Aktivum vorkommende Bewerthung einschränkender Posten — aber er ist ebenso reell, wie die Abschreibung, von der er sich nur durch die Buchungsform unterscheidet.[1])

Wenn die Praxis denselben angenommen hat, so geschah dies im Interesse der Klarheit der Bilanzen. Bei Abschreibungen ergiebt sich aus der Bilanz weder, welcher ursprüngliche Erwerbspreis für das betreffende Objekt gezahlt worden ist, noch welche Abnutzungsbeträge im Laufe der Jahre auf das betreffende Objekt in die Bilanz gestellt sind. Wird aber ein Erneuerungsfonds eingestellt, so ergibt der Werthansatz im Aktivum den ursprünglichen Erwerbspreis, während aus dem Erneuerungsfonds die sämmtlichen Abnutzungsbeträge erhellen.

In der Praxis finden sich für den Erneuerungsfonds die mannigfachsten Bezeichnungen. So Abschreibungsconto (Thüringische Gasgesellschaft,[2]) Berliner Produkten- und Handelsbank),[3]) Grundstücksreparaturfonds (Schlesische Bodenkreditgesellschaft),[4]) Gebäudeamortisationsconto (Centralbazar für Fuhrwesen),[5]) Amortisationsconto (Gesellschaft für Spinnerei und Weberei in Ettlingen),[6]) Amortisationen (Bismarckhütte),[7]) Conto für Ersatz der Abnutzung des Inventarwerths (Aktiengesellschaft für Rhein- und Mainschifffahrt),[8]) Spezialreserve (Sächsische Lombardbank),[9]) Reservefonds der Markthalle (Berliner Immobiliengesellschaft),[10]) Reserveconto für Reparaturen (Hanseatische Dampfschiffahrtsgesellschaft),[11]) Abschreibungsconto,[12]) Amortisations- resp. Erneuerungsfonds (Kölner Bergwerksverein);[13]) bisweilen kommen auch vor Amortisationsconto

---

[1]) In van der Borghts Statistischen Studien über die Bewährung der Aktiengesellschaften wird besonders hervorgehoben, welche geringen Erneuerungsfonds die Industriegesellschaften aufweisen (S. 155). Der Erneuerungsfonds allein giebt aber gar kein Bild davon, welcher Betrag seitens der Gesellschaften für die Abnutzungen in die Bilanz gestellt wird; und, da van der Borght nicht den — allerdings kaum möglichen — Nachweis führt, welche Beträge seitens der Industriegesellschaften zu Abschreibungen verwandt werden, so ist es unzulässig, aus den statistischen Nachweisungen des Erneuerungsfonds irgend welche Schlüsse zu ziehen.

[2]) G.A. I. S. 318. [3]) G.A. III. S. 128.
[4]) G.A. I. S. 210. [5]) G.A. V. S. 198.
[6]) G.A. V. S. 278. [7]) G.A. V. S. 57.
[8]) G.A. II. S. 674. [9]) G.A. I. S. 155.
[10]) G.A. II. S. 30. [11]) G.A. II. S. 100.
[12]) vgl. § 86. [13]) G.A. II. S. 698.

neben Erneuerungsfonds (Hannoversche Maschinenbauaktiengesellschaft,[1]) Continental Pferdebahngesellschaft),[2]) Reserve- und Amortisationsconto neben Abschreibungen (Ravensberger Spinnerei),[3]) Reserve- und Erneuerungsfonds (Flensburger Dampfschiffahrtsgesellschaft).[4])

Diese mannigfaltigen Bezeichnungen waren für die Praxis von verwirrendem Einfluß. Amortisationsfonds[5]) finden sich nicht nur zum Zweck der Abschreibung auf Anlagen und dergleichen Gegenstände, sondern stellen auch vielfach die ratenweise stattgehabte Tilgung von Kapitalien, insbesondere von Hypotheken (Amortisationshypothek) und Obligationen dar.[6]) Hier kann dann nur mit genauer Aufmerksamkeit ermittelt werden, welche Art Amortisation der Fonds kennzeichnen soll.

Großen Einfluß auf die Gestaltung der Bilanzen aber hatte der Umstand, daß die Praxis den Reserve- und Erneuerungsfonds nicht zu trennen verstand. Beide laufen vielfach durcheinander; bisweilen wird wohl auch äußerlich nur ein Fonds gebildet, welcher den Erneuerungs- und Reservefonds darstellen soll.[7]) Beide können aber nicht scharf genug unterschieden werden.

Der Reservefonds stellt denjenigen Theil des Kapitals dar, welcher über das ursprüngliche Aktienkapital hinaus bei der Gesellschaft erhalten bleiben muß — und der aus erzieltem Gewinn zurückgelegt wird. Der Erneuerungsfonds stellt den Minderwerth

---

1) G.A. V. S. 283.
2) G.A. I. S. 51.
3) G.A II. S. 293.
4) A.G. II. S. 142.

5) Ueber die z. Th. weitere, z. Th. anderweitige Bedeutung des amortissement in der Bilanz der französischen Praxis vgl. Courcelle-Seneuil S. 116 ff., Lyon-Caen u. Renault, Cours de droit commercial I. S. 265.

6) Vgl. Statut des Zoologischen Gartens bei Berlin vom 7. Mai 1845 (G.S. S. 248).

7) So soll z. B. nach dem Statut der Niederschlesisch-Märkischen Eisenbahngesellschaft vom 27. November 1843 (G.S. S. 377) der Reservefonds zur Bestreitung der Kosten der Erneuerung . . . des Inventariums, sowohl der Bahn als der Betriebsmittel, nach dem Statut der Potsdam-Magdeburger E.G. vom 17. August 1845 (G.S. S. 558) u. a. zur Beschaffung der Mittel zur Erneuerung der Schienen, Schwellen und größeren Bauwerke dienen. Vgl. auch Statut der Köln-Soester E.G. von 1863 (Weinhagen, Anhang S. 26). Die Cirkularverfügung vom 27. Januar 1858 macht auf die im Text erwähnte Vermischung von Reserve- und Erneuerungsfonds ausdrücklich aufmerksam (Min.Bl. für die innere Verwaltung 1858 S. 26).

eines Vermögensstücks gegenüber dem Erwerbspreis dar; er ist kein Theil des Gewinns, sondern verkürzt denselben. Seine Bedeutung erhellt, wenn man ihn als Abschreibung unmittelbar von dem Bilanzwerth des Aktivums abgezogen denkt. Eine Rücklage, durch welche das in dem Unternehmen steckende Kapital vermehrt wird, ist nicht in Frage. Vielmehr handelt es sich lediglich darum, die Bewerthung richtig zu stellen.[1])

Es ist daher nicht zutreffend, wenn wir z. B. in der Bilanz des „Phönix", Aktiengesellschaft für Bergbau- und Hüttenbetrieb zu Laar, unter der Rubrik Reservefonds auch das Erneuerungsconto finden,[2]) oder wenn es in der Bilanz der Mechanischen Weberei zu Linden[3]) heißt:

Kapitalconto	3 240 000	M.
Reservefondsconto	595 234	"
Erneuerungsfondsconto . .	82 532	"
Diverse Fonds	86 164	"
mithin Summe der eigenen Kapitalien	4 003 930	M.

Die Grundsätze, nach denen die Erneuerungsfonds zu beziffern, sind, werden im nächsten Abschnitt (§§ 84, 85) dargelegt werden.

Delcrederefonds.

§ **34**. Dem Erneuerungsfonds für die Abnutzung der beweglichen und unbeweglichen Gegenstände entspricht bei den Rechten, insbesondere den Forderungen, das Delcredereconto.

Nach Art. 31 H.G.B. sollen zweifelhafte Forderungen nach ihrem wahrscheinlichen Werth angesetzt, uneinbringliche aber abgeschrieben werden.

Die Form der Abschreibung kann auch hier in zwei verschiedenen Arten erfolgen: entweder unmittelbar im Aktivum, indem

---

[1]) Thöl, welcher den Unterschied zwischen Erneuerungs- und Reservefonds richtig darstellt (§ 163 Z. 1), hat dennoch die Praxis der Bilanzen nicht ausreichend gewürdigt, indem er den Amortisationsfonds dem Reservefonds gleich- und dem Erneuerungsfonds gegenüberstellt. Regelmäßig ist vielmehr der Amortisationsfonds identisch mit dem Erneuerungsfonds; in denjenigen Fällen, in denen er wie in dem in der Note citirten Statut für die Abtragung von Schulden bestimmt ist, pflegt in den Bilanzen die ausdrückliche Bezeichnung: Obligationenamortisationsconto u. dgl. gewählt zu werden.

[2]) G.A. V. S 317.

[3]) G.A. II. S. 413.

statt des Nominalbetrags der Forderungen der muthmaßliche Werth derselben eingestellt wird (Abschreibung), oder man beläßt den Nominalbetrag der Forderungen in dem Aktivum und setzt dagegen den wahrscheinlichen Verlust in das Passivum (Delcredereconto).[1])

Beide Buchungen haben materiell dieselbe Wirkung. Sie bringen in verschiedener Weise denselben Gedanken zum Ausdruck. Und wie die Abschreibung auf Forderungen sehr reelle Bedeutung hat, so ist auch der materiell identische Delcrederefonds durchaus reeller Natur.

Er steht vollständig auf einer Stufe mit dem Erneuerungsfonds — er ist ein relativer Fonds, der als nothwendiges Korrelat den Posten „Forderungen" im Aktivum gebraucht, und er ist lediglich ein Bewerthungsfonds, — durch welchen die Schätzung der Forderung zum Ausdruck kommt.

Während der Erneuerungsfonds als Form für die Ansetzung des Abnutzungsbetrages ausdrücklich zugelassen ist, findet sich eine entsprechende gesetzliche Bestimmung für den Delcrederefonds nicht. Nichts destoweniger werden wir ihn für zulässig erachten müssen. Einmal wegen seiner völligen Analogie mit dem Erneuerungsfonds; es ist nicht einzusehen, weshalb die Bewerthungs**form** bei beweglichen und unbeweglichen Gegenständen eine andere sein darf, als bei Forderungen. Andererseits ist vom materiellen Standpunkt gegen das Institut des Delcrederefonds nichts einzuwenden; er befindet sich in langjähriger Uebung und wurde von der Rechtsprechung[2]) und von den Verwaltungsbehörden[3]) anerkannt; hätte er verboten werden sollen, so würde es unter diesen Umständen einer ausdrücklichen gesetzlichen Bestimmung bedurft haben.

Praktisch bietet die Einstellung eines Delcrederefonds gegenüber den Abschreibungen den großen Vortheil, daß die Forderungen in der Bilanz zu ihrem wirklichen Betrage in Rechnung gestellt

[1]) Delcredere (Ducroire) eigentlich die gegen Vergütung geleistete Bürgschaft für einen Dritten bei Waarenkäufen, Wechseln und dgl. (Heyse, Fremdwörterbuch 16. Aufl. S. 230), in dieser Bedeutung auch von dem Handelsgesetzbuch anerkannt (Art. 370) — hier im figürlichen Sinn gebraucht, wie ja überhaupt die figürliche Ausdrucksweise in dem kaufmännischen Sprachgebrauch üblich ist. Vgl. Simon in der Zeitschrift für das ges. Handelsrecht Bd. 24 S. 113.

[2]) Entsch. des Reichsoberhandelsgerichts Bd. 25 S. 327.

[3]) Bekanntmachung betreffend die Bilanzen der Notenbanken vom 15. Januar 1877 Ziff. 3 (Centralblatt S. 24).

werden können, während der muthmaßliche Verlust auf dieselben zum selbständigen Ausdruck gelangt.

In der Praxis finden sich für den Delcrederefonds wiederum mannigfaltige Bezeichnungen: Reserveconto für zweifelhafte Forderungen (Sudenburger Maschinenfabrik[1])), Spezialreserve (Waarencreditanstalt zu Hamburg[2])), Zweifelhaftes Schuldenconto (sic! Stettiner Bergschloßbrauerei[3])) u. a. m. In dem Bilanzformular für die Notenbanken[4]) wird er „Reservefonds für zweifelhafte Forderungen (Delcredereconto)“ genannt. Doch ist eine Gleichstellung des Reservefonds im gesetzlichen Sinn mit dem, wenn auch ebenso genannten Delcrederefonds zurückzuweisen.[5]) Es zeugt von gänzlicher Verkennung des Begriffs des Delcredereconto, wenn z. B. die Maklerbank in Hamburg das Delcredereconto aus dem „Reingewinn“ dotirt.[6]) Das Delcredereconto muß gebildet werden, mag Reingewinn vorhanden sein oder nicht; und der Reingewinn ergibt sich erst, nachdem das Delcredereconto richtig bedacht ist.[7])

Letzteres findet sich übrigens nicht nur bei Forderungen, sondern auch bei anderen Rechten, namentlich Konsortialgeschäften. Bei den letzteren wird der Antheil jedes Konsortialen regelmäßig erst bei Beendigung des Konsortiums festgestellt. Bis dahin figuriren in den Büchern des Konsortialen die geleisteten Einzahlungen als Aktivum. Soll derselbe bei Schluß des Geschäftsjahres sein ganzes Vermögen dem Werthe nach veranschlagen, so muß er denselben auch bezüglich dieses Postens feststellen. Regelmäßig geschieht dies

---

1) G.A. V. S 2.

2) G.A. I. S. 163.

3) G.A. V. S. 274.

4) Vgl. S. 81 Note 3.

5) Entsch. des R.O.H.G. Bd. 25 S. 328. In der französischen Buchhaltung wird auch das Delcredereconto fonds de réserve genannt. Courcelle-Seneuil a. a. O. p. 108, Didier a. a. O. p. 142.

6) G.A. I. S. 94.

7) Die Bilanzen sind über diesen Punkt oft unglaublich unklar. So bezeichnet die Bilanz des „Phönix“, Aktiengesellschaft für Bergbau und Hüttenbetrieb zu Laar, den Delcrederefonds ausdrücklich als eine Art des Reservefonds (G.A. V. S. 317). — In der Bilanz der „Union“, Fabrik chemischer Produkte zu Stettin, (G.A. V. S. 245) findet sich ein „Erneuerungs- und Delcredereconto“ als einheitlicher Posten, zu welchem der Geschäftsbericht bemerkt: „Es repräsentirt dieser Betrag die gesammte Liquidationsquote unserer früheren Forderungen an die Vereinsbank Quistorp.“ (?)

in der negativen Form, durch Einstellung eines Delcrederecontos in das Passivum.

Unter dem Namen Delcredereconto kommt bisweilen auch ein Passivposten vor, welcher die Modifikation des in den Aktivis angegebenen Werths von Immobilien bezweckt. So findet sich in der Bilanz der Nürnberger Vereinsbank[1]) ein Delcredereconto „zur Deckung allenfallsiger Verluste bei dem Verkaufe von Anwesen", in derjenigen der Bayrischen Hypotheken- und Wechselbank[2]) ein „Delcredereconto, Reserve für das Güterliquidationsgeschäft" — zu gleichen Zwecken in der Bilanz der Geraer Bank[3]) ein „Spezialreservefonds für diverse in der Subhastation erworbene Objekte", wozu der Geschäftsbericht bemerkt: „Die vorgeschlagenen Rücklagen scheinen uns unerläßlich, sofern der Abschluß ein der jetzigen Sachlage angemessener . . . . sein soll." Es handelt sich auch bei dieser Art des Delcrederefonds um ein relatives Bewerthungsconto. Dasselbe unterscheidet sich von dem Erneuerungsfonds dadurch, daß der letztere nur einer der Abnutzung der betreffenden Vermögensobjekte gleichkommenden Abschreibung entspricht, während der sog. Immobiliendelcrederefonds die Differenz zwischen dem in die Aktiva eingesetzten und dem wirklichen Werth zum Ausdruck bringt, falls diese Differenz auf irgend einem anderen Grunde, als auf der Thatsache der Abnutzung beruht, insbesondere bei rückgängigen Konjunkturen.

Das Gesetz sieht auch diese Art von Delcrederefonds resp. Spezialreserve nicht ausdrücklich vor; es kennt mit Ausnahme des Erneuerungsfonds keine relativen Bewerthungsfonds für Aktiva. Indessen hat die Praxis auch dieselbe in Uebung gebracht, und sie ist auch schon vor dem Inkrafttreten des Aktiengesetzes durch die Rechtsprechung des Reichsgerichts gebilligt worden.[4]) Man wird dieselbe, da in diesem Punkt ein Verbot der Gesetzgebung nicht ergangen ist, prinzipiell nicht für unzulässig erachten dürfen; denn auch dieser Fonds ist ein reeller — er bringt den Minderwerth eines Aktivpostens zum sichtbaren Ausdruck.

---

[1]) G.A. I. S. 167.

[2]) G.A. I. S. 355.

[3]) G.A. II. S. 513; vgl. auch „Spezialreserve wegen des Besitzes" der Bank in Papenburg (G.A. II. S. 414).

[4]) Entsch. Bd. 4 S. 102; vgl. auch Entscheidung der cour de Paris vom 27. Dezember 1883 (Journal des sociétés civiles et commerciales VI. S. 1).

Entspricht er mithin zwar der Wahrheit der Bilanz, so ist er seiner Klarheit doch nicht förderlich. Bei Forderungen hat die Passivbewerthung durch den Delcrederefonds den Vortheil, daß die Forderung im Aktivum in dem Umfang ihrer rechtlichen Existenz stehen bleibt; bei dem Erneuerungsfonds bleibt der stabile Betrag im Aktivum kenntlich, welcher als Ausgangspunkt bei der Bewerthung der Anlage auch weiter als maßgeblich zu erachten ist — wenn sonst Objekte, welche zu veränderlichen Werthen in der Bilanz figuriren, zu einem anderen als dem wirklichen Werth eingesetzt werden, und dieser erst durch die Subtraktion des entsprechenden Passivfonds von der Bewerthungsziffer des Aktivpostens ermittelt werden muß, so fehlt jegliches anerkennenswerthes Motiv für diese Art der Bilanzirung. Es würde schließlich kein Posten mehr zu dem richtigen, sondern zu einem beliebigen anderen Werthe eingesetzt werden können, und der Aktionär müßte sich den wahren Werth aus dem entsprechenden Passivposten berechnen. Wie gefährlich eine derartige Bilanzirung ist, ergiebt gerade der von dem Reichsgericht entschiedene Fall der Frankfurter Baubank.[1]) Diese hatte dem Erwerbspreis der in ihrem Besitz befindlichen unbebauten Grundstücke in der Bilanz jährlich 5 % zugeschrieben. Gleichzeitig hatte die Generalversammlung mit Rücksicht darauf, daß der angesetzte Werth derzeit bei Verkäufen nicht zu erzielen sei, beschlossen, den „Reingewinn" als „Spezialreserve" zu buchen. Ein Aktionär klagte auf Vertheilung des „Reingewinns" als Dividende. Beide Vorinstanzen verurtheilten nach dem Klageantrage. Das Reichsgericht führt nun zutreffend aus, daß durch jene Buchung materiell das Nichtvorhandensein eines Reingewinns festgestellt werde und daß die Spezialreserve nur eine Reduktion der Aktivbewerthung darstelle. Thatsache bleibt aber, daß durch jene Form der Bilanzirung der Aktionär zur Klage verleitet war und daß zwei Instanzen seinen Anspruch für begründet erachtet hatten.

Prüfung der Reellität der Bilanzposten.

§ **35.** Wir haben in dem Vorstehenden von den in der Theorie sog. ideellen Fonds zwei Gattungen kennen gelernt, welche als zulässig anzusehen sind — die Kapitalconten (Aktienkapitalconto, Reservefonds im eigentlichen Sinn und Gewinn- und Verlustconto) und die Bewerthungsconten, für welche der Erneuerungsfonds und

---

[1]) In der in der vorigen Note citirten Entscheidung.

der Delcrederefonds typisch sind. In beiden Gattungen glauben wir deren durchaus reelle Grundlage nachgewiesen zu haben. Soweit ein in der Bilanz angesetzter sog. Fonds nicht unter eine dieser beiden Gattungen fällt, werden wir ihn als unreell und deshalb unerlaubt ansehen müssen. Die einzelnen Fonds, welche in dieser Beziehung in Betracht kommen, werden wir auf ihren Charakter und ihre Zulässigkeit im Einzelnen zu prüfen haben; das Nähere hierüber wird theils in dem Abschnitt über die Kapitalposten, theils in den Erörterungen über den Werthansatz zu behandeln sein.

Nur auf eine formelle Frage mag an dieser Stelle noch hingewiesen werden. Es scheint, daß die Bezeichnung Erneuerungsfonds, Delcrederefonds nicht wenig dazu beigetragen hat, daß von ideellen Fonds die Rede sein konnte. Man versteht unter Fonds gemeinhin eine Kapitalansammlung, welche zu bestimmten Zwecken bestimmt ist. Diesen Charakter haben die Bewerthungsfonds nicht, und dadurch mag unter denjenigen, welche das Wesen dieser Fonds nicht eingehend würdigten, der Gedanke genährt worden sein, daß es sich hier um ideelle Fonds handle und daß demgemäß in die Bilanz auch ideelle Posten eingestellt werden könnten. Es wäre wünschenswerth, diese Posten nicht als Fonds, sondern als Conten zu bezeichnen.

Fünftes Kapitel.

Die einzelnen Bilanzposten.

§ **36**. Unbewegliche Gegenstände sind insoweit in die Bilanz zu stellen, als sie Eigenthum des Aktienvereins sind. Weder der Kauf noch der Verkauf kommt in dieser Beziehung in Betracht, sofern die Eigenthumsübertragung nicht stattgefunden hat. Immobilien.

Auch wenn nach dem Statut eines Aktienvereins unbewegliche Sachen gegen Gewährung von Aktien inferirt werden sollen, dürfen die betreffenden Illaten erst dann als Aktivum in der Bilanz stehen, wenn der Uebergang des Eigenthums rechtsförmlich erfolgt ist.

Mobilien.

§ **37.** Auch bei beweglichen Gegenständen ist für die Frage der Einstellung in die Bilanz regelmäßig das Eigenthum maßgebend.

Unerheblich ist namentlich der Gewahrsam. Gegen diesen Grundsatz wird vielfach gefehlt. Es werden nämlich häufig die bei dem Aktienverein deponirten Werthpapiere, insbesondere zur Kaution bei ihr niedergelegte Effekten als Aktivum gebucht, wogegen ein entsprechender Passivposten eingestellt wird.[1]) Diese fremden Effekten gehören aber nicht zum Vermögen des Aktienvereins und dürfen daher auch nicht in den Aktiven figuriren.

Auf der anderen Seite müssen in den Aktiven alle diejenigen beweglichen, der Gesellschaft gehörigen Gegenstände aufgeführt werden, welche sich in dem Gewahrsam dritter Personen befinden.

Indessen erschöpft der Eigenthumsbegriff weder dasjenige, was der Kaufmann unter seinem Vermögen begreift, noch zählt der Kaufmann alles dasjenige zu seinem Vermögen, was juristisch als sein Eigenthum anzusehen ist.

Es hängt dies formell mit den eigenthümlichen Grundsätzen der Buchführung zusammen; materiell mit dem Umstande, daß der Laie überhaupt meist nicht in der Lage ist zu beurtheilen, wann er Eigenthum erwirbt oder verliert, und daß er für die Frage, was zu seinem Vermögen gehört, im Wesentlichen äußerliche Momente entscheiden läßt.

Auf dem Cassaconto und auf dem Waarenconto werden alle Eingänge und Ausgänge gebucht, d. h. die Geschäftsvorfälle eingetragen, je nachdem ein Kassa- oder Waarenbestand aus dem Bereich der Verfügungsgewalt des Kaufmanns tritt — gleichgiltig ob durch den betreffenden Rechtsakt das Eigenthum übergeht oder nicht.

Ein Beispiel.

A in X verkauft durch Gattungskauf brieflich an B in Y 10 Stück Waare zum Preise von 500 Mark. Sobald A die Waare durch die Eisenbahn an B absendet, erkennt er in seinen Büchern das Waarenconto für 500 Mark und belastet B für denselben Betrag. Gleichzeitig übersendet er an B Faktura. B erhält die Faktura früher als die Waare und nimmt die entsprechenden Buchungen erst vor, nachdem die Waare an ihn abgeliefert ist.

---

[1]) z. B. Preußische Hypotheken-Versicherungsgesellschaft, G.A. II. S. 123.

B sendet darauf den Kaufpreis an A ein und belastet A für denselben unter brieflicher Anzeige hiervon. B erhält die Anzeige früher als das Geld und erkennt B in seinen Büchern für den Betrag erst dann, wenn die Kassasendung bei ihm eingegangen ist.

Diese Buchungen sind keineswegs übereinstimmend mit dem Eigenthumsübergang an Waare resp. Geld. Würde das gemeine Recht zur Anwendung kommen, so würde das Eigenthum der Waare erst mit der Ablieferung auf B übergehen,[1]) nach preußischem Recht geschieht dies dagegen schon mit der Absendung.[2]) Der kaufmännische Absender vermag diese Unterscheidungen um so weniger zur Grundlage seiner Buchung zu machen, als die Gefahr, von welcher die Waare betroffen wird, mit der Uebergabe an die Eisenbahn auf den Käufer übergeht.[3]) Auf der anderen Seite vermag auch der Käufer, selbst wenn er mit der Absendung Eigenthümer wird, und trotzdem mit der Absendung die Gefahr auf ihn überging, die Waare noch nicht als zu seinem Vermögen gehörig zu betrachten, da der Verkäufer regelmäßig während des Transports noch befugt ist, über die Waare zu disponiren[4]), und zunächst die Waare auf ihre Empfangbarkeit prüft, ehe er dieselbe als die seinige betrachtet.[5])

Diese Buchungsweise und diese Anschauung kommen auch in der Bilanz zum entsprechenden Ausdruck. Müßten A und B Bilanz machen, während die Waare unterwegs ist, so würde A sie nicht mehr als sein Aktivum buchen, weil er sie bereits aus seinem Vermögen ausgeschichtet hat, und B würde sie noch nicht als sein Aktivum einstellen, weil er die Verfügungsgewalt über die Waare noch nicht besitzt.

Der Eigenthumsübergang kann für die Einstellung in die Bilanz um so weniger ausschließlich maßgebend sein, als dann in den verschiedenen deutschen Staaten verschiedene Grundsätze darüber gelten würden, zu welcher Zeit eine derartig übersandte Waare in

---

[1]) L. 65 pr. D. de acquir. rer. dom. 41, 1.

[2]) § 128 I. 11 A.L.R.

[3]) H.G.B. Art. 345.

[4]) H.G.B. Art. 402. Der Fall, daß Konnossemente oder Ladescheine gegeben sind, wird im Text nicht besonders berücksichtigt, modifizirt aber, sofern die betreffenden Dokumente dem Käufer ausgehändigt sind, das oben erwähnte Beispiel.

[5]) H.G.B. Art. 347.

dem Waarenconto ab- und zuzuschreiben und ob sie in die Bilanz aufzunehmen ist.[1])

Jeder Kaufmann belastet auch sein Cassaconto, sobald er die Cassasendung abschickt; der Adressat aber erscheint nicht befugt, auf die Nachricht der Absendung den Baarbetrag als sein Vermögen zu betrachten. Sollen A und B Bilanz machen, während das den Kaufpreis enthaltende Packet auf dem Wege zwischen Y und X ist, so ist ja — je nach Lage der Gesetzgebung — unzweifelhaft Einer von Beiden Eigenthümer derselben; Einer muß auch die Gefahr tragen[2]) und Einer zu Verfügungen an den Transportunternehmer befugt sein — aber keiner von Beiden wird den Betrag, insbesondere auch mit Rücksicht auf die mannigfachen Zwischenfälle, denen eine Sendung auf dem Transport ausgesetzt sein kann, als zu seinem Vermögen gehörig ansehen.[3])

In vielen Fällen wird es auch thatsächlich unmöglich sein, alles dasjenige, was juristisch als Eigenthum des Bilanzirenden anzusehen ist, in das Inventar einzustellen. Nehmen wir an, B hätte 10 Ballen Waare bestellt und den Preis nicht nach der Anzahl der Ballen, sondern nach dem Gewicht verabredet. Die Waarenballen haben aber regelmäßig verschiedenes Gewicht. Erhält B nun selbst Nachricht von der Absendung der 10 Ballen, so kann er doch nicht ohne Weiteres wissen, wie hoch das Gewicht ausfällt und zu welchem Werthe er mithin die Waare einstellen soll. Ueberdies verändern viele Waaren unterwegs ihr Gewicht, und er kann, so lange dieselben auf der Reise sind, weder ihr Gewicht noch ihre Qualität prüfen — beides unerläßlich, wenn ein ordnungsmäßiges Inventar und demgemäß eine ordnungsmäßige Bilanz aufgestellt werden soll.

---

[1]) Man denke auch an die Fälle, in denen der Kaufmann an gekauften und übergebenen Gegenständen Eigenthum nicht erwirbt, z. B. bei gestohlenen oder verlorenen Waaren. H.G.B. Art. 306 Abs. 4.

[2]) Vgl. Art. 325, 342 Abs. 3 H.G.B.

[3]) In der Praxis werden insbesondere mit Rücksicht auf den Kontokorrentverkehr vielfach am Jahresschluß die Bücher noch offengehalten und in der alten Rechnung nachträglich noch solche Eingänge eingetragen, welche der Gegenkontrahent im alten Jahr gebucht hat. Es ist dies eigentlich nicht ganz korrekt, da nach dem Ende des Geschäftsjahres in das Memorial außer den für die Bilanz nothwendigen Eintragungen fernere Buchungen, insbesondere auf Grund späterer Eingänge, nicht vorgenommen werden dürften.

Nicht das juristische Eigenthum, sondern die thatsächliche Frage, ob eine bewegliche Sache nach kaufmännischen Anschauungen als zum Vermögen des Bilanzirenden gehörig anzusehen ist, muß für die Einstellung derselben in die Bilanz als maßgebend erachtet werden. Der Kaufmann hat hierbei ein untrügliches Merkzeichen in ordnungsmäßig nach den Grundsätzen doppelter Buchführung gehaltenen Handlungsbüchern; entscheidend ist, ob nach diesen „Eingang" resp. „Ausgang" von Kassabeständen, Waaren und Werthpapieren gebucht werden kann. Nur diejenigen Objekte, die in richtigen Handlungsbüchern als bereits eingegangen und nicht wieder ausgegangen gebucht sein müssen, sind auch in die Bilanz einzustellen.

Regelmäßig werden ja diejenigen beweglichen Sachen in der Bilanz als Vermögen anzusehen sein, welche rechtlich Eigenthum sind, nothwendig ist dies aber nicht.[1])

§ **38**. Daß nicht immer das Eigenthum für die Bilanzeinstellung maßgebend sein darf, lehren insbesondere auch die Rechtsverhältnisse am Kommissionsgut bei der Einkaufskommission. Insbesondere: Kommissionsgut.

Der Einkaufskommissionär erwirbt an den im Auftrage des Kommittenten angeschafften Gegenständen zunächst nur für sich Eigenthum; zur Uebertragung dieses Eigenthums an den Kommittenten ist ein besonderer Rechtsakt, im gemeinen und preußischen

---

[1]) Aus der Divergenz darf man aber nicht etwa den Schluß ziehen, daß es ein von dem privatrechtlichen Eigenthum verschiedenes kaufmännisches giebt. Dies behauptet Lorenz v. Stein, Gegenwart und Zukunft der Rechts- und Staatswissenschaft Deutschlands S. 262: „Weit schwieriger ist der Begriff des handelsrechtlichen Eigenthums. Dies Eigenthum ist seinerseits das Eigenthum nicht an der Sache, sondern am Werthe der Güter, und als Basis der Sicherheit der Verkehrsforderungen verliert es zum Theil seine individuelle Selbständigkeit. Die Güter, welche den Inhalt des Eigenthums des Kaufmanns bilden, sind nicht bloß Eigenthum des Kaufmanns wie im Privatrecht, sondern zugleich für alle Anderen da; die Form, in welcher dieser Satz sich vollzieht, ist das Inventar der Gesammtheit seiner für den Verkehr bestimmten Sachen (des Lagers) und die Bilanz, die Bestimmung desjenigen, was noch als Werth-Eigenthum Kapital der Firma ist. So gestaltet sich hier ein neues Eigenthumsrecht aus dem privatrechtlichen Gütereigenthum; Inventur und Bilanz sind schließlich die beiden Formen, in denen das Eigenthum im Handelsrecht zum Vermögen wird." Vielleicht schwebte Stein zum Theil der Gedankengang vor, welcher im Text näher dargelegt wird; jedenfalls ist die Grundanschauung, daß hier ein neues Eigenthumsrecht geschaffen werde, rechtlich ganz unhaltbar.

Recht Besitzübertragung, z. B. durch constitutum possessorium, erforderlich.[1]) Liegt ein solcher Rechtsakt nicht vor, so bleibt der Kommissionär Eigenthümer des Kommissionsguts.

Thatsächlich muß er dasselbe aber jeder Zeit zur Verfügung des Kommittenten halten; Vortheile und Nachtheile treffen lediglich diesen. Sogar die Rechtsordnung hat sich der Auffassung, daß das Kommissionsgut eine zwar nicht stets formell, wohl aber stets materiell fremde Sache bildet, nicht entziehen können: der Kommissionär ist nur unter denselben Voraussetzungen und Bedingnissen zum Verkauf solchen Kommissionsguts, dessen Eigenthümer er ist, berechtigt, unter denen er fremdes Eigenthum zu veräußern befugt ist.[2])

Wie sich der Kaufmann in der Bilanz demjenigen Kommissionsgut gegenüber zu verhalten hat, dessen privatrechtlicher Eigenthümer er ist, dafür erhält er wiederum eine Instruktion durch die doppelte Buchführung.

Jede Post derselben hat zwei Buchungen zur Voraussetzung. Soll der Kommittent für den Kaufpreis der Waare belastet werden, so muß das Waarenconto dagegen erkannt werden. Buchmäßig kann nur dann ein Anspruch gegen den Kommissionär gegeben sein, wenn dagegen auf dem Waarenconto die eingekaufte Waare aus den Aktiven verschwindet.[3]) Diese Art der Buchung ist völlig unabhängig davon, ob das Eigenthum auf den Kommittenten übertragen wird.

Auf der anderen Seite kann der Kommittent sich in seinen Büchern nach den Grundsätzen doppelter Buchführung unter allen Umständen nur dann für den Kaufpreis belasten, wenn er dagegen sein Waarenconto um den entsprechenden Betrag vermehrt.

Wie so die Buchungen im Laufe des Jahres völlig davon absehen, einen Unterschied nach den Eigenthumsverhältnissen am Kommissionsgut zu machen, so muß auch die Bilanz, welche nur die durch das Inventar rektificirten Saldi der einzelnen Hauptbuchconten darstellt, von einer solchen Scheidung Abstand nehmen.

---

[1]) Vgl. Entsch. des Reichsoberhandelsgerichts Bd. 19 S. 78 f., Entsch. des Reichsgerichts Bd. 11 S. 52 ff.

[2]) H.G.B. Art. 375; Entscheidung des Reichsoberhandelsgerichts Bd. 16 S. 118 ff.

[3]) Vgl. hierzu die in der Entscheidung des Reichsgerichts Bd. 11 S. 54 aufgeführten Buchungen.

Für den Kommissionär bildet bilanzmäßig das Kommissionsgut stets fremdes Vermögen.

§ 39. In dem Inventar müssen alle beweglichen Sachen aufgeführt werden, se fosser ben diecimilia, wie Pacioli hinzufügt.[1]) Es ist unzulässig, dieselben nur unter einem Gesammtnamen in dem Inventar erscheinen zu lassen; die einzelnen Stücke müssen aufgeführt werden. Dies auch dann, wenn, z. B. bei einer Fabrik, eine Anzahl Gegenstände unter einem Gesammtpreis eingestellt wird. Inventarisirung der Mobilien.

Erst auf Grund des Inventars dürfen, mit der einen im Art. 29 Abs. 2 H.G.B. gewährten Ausnahme, die Gegenstände in der Bilanz aufgeführt werden.[2])

Es ist im Uebrigen absolut unzulässig, die Vorräthe lediglich nach Maßgabe der Saldi der im Hauptbuch befindlichen Sachconten in die Bilanz zu stellen.[3])

Diese Conten bilden vielmehr nur die Kontrole für das Inventar; es wird Aufgabe der Rechnungsführer sein, die Differenzen nach Möglichkeit aufzuklären.

Freilich wird die Inventarisirung, namentlich bei größeren industriellen Etablissements, mit großem Zeitaufwand und großer Mühe verknüpft sein;[4]) dies entbindet die Gesellschaftsorgane aber nicht von der ihnen gesetzlich obliegenden Verpflichtung.

Nach Art. 31 Abs. 3 H.G.B. und 185, 239 des Aktiengesetzes haben die persönlich haftenden Gesellschafter, resp. der Vorstand, dafür Sorge zu tragen, daß die erforderlichen Bücher der Gesellschaft geführt werden. Zu diesen gehört insbesondere auch das Inventar- und Bilanzbuch. Die Buchführung liegt den gedachten Organen selbstredend nicht in dem Sinne ob, daß sie eigenhändig die Eintragungen vorzunehmen (Art. 36 H.G.B.) oder jede einzelne Buchung zu überwachen hätten. Dies ist bei einigermaßen umfangreichem Geschäft einfach unmöglich. Es muß vielmehr genügen und entspricht der Sorgfalt eines ordentlichen Geschäftsmanns, wenn die

---

[1]) l. c. cap. IV.

[2]) Ring, Aktiengesetz S. 254.

[3]) Zu welchen Konsequenzen diese in der Praxis anscheinend ziemlich verbreitete Sitte führt, beweisen die bekannten Vorgänge bei der Patent-Papierfabrik zu Berlin.

[4]) Vgl. Eras in den Verhandlungen des Vereins für Socialpolitik vom 12. Oktober 1873 (Schriften des Vereins IV. S. 110).

Gesellschaftsorgane die Buchführung im Allgemeinen überwachen, für Kontrolirung Sorge tragen und bei wichtigeren oder zweifelhaften Buchungen dem Buchführer spezielle Anweisung geben. Dies gilt auch für die Inventare. Kein persönlich haftender Gesellschafter, kein Vorstandsmitglied kann die Vorräthe nachzählen, abwiegen oder abmessen; er hat nur dafür Sorge zu tragen, daß dies seitens der Gesellschaftsbeamten geschieht, und durch zweckdienliche Maßregeln sich davon zu überzeugen, daß die Beamten ihre Aufgaben vorschriftsmäßig erfüllen.[1])

Organisations- und Verwaltungskosten.

§ **40**. Außer den eigentlichen beweglichen und unbeweglichen Sachen und außer den noch weiterhin zu erörternden Forderungen können auch noch andere Gegenstände in den Aktiven der Bilanz figuriren.

In der Einstellung unkörperlicher Gegenstände liegt eine große Gefahr für die Richtigkeit der Bilanz. Sie kann leicht dazu verleiten, nicht existirende Güter unter die Aktiva zu setzen und dadurch den Weg zu fiktiven Bilanzen zu bahnen.

Auf der anderen Seite ist nicht möglich, von unkörperlichen Gegenständen ganz abzusehen; auch sie können einen Theil des Vermögens bilden und müssen daher in der Bilanz figuriren.

Das Gesetz giebt nur Einen, u. z. negativen, Anhalt. Organisations- und Verwaltungskosten dürfen seit der Aktiennovelle niemals in den Aktiven stehen (Art. 185a Z. 4). Dies kann nicht in dem Sinne gemeint sein, daß geschehene A u s g a b e n dort nicht eingestellt werden dürfen; denn Einnahmen und Ausgaben sind überhaupt nicht Inhalt der Bilanz. Wenn früher vielfach insbes. die Organisationskosten als Aktiva in den Bilanzen betrachtet wurden, so ist dies meist wohl nur in der Meinung geschehen, daß durch jene Aus-

---

[1]) Die Prüfung der Bilanz seitens des Aufsichtsraths in diesem Punkte kann der Natur der Sache nach noch weniger umfassen — er kann sich regelmäßig nur davon überzeugen, daß die Bilanz mit den Büchern, insbesondere dem Inventar, übereinstimmt, und die Grundsätze, nach denen die Bilanz aufgestellt ist, seiner Beurtheilung unterziehen. Darüber hinaus sämmtliche Inventurbestände nachzuprüfen, liegt thatsächlich außerhalb der Möglichkeit und rechtlich außerhalb der Sorgfalt des ordentlichen Geschäftsmannes. Das Gesetz (Art. 193, 225) erkennt dies an, indem es erklärt, daß der Aufsichtsrath die Bestände prüfen k a n n, nicht muß; es wird nach Lage der Umstände zu ermessen sein, ob dies durch Stichproben oder — bei Verdacht der unrichtigen Inventarisirung — durch eingehende Untersuchung stattfinden soll.

gaben ein immaterielles Aktivum geschaffen wurde. Von diesem Gesichtspunkte aus lassen sogar neuere Gesetzgebungen (Schweiz, Ungarn, Bosnien [1])) ausdrücklich zu, Organisationskosten in den Aktivis aufzuführen,[2]) wenn sie auch deren allmähliche Abschreibung binnen fünfjähriger Frist verlangen.[3]) Von diesem Gesichtspunkt aus läßt auch eine spezielle gesetzliche Bestimmung[4]) zu, daß die Reichsbank die Kosten für die Herstellung der Banknoten auf mehrere Jahre ertheilt. Diese Bestimmung ist übrigens eine Ausnahmevorschrift, welche in keiner Weise extensiv interpretirt werden darf, und es ist daher unzulässig, wenn analog ein Aktienanfertigungsconto in den Aktiven einer Gesellschaft figurirt.[5])

Es hätte der Bestimmung des Gesetzes, daß Organisationskosten nicht unter den Aktivis figuriren dürfen, nicht bedurft. Schon vor Erlaß der Aktiennovelle hat Keyßner die Frage, ob die sog. Generalkosten von Vorbereitung des Unternehmens bis zum Anfange des vollen Betriebs als Aktivum angesetzt werden dürfen oder abzuschreiben seien, dahin beantwortet: „Ist durch derartige Verwendungen für die Gesellschaft ein bleibender Werth erzielt, so steckt derselbe in dem hergerichteten Ganzen; ist derselbe ein sich nach und nach abnutzender, so ist er im Amortisationsconto mit zu berücksichtigen; sind die Unkosten unnütz gewesen, die Ausgaben keine Verwendung, sondern eine unproduktive Konsumtion,

---

[1]) Schweizerisches Obligationenrecht Art. 656 Z. 1, ungarisches H.G.B. Art. 199 Z. 3, bosnisches H.G.B. Art. 214 Z. 3. — Der österreichische Entwurf von 1871 Art. 185a Z. 2 schloß sich der Aktiennovelle an. Nach den Beschlüssen des österreichischen Abgeordnetenhauses (Beil. zu den stenographischen Prot. VIII. Session Nr. 134 S. 23, Nr. 255 S. 7) sollte die Gesellschaft die Stempelkosten der Gründung auf fünf Jahre vertheilen dürfen. So auch der österr. Entwurf von 1882 Art. 185a Z. 3.

[2]) Das ungarische und bosnische Gesetz nur die Kosten der ersten Organisation, das schweizerische alle Organisationskosten, „welche in den Statuten oder den Beschlüssen der Generalversammlung, sei es für die ursprüngliche Einrichtung, sei es für einen später hinzugekommenen Geschäftszweig oder eine Geschäftsausdehnung, vorgesehen sind."

[3]) Im englischen Recht wird die Vertheilung auf mehrere Jahre auch für zulässig erachtet. Lindlay, A treatise on the Law of Partnership 4. ed. I. p. 792; — es mag dies hier besonders darin seinen Grund haben, daß das englische Aktienrecht weder bei der Gründung noch bei der Verwaltung der Gesellschaft an der Stabilität des Grundkapitals festhält.

[4]) Statut der Reichsbank vom 21. Mai 1875 § 13 Z. 2 (R.G.Bl. S. 206).

[5]) Nürnberger Vereinsbank, (G.A. I. S. 167.)

ein Verlust, so sind sie abzuschreiben als Kapitalminderung." „Dergleichen Generalkosten als gesondertes Aktivum aufführen zu wollen, ist ungeschickt, ja unstatthaft; denn selbstverständlich gehört dahin nicht der Betrag der gemachten Geldausgaben, sondern der dafür erreichte Werth, weshalb gemeinhin die Kosten in den verschiedenen Aktivposten vertheilt zur Erscheinung kommen werden, so daß sie dann als selbständige Posten, gleichviel unter welchem Namen, in einer guten Bilanz nicht zur Erscheinung kommen dürfen."[1])

Die Ausführungen Keyßners sind nur in einem Punkte zu ergänzen. Es giebt auch produktive Organisationskosten, welche in keiner Form in den Aktiven der Gesellschaften stehen dürfen, nämlich diejenigen, durch welche zwar dauernde Vortheile, aber keine greifbaren Güter erzielt werden. Wer wollte z. B. leugnen, daß die Reklamekosten, welche eine Versicherungsgesellschaft bei Beginn ihrer Thätigkeit ausgiebt, derselben regelmäßig dauernde Vortheile sichern? Und doch dürfen sie nicht als Aktiva eingestellt werden.[2])

Aus den erwähnten Ausführungen ist aber andererseits die gesetzliche Vorschrift, daß die Kosten der Organisation und Verwaltung nicht als Aktiva in der Bilanz stehen dürfen, auf ihr richtiges Maß zurückzuführen. Jene Kosten dürfen nur als solche nicht in der Bilanz stehen; soweit aber durch dieselben reelle Vermögensobjekte erzielt sind, können und müssen diese und in Folge dessen indirekt auch die für dieselben verwandten Kosten unter die Aktiva kommen. Nicht weil, sondern trotzdem sie Organisationskosten darstellen.

---

[1]) Keyßner: „Sind die den Aktionären auf die Zeit der Vorbereitung des Unternehmens bis zum Anfang des vollen Betriebs statutenmäßig gezahlten Zinsen, sowie die Gründungskosten aus dem Gewinn zu ergänzen, bevor eine Dividende vertheilt werden kann?" in Buschs Archiv Bd. VIII. S. 412; übereinstimmend v. Hahn, Kommentar I. S. 412. In der Anmerkung verweist Keyßner auf die Bilanzen zweier Versicherungsgesellschaften, welche die Posten „Einrichtungs- und Druckkostenconto", resp. „Organisationskosten" in den Aktiven führen. Vgl. auch Schweizer Bundesgesetz über das Rechnungswesen der Eisenbahngesellschaften vom 21. Dezember 1883 (A. S. N. F. VII. S. 429) Art. 2 Abs. 3: „Organisations-, Verwaltungskosten und Zinsen, welche während des Baus einer Bahn im Interesse der Erstellung und der Einrichtung derselben erlaufen sind, werden den Anlagekosten gleichgehalten."

[2]) Anders das ungarische H.G.B. Art. 460.

Beispiele. Ein Aktienverein macht bauliche Einrichtungen auf einem ihm precario überlassenen Grundstück, aus welchem er jederzeit entfernt werden kann. Derselbe Aktienverein macht dieselbe Einrichtung auf einem für fünf Jahre gemietheten Grundstück. Im ersten Fall ist kein bleibendes Werthobjekt hergestellt; die für die Einrichtung verwandten Beträge sind als Jahresverlust anzusehen. Im zweiten Fall ist ein Vermögensgegenstand vorhanden, dessen Dauer fünf Jahre beträgt; dieser Werth ist als Einrichtungsconto in die Bilanz einzustellen und bis zum Ablauf der fünf Jahre zu amortisiren.[1]) Die Sache liegt im Prinzip nicht anders, als wenn die Gesellschaft Maschinen gekauft hätte, welche in fünf Jahren abgenutzt werden; Niemand würde zweifeln, solche Maschinen als Aktiva zu betrachten.

Die Entstehungsgeschichte des Gesetzes steht der hier vorgeschlagenen einschränkenden Interpretation nicht entgegen. Nach den Motiven zu der Aktiennovelle vom 11. Juni 1870 sollte die Einstellung der Organisationskosten verboten werden, „weil der in Gang gebrachte Betrieb zwar seine Bedeutung hat, diese aber nicht nach einem bestimmten Werthe zu bemessen ist, und deren Aufnahme unter die Aktiva in Preußen schon seit längerer Zeit für unzulässig erklärt ist."[2]) Die Motive zum Aktiengesetz bemerken unter Citirung dieser Begründung: „Prinzipiell aber bleibt nicht zu verkennen, daß die Organisationskosten kein eigentliches Gesellschaftsaktivum bilden, da ihr Werth erst aus den durch sie herbeigeführten Erträgnissen erhellt."[3]) Kurz vorher heißt es in denselben Motiven: „Zunächst fehlt es an einem Einverständniß darüber, welche Kosten zu den Organisationskosten zu rechnen sind."[4])

---

[1]) Dies Conto kennt die französische Praxis unter dem Namen „Installation". Courcelle-Seneuil, Traité élémentaire de comptabilité p. 117.

[2]) Stenographische Ber. der Reichstagsverhandlungen 1871 IV. S. 657; vgl. auch Entsch. des Reichsoberhandelsgerichts XX. S. 217.

[3]) Mot. I. S. 262.

[4]) S. 261. Die Motive leiten hieraus ab, daß der mehrfach geäußerte Wunsch, die Organisationskosten unter gewissen Modalitäten in die Aktiven zu setzen, „zu wenig geklärt" sei, als daß die Gesetzgebung ihm Folge geben könnte. In erster Reihe hätte aber daraus die Folgerung gezogen werden müssen, daß der Gesetzgeber sich des Ausdrucks „Organisationskosten" überhaupt nicht bedienen durfte. Gab er zu, daß es für den Begriff an einer einverständlichen Auslegung fehlte, so mußte er denselben entweder in seine Bestandtheile zerlegen — was

War sich hiernach der Gesetzgeber über die Begriffsbestimmung selbst augenscheinlich nicht völlig klar, so werden wir den Ausdruck nach den allgemeinen Grundsätzen, welche die Bilanz beherschen, auslegen dürfen. Nach diesen ist aber jede unreelle Bilanzpost verboten, und als solche würden die Organisations- und Verwaltungskosten an sich anzusehen sein. Daß aber auch die Einstellung reeller Objekte, welche durch diese Kosten erzielt sind, verboten werden sollte, kann nach allgemeinen Bilanzprinzipien nicht angenommen werden.[1])

Jeder Versuch, die als Aktiva nicht zulässigen Organisations- und Verwaltungskosten zu spezialisiren, muß daran scheitern, daß prinzipiell nicht die Art der Kosten, sondern der erzielte Erfolg entscheidet.[2]) Es ist in jedem einzelnen Fall zu prüfen, ob derartige Kosten nach den sonst für die Bilanz geltenden Grundsätzen bei der Bewerthung reeller Aktiva in Betracht gezogen werden dürfen.[3])

Rechte und sonstige nichtkörperliche Güter.

§ **41.** Außer der negativen Vorschrift des Art. 185a Ziff. 4 fehlt es an jeder gesetzlichen Spezialvorschrift dafür, was — außer den in §§ 36 bis 39 behandelten Gegenständen — unter den „anderen Vermögensstücken" zu verstehen ist, welche der Kaufmann und somit auch der Aktienverein nach Art. 29 H.G.B. in das Inventar und in die Bilanz einzustellen hat.

Zweierlei werden wir zur Erklärung heranziehen dürfen: die allgemeinen Rechtsgrundsätze und den kaufmännischen Gebrauch, resp. die Buchführung.

Alles, was dem Rechtssubjekt als Gegenstand des Erwerbs gegenübersteht, kann zum Vermögen gezählt werden. Schon nach römischem Recht konnten nicht nur körperliche Sachen, sondern auch

---

nicht einmal in den Motiven versucht wird — oder er mußte sich jedes Gebots und Verbots bezüglich derselben enthalten.

[1]) Vgl. Ring, Aktiengesetz S. 267, Renaud, A.G. S. 267, Esser S. 149.

[2]) So kommt denn auch Ring, welcher eine beträchtliche Anzahl aufführt, nicht zu einer fruchtbaren Generalisirung, und die einzelnen als unzulässige Aktiva bezeichneten Kosten erscheinen nicht unter allen Umständen als unzulässig. Dies gilt insbesondere bezüglich der Maklerprovisionen für den Grundstückserwerb. Ebenso erscheinen die von v. Völderndorff aufgeführteu Fälle (A.G. S. 695) nicht unter allen Umständen als unzulässige Aktivposten.

[3]) Völlig unzulässig ist selbstverständlich, wenn die Prenzlauer Zuckerfabrik ein Gründungskostenconto in den Aktiven führt (G.A. V. S. 61).

Rechte Gegenstand des Kaufs sein.[1]) Die Veräußerlichkeit der Rechte hat im modernen Rechte eine ungleich größere Bedeutung als im römischen; man denke hierbei in erster Reihe an die Bergwerksgerechtigkeiten. Die moderne Gesetzgebung hat in den Urheberrechten, welche mit Ausnahme des Markenschutzes[2]) übertragbar sind[3]), eine Menge neuer Rechte geschaffen, welche für das Verkehrsleben von größtem Einfluß gewesen sind, und durch die Zulassung der Uebertragung der Firma einen in Deutschland längst üblichen Handelsgebrauch sanktionirt.[4])

Aber die Verkehrsentwicklung ist nicht dabei stehen geblieben, der Uebertragbarkeit der eigentlichen Sachen diejenige der Rechte hinzuzufügen. Gewisse, rein wirthschaftliche Güter, welche an sich nicht Gegenstand des Eigenthums sein konnten, zeigten thatsächlich die Fähigkeit, übertragen zu werden und ihre Funktion als wirthschaftliche Güter auch bei anderen Personen fortzuführen. Hierzu gehörten vor allen Dingen wirthschaftliche Unternehmungen, Handlungsetablissements in ihrer Gesammtheit, rechtlich nicht geschützte Fabrikationsgeheimnisse, die Kundschaft[5]), auch wohl der Credit — alles Beziehungen, „welche Leistungen thatsächlich erwarten lassen".[6]) Die thatsächliche Fähigkeit der Uebertragung führte zum Abschluß von Erwerbsgeschäften über jene wirthschaftlichen Güter, welche die Rechtsordnung dann z. Th. auch ausdrücklich anerkannte.[7])

---

[1]) L. 20 D. de serv. 8, 1; L. 34 § 4 D. de contr. emt. 18, 1. Die Forderungsrechte kommen an dieser Stelle nicht in Betracht.

[2]) Ges. vom 30. November 1874 §§ 8, 12.

[3]) Ges. betreffend das Urheberrecht an Schriftwerken 2c. vom 11. Juni 1870 § 3; Ges. betr. das Urheberrecht an Werken der bildenden Kunst vom 9. Januar 1876 § 2; Ges. betreffend den Schutz der Photographien vom 10. Januar 1876 § 7; Ges. betreffend das Urheberrecht an Mustern und Modellen § 3; Patentgesetz vom 25. Mai 1877 § 6.

[4]) H.G.B. Art. 22, 23.

[5]) Nach englischem Recht wird goodwill als property angesehen. Smith, Compendium of mercantile Law 9. ed. p. 193.

[6]) Goldschmidt, Handbuch S. 401; vgl. auch Neumann in Schönbergs Handbuch der politischen Oekonomie 2. Aufl. S. 153 f.

[7]) Uebertragbarkeit der Handelsgeschäfte H.G.B. Art. 23. Dernburg, Preuß. Privatrecht II. § 134 zählt irrthümlich „Zeitungsunternehmen und sonstige Geschäfte" zu den Rechten. Literatur über das ausländische Recht bei Simon, Zeitschrift für das ges. Handelsrecht Bd. 24 S. 129 ff. Die Verpflichtung des

Soweit aber ein — wenn auch immaterielles und juristisch an sich nicht recht greifbares — Gut Gegenstand des rechtlichen Verkehrs sein kann, soweit muß es auch in der Bilanz als Aktivum fungiren können. Wie wir bereits oben gesehen haben, daß für die Aufnahme beweglicher Sachen die Eigenthumsfrage in concreto nicht maßgebend ist, so finden wir hier, daß auch die Eigenthumsfähigkeit in abstracto nicht Voraussetzung ist; ausschlaggebend ist vielmehr für die immateriellen Güter lediglich, daß sie reell verkehrsfähig sind.[1])

Nun läge ja die Gefahr nahe, daß durch Einstellung derartiger Güter die Bilanz den reellen Boden unter den Füßen verliere, und es würde dies auch der Fall sein, wenn sich nicht die kaufmännische Uebung, wurzelnd auf der doppelten Buchhaltung, als heilsames Korrektiv dazwischen schöbe.

Nach der doppelten Buchführung kann kein Realposten in die Bücher kommen, welcher nicht eine Gegenleistung in einem andern Posten aufweist. Sowohl Rechte als auch rein wirthschaftliche Güter können demgemäß nur dann in denselben hervortreten, wenn spezielle Aufwendungen für dieselben gemacht sind. Unzweifelhaft enthält z. B. die Firma ein Recht der Gesellschaft; aber unter keiner Form kann diejenige Firma, welche die Gesellschaft neu wählt, als solche in den Büchern figuriren, weil es hierfür an jeglicher Gegenleistung fehlt. Anders, wenn die Gesellschaft eine bereits bestehende Firma erwirbt; hier muß das Firmenconto für den Kaufpreis belastet werden, und es ist dies auch wirthschaftlich völlig zutreffend, weil die gekaufte Firma als vermögenswerther Faktor in die Sphäre der Gesellschaft tritt, während die Firma in der Hand des ersten Inhabers lediglich ein Ausfluß der Persönlichkeit desselben ist.

Es ist aber ferner zu unterscheiden zwischen Rechten und rein wirthschaftlichen Gütern.

Rechte können in die Bilanz eingestellt werden, mag die Erwerbsart derselben eine originäre oder eine derivative sein. In dem ersten Fall bilden die Aufwendungen, welche zum Zweck der

---

Veräußerers eines Handelsgeschäfts zur Gewährung des habere licere geht dahin, daß er den Erwerber nach Kräften in den Stand setzen muß, das Geschäft so zu betreiben, wie er, der Veräußerer, es betrieben hat. Simon l. c. S. 120 ff.

[1]) *Χρήματα δὲ λέγομεν πάντα ὅσων ἡ ἀξία νομίσματι μετρεῖται.* Aristoteles, Ethica Nicomachea IV. c. 1 (ed. Bekker 1831 p. 56).

Erlangung des Rechts gemacht werden mußten, diejenigen Beträge, für welche das Conto des betreffenden Rechts belastet wird. So wird z. B. das Patentconto für alle diejenigen Versuchs- und sonstigen Kosten debitirt, welche zur endlichen Erlangung des Patents aufgewendet wurden.[1]) Ist die Erwerbsart eine derivative, so wird das Conto des betreffenden Rechts für den Erwerbspreis belastet. Und wie in beiden Fällen das betreffende Recht als Sachconto in den Büchern figurirt, so ist es auch als Vermögensgegenstand in die Aktiva der Bilanz einzustellen.[2])

Anders bei den rein wirthschaftlichen Gütern. Werden solche auf derivativem Wege erworben, so ist nach buchhalterischen Grundsätzen für dieselben ein Sachconto zu errichten; und es kann dasselbe demgemäß auch in der Bilanz als Vermögensobjekt fungiren. Es ist dies völlig erlaubt und zutreffend, denn gerade durch diesen Erwerb hat das Gut seine Eigenschaft als verkehrsfähiges Rechtsobjekt bewährt und dadurch einen Titel zur Einstellung in die Bilanz erlangt. — Von einem Erwerb rein wirthschaftlicher Güter im originären Wege kann aber schon in Folge der Buchhaltungsgrundsätze nicht die Rede sein. Kein Einzelkaufmann wird auf den Gedanken kommen, sich z. B. die Kundschaft plötzlich als Aktivum in die Bilanz zu stellen. Was aber für den Einzelkaufmann maßgebend ist, gilt auch für den Aktienverein. Rein wirthschaftliche Güter, welche lediglich eine Folge der Organisation oder der Verwaltung und nicht bereits als kompakte Objekte gegen Entgelt in die Gewalt des Aktienvereins gelangt sind, dürfen nicht als Aktiva fungiren; denn hier würde es an jedem Maßstab für die reale Existenz des Objekts fehlen.

Einige Beispiele. Eine Aktiengesellschaft kauft ein bestehendes Zeitungsunternehmen; dasselbe kann als Aktivum in der Bilanz stehen.[1]) Eine andere begründet eine neue Zeitung; sie ist nicht befugt, die etwa aufgewendeten Reklamekosten in die Aktiva zu setzen. Kauft eine Gesellschaft ein nicht geschütztes Fabrikgeheimniß,

[1]) Vgl. auch Kommissionsbericht S. 25.

[2]) In der Bilanz der Vereinigten Fabriken photographischer Papiere zu Dresden findet sich in vollkommen zulässiger Weise als Aktivum „Werth der angekauften sieben Firmen" (G.A. I. S. 211), in der Bilanz der Hamburg-Altonaer Pferdebahngesellschaft das Aktivum „Konzessionsconto" (G.A. I. S. 190).

[3]) So stellt der Börsenhandelsverein zu Berlin den von ihm gekauften Hertel'schen Kursbericht zutreffend als Aktivum in die Bilanz (G.A. I. S. 102).

so kann sie dasselbe in die Bilanz einstellen; erfindet sie selbst ein solches, so ist die Einstellung nicht zulässig.

Die Einstellung rein wirthschaftlicher Güter, welche die Aktiengesellschaften auf derivativem Wege erwerben, geschieht häufig genug in der Bilanz; aber gewöhnlich in versteckter Weise. Fast bei jeder Umwandlung eines Privatunternehmens in eine Aktiengesellschaft läßt sich dies beobachten. Die Aktiengesellschaft übernimmt dasselbe zu einem Preise, welcher den Werth der einzelnen Objekte weit übersteigt. Die Differenz wird für das Geschäft als solches gewährt, für die Kundschaft, die Uebernahme eines im Gang befindlichen und mit Aufträgen versehenen Etablissements, für den Stamm geschulter Arbeiter — kurz, für die nicht juristisch greifbaren, rein wirthschaftlichen Vortheile, welche die Aktiengesellschaft durch den Erwerb hat. Für diese Etablissementsübernahme einen besonderen Preis zu stipuliren, wie dies der Wahrheit entspricht und bei dem Verkauf von Geschäften an Einzelkaufleute regelmäßig üblich ist, scheuen sich die Gründer gewöhnlich — in erster Reihe deshalb, weil sie fürchten, das Etablissement als solches, abgesehen von den körperlichen Gegenständen desselben, nicht in die Bilanz einstellen zu dürfen. Der hierfür gewährte Preis wird deshalb regelmäßig auf andere Objekte geschlagen, namentlich auf das geduldige Immobilienconto, welches hierdurch auf einen Betrag anwächst, welcher seinem wirklichen Werth in keiner Weise entspricht. Das ist Heuchelei. Wird materiell für die Uebernahme des Geschäfts ein besonderer Preis gewährt, so muß derselbe auch formell zum Ausdruck kommen, und für den wahren Preis desselben giebt die Buchführung ein Conto, die Bilanz einen Posten.[1])

Die Resultate dieser Erwägungen sind von Bedeutung über das Gebiet der Bilanz hinaus. Nach den Motiven zum Aktiengesetz[2]) läßt dasselbe als Einlage auf Aktien jeden Werthgegenstand zu, welcher als Aktivum in die Bilanz aufgenommen werden kann;

---

[1]) Vgl. auch Kommissionsbericht S. 25: „Noch ist zur Sprache gekommen, daß vielfach in einem Geschäftserwerbungsconto der Werth der übernommenen Kundschaft mit berücksichtigt . . . wird. Dagegen ist, soweit es sich um verwerthbare Vermögensgegenstände handelt, nichts zu erinnern; die Kundschaft ist zwar nie ein selbständiges Aktivum, kann aber ein solches in Verbindung mit dem Geschäft oder anderen Vermögensobjekten darstellen.“ Hierdurch ist die Einstellung der Kundschaft als Aktivum wenigstens im Prinzip anerkannt.

[2]) Mot. I. S. 151.

wir werden als zulässige Einlagen mithin auch rein wirthschaftliche Güter betrachten dürfen.

Nach den vorstehenden Untersuchungen werden wir als Vermögensgegenstände, außer Forderungen, in die Aktiva der Bilanz einstellen dürfen:

1. unbewegliche Sachen,
2. bewegliche Sachen,
3. Rechte, sofern für dieselben Aufwendungen gemacht sind,
4. rein wirthschaftliche Güter, sofern sie gegen Entgelt von Dritten erworben sind.

In wie weit derartige Objekte im Einzelfall nicht eingestellt werden dürfen, weil sie keinen Veräußerungswerth haben, ist nach den für den Werthansatz geltenden Grundsätzen zu beurtheilen.

Forderungen und Schulden.

§ **42**. Während bei den im vorigen Abschnitt behandelten Objekten das Inventar zwar in fortlaufender Kontrole mit den Handlungsbüchern und in Anlehnung an dieselben, aber doch selbstständig errichtet werden mußte, sind für die Forderungen und Schulden die Handlungsbücher die Grundlage des Inventars. Die Personalconten werden am Schluß des Jahres saldirt, und diese Saldi ergeben die Forderungen und die Schulden, welche in Inventar und Bilanz als solche auftreten. Feststellung der Forderungen und Schulden durch die Buchführung.

Es erscheint daher nothwendig, den Inhalt und die Bedeutung der Buchungen auf den Personalconten festzustellen, um dadurch auch Inhalt und Bedeutung der Saldi zu erkennen.

Es ist ein weit verbreiteter Irrthum, von welchem sich auch die modernen Gesetzgebungen, selbst das Deutsche Handelsgesetzbuch, Art. 28, nicht freigehalten haben, daß der Kaufmann alle seine Handelsgeschäfte in seine Bücher einträgt.

In den eigentlichen Handlungsbüchern (Memorial, Journal, Hauptbuch) werden überhaupt nicht Rechtsgeschäfte als solche, sondern, wie es in der Sprache der Buchführung heißt, „Geschäftsvorfälle" verzeichnet. Ein Geschäftsvorfall hat einen Umsatz zur Voraussetzung; Eingänge und Ausgänge sind die Grundlage der Zu- und Abschreibungen auf den Sachconten.

Wird z. B. ein Kauf auf Zeit abgeschlossen, so wird hierüber in den Hauptbüchern gar nichts vermerkt; erst wenn die Waare geliefert oder der Preis gezahlt wird, geschieht eine Buchung in dem Memorial und schließlich dem Hauptbuch.[1])

Die gegenseitigen Verträge bleiben denselben, so lange nicht von einer Seite Erfüllung geschehen ist, gänzlich fern.

Damit das Conto des Käufers X für eine Waarenschuld belastet werden kann, ist erforderlich, daß zunächst das Waarenconto für den entsprechenden Betrag erkannt wird. Letzteres kann aber erst dann geschehen, wenn die Waare aus dem Vermögen des Verkäufers in dasjenige des Käufers übergeht.

Die doppelte Buchführung ist nicht fähig, eine von einer Gegenleistung abhängige Forderung in sich aufzunehmen; erst wenn durch Vorleistung des einen Theils die Verpflichtung des anderen eine einseitige wird, tritt sie in Thätigkeit.

Das System der Buchführung hat noch eine zweite Wirkung. Zahlt der Käufer den Kaufpreis vor Lieferung der Waare, so wird er für den Betrag in den Büchern des Käufers erkannt; er erscheint also buchmäßig bis zur Lieferung der Waare als Geldgläubiger, während er thatsächlich nur einen Anspruch auf Lieferung von Waaren hat.[2])

Das Gesetz, welches die Grundsätze der Bilanz fixirt hat, hatte diese in jahrhundertelanger Uebung entwickelte Buchführung vor Augen, und indem es verlangte, daß Forderungen und Schulden in der Bilanz figuriren, wollte es augenscheinlich nur den bestehenden Gebrauch fixiren, welcher die Salden der Personalconten aus den Hauptbüchern in die Bilanz setzte. Hätte das Gesetz mit der früheren Uebung brechen wollen, so müßte sich aus der Entstehungsgeschichte irgend etwas nach dieser Richtung ergeben.

Freilich werden außerhalb der Hauptbücher gewisse Hilfsbücher geführt, in welchem zweiseitige Verträge sofort bei Abschluß derselben eingetragen werden. Diese Hilfsbücher bilden aber nach der historischen Entwicklung und dem überlieferten System der Buchführung nicht die Grundlage der als Forderungen und Schulden in der Bilanz erscheinenden Posten. Und andererseits wird nur

---

[1]) Entsch. des Obertribunals V. S. 389 ff.

[2]) Vgl. auch § 60. In veröffentlichten Bilanzen werden derartige Posten gewöhnlich klargestellt; die Berliner Produkten- und Handelsbank hat z. B. in den Aktiven einen Posten „Angeld auf Saat" (G.A. II. S. 121), die Rostocker Aktiengesellschaft für Schiffs- und Maschinenbau in den Passiven „Anzahlungen auf im Bau befindliche Schiffe" (G.A. V. S. 196).

ein kleiner Theil der zweiseitigen Verträge in die Hilfsbücher aufgenommen. Es sind dies nämlich nur die Käufe und Verkäufe und auch diese regelmäßig nur, soweit sie den speziellen Geschäftszweig des Buchführens betreffen. Der Bankier, welcher Papier oder Federn bestellt, bucht diese Bestellung ebensowenig, wie der Waarenhändler, welcher ausländische Banknoten bestellt. — Die Eintragungen in diese Hilfsbücher werden übrigens nicht einmal Buchungen, sondern Notizen genannt.[1])

Gewisse Arten von Geschäften aber werden selbst in Hilfsbüchern niemals oder doch nur in wenigen Geschäften notirt.

Dahin gehören zunächst diejenigen Verträge, welche nicht die Hingabe von beweglichen Gegenständen, sondern Leistungen zum Gegenstand haben, insbes. Sach- und Dienstmiethe. Regelmäßig giebt keinerlei Eintragung in Hilfsbüchern darüber Auskunft, welche Miethsverträge abgeschlossen werden, welche Personen und mit welchem Gehalt dieselben für das Geschäft engagirt werden und dgl. mehr. Alle derartigen Gegenstände werden nur in den eigentlichen Handlungsbüchern gebucht und auch hier erst, wenn die Zahlungen geleistet oder fällig werden.[2])

Aber selbst wenn die Geschäfte als solche in ein Hilfsbuch eingetragen werden, so erscheinen sie darum doch noch nicht in dem Hauptbuch und ergeben demgemäß auch keine in die Bilanz einstellbare Saldi.

Die Vorleistung, welche für die Buchhaltung zur Konstituirung einer Forderung oder Schuld erforderlich ist, erscheint allerdings nicht identisch mit derjenigen, welche das Obligationenrecht als solche ansieht.

Wir haben bereits oben (§ 37) gesehen, daß nicht die Eigenthumsübertragung, sondern der Ausgang aus dem Vermögensbereich des Absenders für die Creditirung der Waare auf Waarenconto maßgebend ist. In demselben Moment wird auch der Käufer der Waare für den Kaufpreis belastet — mag die Absendung der Waare rechtlich als Erfüllung anzusehen sein oder nicht. Aber noch in anderer Beziehung tritt diese Differenz zu Tage. Beauftragt A den B, für seine (des A) Rechnung einen Wechsel zu

---

[1]) Schiebe-Odermann S. 13.

[2]) All dies läßt sich auch aus den Probebuchhaltungen, welche sich in den Lehrbüchern der Comptoirwissenschaft finden, mit Zuverlässigkeit folgern.

acceptiren, so belastet A den B für den Betrag des Accepts und creditirt hierfür das Acceptconto u. z. alsbald bei der Acceptation, nicht erst bei der Zahlung. Eine derartige Buchung entspricht den Grundsätzen solider Buchführung[1]); die Accepte sind wahre Schulden und müssen daher, auch wenn es nur Gefälligkeitsaccepte sind, in den Büchern und in der Bilanz stehen.[2]) Nichts desto weniger existirt doch ein Anspruch des Acceptanten gegen den Trassanten auf Zahlung erst dann, wenn die Tratte eingelöst ist, und es wird ein solcher hinfällig, soweit der Trassat eine Einlösung nicht vornimmt. Also auch hier stimmen die Buchungen auf den Personalconten mit den Rechtsansprüchen nicht überein.[3])

Ausgleichung von Forderungen und Schulden in der Buchführung.

§ 43. Auf der anderen Seite gelten buchmäßig viele Forderungen und Schulden als ausgeglichen, bezüglich deren dies thatsächlich nicht der Fall ist. Cedirt der Kaufmann eine Forderung, so creditirt er dem Conto des betreffenden Gläubigers den Betrag der empfangenen Valuta, trotzdem dieser die Forderung nicht bezahlt hat, und wenn auch der Cedent für die Bonität der Forderung haftet. Erwirbt der Kaufmann gegenüber seinem Gläubiger einen Gegenanspruch, so belastet er denselben für den Betrag dieses Gegenanspruchs, und es ist in Folge dessen in den Büchern die Schuld ausgeglichen, auch wenn der Gegenanspruch nicht zu einer

---

[1]) In vielen Bankgeschäften ist es üblich, schon im Moment der Avisirung der Tratte den trassirenden Korrespondenten zu belasten; es ist dies eigentlich nicht ganz korrekt.

[2]) Korrekt hat z. B. der Oberschlesische Kreditverein in den Passivis den Posten „Bürgschaftsaccepte" und bei dem Posten „Debitores" im Aktivum den Zusatz „hierin sind die Debitoren für unsere gegenüberstehenden Accepte .... enthalten". Zu welchen Folgen die Nichtbuchung aus Gefälligkeit ausgestellter eigener Wechsel führt, zeigt der Ruin der Aktiengesellschaft Leu & Co., vgl. Regelsberger, Beiträge zur Lehre von der Haftung der Behörden und Beamten der Aktiengesellschaften (Gießen 1872) S. 7, 57. Das Preußische Obertribunal hat das Unterlassen der Buchung der Gefälligkeitsaccepte für unzulässig erklärt. Entsch. vom 16. Dezember 1864. Löhrs Centralorgan N. F. II. S. 77. Anders Braune a. a. O. S. 163.

[3]) Man beachte auch, daß die fehlenden Einzahlungen auf nicht vollgezahlte Aktien oder auf Konsortialbetheiligungen (vgl. Berliner Handelsgesellschaft G.A. I. S. 264) erst dann in die Passiva gestellt werden, wenn die Einzahlung ausgeschrieben wird, während doch die Verpflichtung schon früher bestand und nur betagt war.

Kompensation berechtigt.[1]) Empfängt der Kaufmann von seinem Schuldner einen Wechsel Zahlungs halber, so schreibt er ihm den Betrag desselben „unter üblichem Vorbehalt" gut, trotzdem die Schuld durch die Hingabe nicht getilgt ist, diese Wirkung vielmehr nur unter der Voraussetzung eintritt, daß der Wechsel eingeht.[2]) Am bedeutsamsten aber ist die Divergenz bei der Weiterbegebung von Wechseln. A erhält von B einen Wechsel zahlungshalber; er erkennt B für die vereinbarte Valuta und belastet dafür das Wechselconto. Begiebt er dann den Wechsel an C weiter, so erkennt er für die vereinbarte Valuta das Wechselconto und belastet C für dieselbe. Dadurch verschwindet der Wechsel, wie eine eingekaufte und wieder verkaufte Waare, völlig aus den Büchern, trotzdem juristisch die Regreßverbindlichkeit des A als fester Niederschlag zurückbleibt.

Schwebende Engagements und eventuelle Verbindlichkeiten.

§ **44**. Trotz der in den beiden vorigen §§ ermittelten Differenzen zwischen rechtlichen Ansprüchen und Verpflichtungen einerseits und Buchforderungen und Buchschulden andererseits müssen wir aber daran festhalten, daß in der Bilanz „Forderungen" und „Schulden" auf Grundlage der Bücher festgestellt und daß demgemäß zunächst diese unter allen Umständen in die Bilanz eingestellt werden müssen. Jede andere Auffassung würde der Bilanz ihren natürlichen und festen Boden entziehen und die Einstellung von Forderungen und Schulden schlechthin von der subjektiven Ansicht desjenigen abhängig machen, welcher die Bilanz aufstellt.

Darf aber darum der Kaufmann, darf insbesondere der Aktienverein die schwebenden Engagements, die stets drohenden Regreßverbindlichkeiten einfach ignoriren?[3])

Nach einzelnen Vorgängen in den Gesetzgebungen könnte es fast den Anschein gewinnen, daß dem so sei. Das Musterstatut

---

[1]) Dieser buchmäßige Ausgleich aller Debet- und Creditposten mag von erheblichem Einfluß auf die Entwicklung des Contocorrentvertrags geworden sein. In der Praxis läßt sich beobachten, daß die Kaufleute, auch wenn ein eigentlicher Kontokorrentvertrag nicht vorliegt, die Gegenposten selbst da für kompensirt halten, wo nach den Grundsätzen des bürgerlichen Rechts, z. B. wegen noch nicht eingetretener Fälligkeit einer Post, die Kompensation unzulässig ist.

[2]) Entsch. des Obertribunals Bd. 62 S. 126, des Reichsoberhandelsgerichts Bd. 4 S. 365, Bd. 5 S. 253.

[3]) Für die Bejahung wohl Löwenfeld. S. 332.

der englischen companies act von 1862 führt unter dem Titel contingent liabilities zwei Posten auf: claims against the company not acknowledged und monies for which the company is contingently liable, welche beide aber unter dem Bilanzabschluß stehen und für welche unter den Passivaddenden keine Beträge ausgeworfen sind. Die deutschen Notenbanken aber stellen auf Grund des Bankgesetzes [1]) in die Passiva ihre „eventuellen Verbindlichkeiten aus weiter begebenen im Inlande zahlbaren Wechseln" ein, gleichfalls ohne dafür irgend welche Beträge auszuwerfen.[2]) Durch Einstellung von Posten in die Bilanz, ohne daß Beträge ausgeworfen werden, dokumentirt man aber gerade, daß diese Posten nicht in die Bilanz gehören.

Bei der Vorberathung des revidirten belgischen Aktiengesetzes haben diese Fragen den Gegenstand interessanter Erörterungen gebildet. Nach dem Regierungsentwurf sollte der erste Absatz des Art. 62 folgendermaßen lauten: Chaque année l'administration doit dresser un inventaire contenant l'indication des valeurs mobilières et immobilières et de toutes les dettes actives et passives de la société y compris tous les engagements de la société en cours d'exécution tels qu'endossements sur traites négociées, contrats, cautionnements et autres engagements quelconques.[3]) Gegen diesen Vorschlag wurde in der belgischen Kammer lebhaft protestirt. Der Abgeordnete Sainctelette führte aus, daß die gesperrt gedruckten Worte den Gebräuchen des Handels widersprächen und unausführbar seien, da sie die Aktiengesellschaften zwingen würden, neben ihrer eigentlichen Buchführung noch eine zweite über ihre eventuellen Verbindlichkeiten zu führen.[4]) Er

---

[1]) Vom 14. März 1875 (R.G.Bl. S. 177) § 8 Abs. 4.

[2]) z. B. Leipziger Kassenverein (G.A. I. S. 161), Kommerzbank in Lübeck (G.A. I. S. 324), Bremer Bank (G.A. I. S. 197) u. a. m.

[3]) Guilléry, Commentaire législatif de la loi du 18 mai 1873 (Brüssel 1878) S. LXII. Zu beachten allerdings, daß diese Bestimmung nur von dem Inventar, nicht der Bilanz spricht.

[4]) Sitzung vom 18. Februar 1870 (Guilléry a. a. O. S. 350 ff.): „Qu'un négociant consigne dans ses écritures l'import de ses acceptations, rien de plus naturel. Cet import figure dans son bilan sous le titre: Effets à payer, dettes à échoir ou sous toute rubrique analogue. Qu'il inscrive de même dans ses livres les traites créées par lui et qu'il les

machte darauf aufmerksam, daß Schätzungen schwebender Engagements auf den allerunsichersten Grundlagen basirten [1]), und erklärte: L'article 9 du Code de commerce dit, que le commerçant doit, tous les ans, faire un inventaire de ses effets mobiliers et immobiliers, de ses dettes actives et passives etc.; mais je ne vois nulle part dans le Code de commerce une disposition, qui oblige les commerçants à passer écritures, des éventualités, à tenir compte de dettes ou de créances conditionnelles, c'est-à-dire d'opérations non commencées et à établir un bilan de risques et de recours . . . . . . Au grand livre que fait-on? On ouvre un compte spécial à chaque individu ou a chaque opération déterminée et quand l'opération est terminée, on solde les comptes par un débit ou par un crédit. L'inventaire n'est autre chose que la nomenclature successive de tous ces comptes et de leur résultats . . . . Es wurde schließlich die jetzige Fassung des Art. 62 angenommen, in welcher statt der gesperrt gedruckten Worte gesetzt ist: avec un annexe contenant, en résumé, tous ses engagements. Das hat ungefähr dieselbe Bedeutung wie die contingent liabilities des englischen Bilanzschemas.

---

inscrive dans son bilan sous le titre du portefeuille ou de valeurs à recevoir, rien de plus simple. Mais je ne sache pas que les maisons de commerce ou d'industrie aient l'habitude de tenir copie littérale de tous les effets qui leur ont passé par les mains, sur lesquels elles ont apposé leur signature comme endosseurs et surtout qu'ils passent écriture de leurs engagements éventuels, conditionnels. . . . Or, Messieurs, de la meilleure foi du monde on peut se tromper dans une évaluation de ce genre. Cette appréciation du prix de revient probable est chose excessivement délicate; des erreurs peuvent aisément s'y glisser sans qu'il y ait la moindre fraude. Encore une fois pourquoi veut-on placer les sociétés anonymes sous un régimé tout à fait différent de celui qui est imposé aux négociants ordinaires?"

[1]) S. 352 „Une houillère a vendu 500 000 hectolitres de charbon à livrer en 1870; elle n'a pas encore extrait ces 500 000 hectolitres; elle ne sait pas, elle ne peut même pas savoir ce que lui coûtera l'extraction de cette quantité de charbon. . . . Le prix de la main d'oeuvre peut varier, il peut se produire des incidents d'exploitation. Comment passera-t-elle écriture de cette opération? Comment un maître de forges, qui a vendu une grande quantité de rails mais qui ne les possède pas, qui n'a pas même la fonte avec laquelle il doit les faire, comment ce négociant passera-t-il dans son inventaire écriture de cette opération?"

Die Einwände, welche in der belgischen Kammer gegen die Aufnahme der Engagements und eventuellen Verbindlichkeiten in das Inventar gemacht sind, erscheinen zwar im Prinzip richtig, insofern nämlich die Salden der Hauptbücher die Grundlage der Bilanz bilden; sie können aber nicht als allein maßgebend erachtet werden. Hatte zwar in ihrer ursprünglichen Entwicklung die Bilanz nur die Aufgabe, den formellen Abschluß der Bücher zu vermitteln, so hat sie jetzt höhere, materielle Funktionen, bei denen der formale Buchstandpunkt nicht mehr der ausschließlich entscheidende sein darf. Es gilt das Vermögen zu ermitteln — für den Aktienverein insbesondere den Betrag festzustellen, welcher als Reingewinn angesehen werden darf. Hier diejenigen Ansprüche und Verbindlichkeiten, für die im Hauptbuch kein Raum ist, einfach zu ignoriren, hieße der Bilanz die Fähigkeit rauben, irgend welche materielle Wirkungen zu äußern. Das Vermögen soll festgestellt werden, und zu dieser Feststellung gehören zwar bezüglich der obligatorischen Rechtsverhältnisse die Rechnungssaldi; sie erschöpfen dieselben aber nicht.[1])

Freilich — eine große Anzahl laufender Engagements und eventueller Verbindlichkeiten ist für die Bilanz völlig unerheblich. Die Miethe für ein Geschäftslokal, die Gehälter der Handlungsgehilfen für die Zukunft, brauchen nicht eingestellt zu werden. Hier sind Leistung und Gegenleistung präsumtiv gleichwerthig, und der Geschäftsherr braucht nur zu leisten, wenn ihm in der Zukunft die Gegenleistung gemacht wird.

Ebenso ist es regelmäßig nicht erforderlich, die weiter discontirten Wechsel in die Bilanz einzustellen; denn der Verbindlichkeit gegenüber den Nachmännern steht das Regreßrecht gegen die Vormänner gegenüber. Anders wird es schon hier, wenn etwa die Vormänner zweifelhaft oder insolvent werden, an den Geschäftsinhaber also die Gefahr tritt, aus dem Wechsel in Anspruch genommen zu werden, ohne im Regreßwege wieder zu seinem Gelde zu gelangen. So weit dies der Fall, muß der muthmaßliche Verlust als Passivum in die Bilanz kommen. Hier, wie überall, wenn schwebende Engagements oder eventuelle Verbindlichkeiten in die Bilanz einzustellen sind, ist mit Rücksicht auf die Bücher nur auf

---

[1]) So auch Didier a. a. O. S. 151, Entsch. des Reichsoberhandelsgerichts Bd. 24 S. 71.

Einer Bilanzseite der Werth des fraglichen Geschäfts auszuwerfen; und zwar ist für die Feststellung dieses Werths im vorliegenden Falle von dem Effektivbetrage der eventuellen Verbindlichkeit der muthmaßliche Eingang aus dem Wechselregreß in Abzug zu bringen.

Was die schwebenden Engagements und insbesondere die bedingten Rechtsverhältnisse anbetrifft, so werden dieselben thatsächlich auch, so weit sie einigermaßen geeignet sind, die Lage des Vermögens zu beeinflussen, in der Bilanz bewerthet. Freilich häufig in äußerlich schwer erkennbarer Form, so daß die Buchenden sich selbst vielfach nicht darüber klar sind.

§ **45**. Es sind hier insbesondere folgende Fälle hervorzuheben: Insbesondere:

1. Für Banken und Bankiers bilden die Zeitgeschäfte eine bedeutende Rolle. Der Spekulant hat nur selten Börseneffekten hinter sich; will er à la hausse spekuliren, so kauft er auf Zeit; spekulirt er à la baisse, so verkauft er auf Zeit, ohne die verkauften Effekten zu besitzen. Der Bankier, die Bank, welche in dieser Weise auf eigene Rechnung Geschäfte geschlossen haben, würden ein völlig falsches Bild ihrer Vermögenslage geben, wenn sie auf diese Zeitgeschäfte keine Rücksicht nähmen. Eine Bank, welche 100 Stück österreichische Creditaktien als ihr Eigenthum liegen hat, muß dieselben zu einem Werthe, welcher den Tageskurs nicht übersteigen darf, in die Bilanz einstellen; hat sie die Effekten aber per ultimo Januar 1886 gekauft, so sollte sie das Geschäft in der Bilanz per 31. Dezember 1885 übergehen dürfen, trotzdem der Kurs am Bilanztage vielleicht weit niedriger, als der Einkaufspreis, ist? Dann würden ja alle jene Vorschriften, welche bezüglich des Werthansatzes von Werthpapieren gegeben sind, auf die leichteste Weise illusorisch gemacht werden können. Das kann die Meinung des Gesetzgebers nicht gewesen sein. 1. Zeitgeschäfte.

Vielmehr wird die Bank bei Ziehung der Bilanz die für eigene Rechnung noch schwebenden Zeitgeschäfte einer genauen Prüfung unterziehen müssen. Für die Feststellung des Werths der Engagements sind zwei verschiedene Gesichtspunkte von Einfluß: der Kurs und die Solvenz des Gegenkontrahenten. Für den Kurs ist nicht der Cassakurs des betreffenden Werthpapiers maßgebend, sondern derjenige, welcher für Zeitgeschäfte mit dem gleichen Lieferungstermin ermittelt wird. Hat die Bank 100 Aktien per ultimo Januar 1886 gekauft, so muß für die ultimo Dezember 1885 zu ziehende Bilanz festgestellt werden, wie an diesem Tage jene Aktien bei Geschäften per ultimo Januar 1886 bezahlt wurden.[1])

Dies gilt nicht nur von festen, sondern auch von Prämiengeschäften, da auch hier festgestellt werden kann, wie viel bessere Bedingungen die Bank jetzt erzielen könnte. Auch bei Stellagegeschäften ist eine derartige Feststellung möglich, wenn auch mit Schwierigkeiten verbunden.[2])

In versteckter Weise kommt die Ansetzung der Engagements in der Bilanz auch in folgendem Fall zum Ausdruck. Nehmen wir an, eine Bank hätte 100 Aktien, welche am 31. Dezember 1885 einen Kurs von 110 haben, die Bank habe aber den gleichen Betrag Aktien zum Kurs von 120 per ultimo Januar 1886 verkauft. In solchen Fällen pflegt für die Aktien ein Kurs von 120 angesetzt zu werden. Nach dem Wortlaut des § 185a Ziff. 2 dürfen Aktien nicht höher als zum Kurse des Bilanztages eingestellt werden; nichts desto weniger werden wir jene Werthansetzung als zulässig erachten müssen. Nur müssen wir uns darüber klar sein, daß der Kurs von 120 nicht nur den Werth der Aktien, sondern zugleich den Werth des Engagements enthält.[3]) Der Realisationsverkauf kommt in dem angesetzten Werth der Aktien gleichzeitig zum Ausdruck.

Die gegentheilige Ansicht[4]) ist inkonsequent, soweit sie sonst die Berücksichtigung der schwebenden Engagements in der Bilanz zuläßt.[5])

Der aufgestellte Grundsatz ist von großer Wichtigkeit für die Bilanzirung reportirter Effekten. Müßte die Bank, welche die Effekten hereingenommen hat, den Kurs, welchen dieselben am Bilanztage haben, einsetzen, und dürfte sie nicht berücksichtigen, daß der Hereingebende die Effekten zu einem die Bank gegen jeden

---

[1]) Darüber, daß auch hier der Erwerbspreis der Höchstbetrag des Bilanzansatzes, vgl. § 77.

[2]) Mathematisch läßt sich der Kauf einer Stellage von einer Aktie nämlich auflösen in den Kauf einer Aktie mit Vorprämie und den Verkauf einer Aktie mit Rückprämie, s. James Moser, Die Lehre von den Zeitgeschäften und deren Kombination (1875) S. 31; s. auch S. 59.

[3]) Vgl. unten §§ 77, 80. Im Resultat übereinstimmend Esser, A.G. S. 148, Scheffler a. a. O. S. 40. So auch die Praxis der französischen Industriegesellschaften, Didier a. a. O. S. 141.

[4]) Ring, A.G. S. 260, v. Völderndorff S. 690 f.

[5]) v. Völderndorff S. 690.

Kursverlust schützenden Preise wieder abnehmen muß, so würde die Dividendenvertheilung der Bank von dem für sie ganz unerheblichen Kurse der reportirten Effekten am Bilanztage abhängen. Dies würde eine offensichtliche Unbilligkeit enthalten. In den Bilanzen der meisten Banken finden wir denn auch eine Scheidung zwischen „eigenen" und „reportirten"[1]) Effekten; jene sind höchstens zum Tageskurse, diese unter Berücksichtigung des Realisationsgeschäfts angesetzt.

Die vorstehenden Grundsätze müssen auch zur Anwendung kommen, wenn es sich um börsenmäßige Zeitgeschäfte in Waaren handelt, weil auch hier die Frage, ob auf dem Engagement Gewinn oder Verlust ruht, äußerlich erkennbar ist.

Bei anderen zweiseitigen Geschäften, welche erst in der Zukunft von beiden Seiten erfüllt werden, wird es Sache des vernünftigen Ermessens in jedem einzelnen Falle sein, ob Gewinn oder Verlust bereits als vorliegend angesehen werden kann.[2]) Wenn z. B. eine Zuckerfabrik auf lange Jahre hinaus verpflichtet ist, ihren Aktionären Rüben zu einem bestimmten Preise abzunehmen, so wird sie nicht am Ende eines Geschäftsjahrs, wenn der Marktpreis der Rüben ein geringerer ist, auf Jahre hinaus oder auch nur auf ein Jahr den Minderwerth unter die Passiva stellen dürfen; in solchem Fall muß vielmehr ein etwaiger Verlust diejenigen Jahre treffen, für welche die Rübenlieferung erfolgt. Dies ist schon deshalb nothwendig, weil die Rüben späterer Jahre am Bilanztage regelmäßig keinen Marktpreis oder auch nur Schätzungswerth haben werden.

§ **46**. 2. Das Statut des Aachener Hüttenaktienvereins vom 28. Dezember 1864[3]) enthält im § 36 Abs. 2 folgende Bestimmung: 2. Garantiefonds.

> Außerdem (d. h. außer den Abschreibungen) ist bei Aufstellung der Bilanz auf etwa schwebende Garantieverbindlichkeiten Rücksicht zu nehmen.

In ihrer Bilanz[4]) finden wir unter den Passivis einen Schienengarantiefonds mit der Erläuterung: Reserve für Inanspruchnahme aus Schienengarantieen.

---

[1]) Diese reportirten Effekten sind juristisch auch „eigene" Effekten der Bank. Vgl. die Entscheidungen in der Zeitschrift für das ges. Handelsrecht Bd. 26 S. 248 ff.

[2]) Zu eng Esser (S. 149), welcher alle Geschäfte, die nicht „Spekulationen, sondern dem laufenden Geschäfte dienen", unberücksichtigt lassen will.

[3]) Weinhagen, Aktiengesellschaften Anh. S. 171.

[4]) G.A. V. S. 164.

Einen gleichen Fonds zeigt die Bilanz der Rheinischen Stahlwerke, und dieser wird in dem Direktionsbericht dahin erläutert: „Die Staatsregierung verlangt Schienengarantieen, bisher für zehn, jetzt für fünf Jahre.“ [1])

Gleichartige Posten in den Bilanzpassiven finden wir bei zahlreichen industriellen Unternehmungen, z. B. der Breslauer Aktiengesellschaft für Eisenbahnwagenbau,[2]) der Stettiner Maschinenbauaktiengesellschaft Vulkan,[3]) der Hannoverschen Maschinenbauaktiengesellschaft[4]) u. a. m.

Der Grund der Einstellung dieses Passivums ist überall derselbe.

Die Gesellschaften übernehmen die Lieferung von Eisenbahnschienen, Waggons, Lokomotiven, Maschinen oder sonstigen Fabrikerzeugnissen. Sie müssen Garantie leisten, daß die Fabrikate gewisse Eigenschaften oder ihre Haltbarkeit im Allgemeinen während einer bestimmten Frist bewähren. In dem Hauptbuch wird bei der Lieferung das Fabrikationsconto für das veräußerte Fabrikat erkannt und dagegen der Abnehmer für den Preis belastet. Damit verschwindet das Geschäft als solches aus den Büchern. Nichts desto weniger bleibt für die Gesellschaft eine Verpflichtung übrig, für welche an sich im Hauptbuch sich kein Platz findet, nämlich die Garantieverbindlichkeit. Diese enthält eine bedingte Zahlungs- oder Leistungspflicht. Erfahrungsmäßig tritt sie an die Gesellschaft in gewissem Umfange stets heran, weil Fehler in der Fabrikation unvermeidlich sind. Es ist Sache der zuständigen Gesellschaftsorgane, bei Feststellung der Bilanz sorgfältig die Ansprüche zu schätzen, welche aus derartigen Garantieen effektiv erhoben werden möchten. Es wird hierbei auf allgemeine Erwägungen und auf die spezielle Natur der Fabrikationsart Rücksicht zu nehmen sein.

Daß dieser Posten „Garantiefonds“ genannt wurde, kann zu Verdunkelungen führen. Es ist daran festzuhalten, daß der sog. Garantiefonds kein Reservefonds ist.[5]) Er stellt nicht etwa einen von der Vertheilung zurückgehaltenen Gewinnbetrag, sondern eine

---

[1]) G.A. V. S. 218.

[2]) G.A. II. S. 316.

[3]) G.A. II. S. 418.

[4]) G.A. V. S. 282.

[5]) Didier a. a. O. S. 152.

Schuld dar, deren Betrag nicht definitiv feststeht, sondern von Bedingungen abhängt und deshalb einer Taxe unterworfen wird.[1])

§ **47**. 3. Das charakteristischste und materiell bedeutsamste Beispiel der Einstellung eventueller Verbindlichkeiten in die Bilanzen bieten aber die Prämienreserven der Versicherungsgesellschaften.[2]) 3. Prämienreserven.

Würden die Lebensversicherungsgesellschaften für jedes Jahr nur diejenigen Beträge als Prämie einziehen, welche nach den Erfahrungsgrundsätzen zur Deckung der Jahresausgaben erforderlich sind, so würden sich Einnahme und Ausgabe jährlich decken. Die Prämie würde aber dann im Anfang sehr gering sein, während sie zum Schluß auf eine bedeutende Summe anwachsen würde. Da ein derartiges Verfahren unpraktisch wäre, wird eine feste Mittelprämie festgesetzt. Eine solche ist mithin in den ersten Jahren größer, in den letzten kleiner als das Jahresrisiko, d. h. als diejenigen Kapitalbeträge, welche die Gesellschaft erfahrungsmäßig auszuzahlen hat. Die Verpflichtungen der Gesellschaft wachsen beständig, weil die Fälligkeit näher rückt, während die Prämienzahlungen der Gesammtheit der Versicherten kleiner werden, weil durch Tod jährlich die Anzahl der Versicherten geringer wird.[3])

Es würde nun eine falsche Darstellung der Vermögenslage gewähren, wenn etwa die Versicherungsgesellschaften nur die ausgezahlten Kapitalien in ihrer Gewinn- und Verlustrechnung zum Ansatz brächten und ihre eventuellen Verpflichtungen aus den Versicherungsverträgen in der Bilanz nicht berücksichtigten.

In der That werden diese denn auch in den Bilanzen aller sorgfältigen Versicherungsgesellschaften in ausreichender Weise in Betracht gezogen. Es wird hierfür ein Passivposten in die Bilanz gestellt, welcher, wie es in dem Jahresbericht des „Nord-

---

[1]) Garantiefonds in anderer Bedeutung: Magdeburg-Halberstädter E.G. (Saling S. 390); vgl. auch unten S. 140 Note 2.

[2]) Vgl. zum folgenden Predöhl in der Zeitschrift für das ges. Handelsrecht Bd. 22 S. 442 ff., Goldschmidt eod. l. Bd. 23 S. 179 ff., Hinrichs eod. l. Bd. 20 S. 339 ff., Köhne eod. l. Bd. 31 S. 537; Elster, Die Lebensversicherung in Deutschland (1880); Friedrich Fick, Der juristische Charakter des Lebensversicherungsvertrags (1884); König in Endemanns Handbuch des Handelsrechts III. S. 824 f.; Albert Chaufton, Les assurances, leur passé, leur présent, leur souvenir (Paris 1884).

[3]) Chaufton S. 115.

stern", Lebensversicherungs-Aktiengesellschaft zu Berlin, heißt,[1] „statutgemäß mindestens der Differenz zwischen dem für die Gegenwart reduzirten Werth der versicherten Kapitalien und Renten und dem gleichzeitigen Erwartungswerthe der von den Versicherten noch zu leistenden Netto-Prämie gleichkommen muß." Dieser Passivposten stellt also nichts anderes dar als die Schuld der Versicherungsgesellschaft aus den Versicherungsverträgen, auf Grundlage der Sterblichkeitstabellen und des muthmaßlichen Erträgnisses der Anlagen mathematisch berechnet.[2]

Dieser Passivposten wird in der Praxis der Versicherungsgesellschaften Prämienreserve genannt.[3]

Der Name ist überaus unglücklich gewählt. Er erweckt den Anschein, als stelle er einen Reservefonds dar, d. h. eine Kapitalrücklage aus dem Gewinn. Dies ist aber keineswegs der Fall. Erst wenn die Verpflichtungen aus den Policen in die Bilanz richtig eingestellt und bewerthet sind und unter Berücksichtigung dieser effektiven Schuld läßt sich der Reingewinn festsetzen. Sind zur Deckung der Prämienreserve nicht genügende Aktiva vorhanden, so ist die Gesellschaft überschuldet und es muß der Konkurs beantragt werden.[4] In die Passiva gehört er nicht, weil er ein Reservefonds ist,[5] sondern weil er eine Schuld darstellt.[6]

---

[1] G.A. II. S. 498.

[2] „Net liabilities" heißt sie daher auch bei den englischen Versicherungsgesellschaften. Vgl. Accounts of the Clerical Medical and General Life Assurance Society von 1881 sch. 7.

[3] Vgl. die Bilanzen des Nordstern (G.A. II. S. 494), der Frankfurter Lebensversicherungsgesellschaft (G.A. II. S. 432), Preußische Nationalversicherungsgesellschaft (G.A. II. S. 501), Preußische Lebensversicherungsaktiengesellschaft (G.A. II. S. 504) u. a. m.

[4] Art. 240. Vgl. Entsch. des Oberappellationsgerichts Lübeck vom 30. Juni 1865 in der Zeitschrift für das ges. Handelsrecht XI. S. 599, Hinrichs a. a. O. S. 359.

[5] Hierüber ist zweifelhaft Hinrichs a. a. O. S. 351 Note 13.

[6] Mit Rücksicht auf die Bilanz ist für die Berechnung der Jahresprämie sowohl die ältere, als auch die Zillmer'sche Methode zulässig (vgl. über beide Elster a. a. O. S. 55). Bei der ersteren werden die Abschlußkosten (Provisionen, ärztliche Honorare u. dgl.) sofort bei Abschluß der Versicherung gezahlt, bei der letzteren werden dieselben ratenweise in oder neben der Prämie erhoben. Nur ist selbstverständlich bei Berechnung der Prämienreserve erheblich, welche Methode gewählt ist.

Der Name „Prämienreserve“ war aber auch der Erkenntniß der rechtlichen Natur dieses Postens nicht förderlich. Man hat insbesondere darüber gestritten, ob die Prämienreserven Aktiva oder Passiva der Gesellschaft bilden.[1]) Die erstere Behauptung involvirt zunächst eine Vermischung des wirthschaftlichen Begriffs der Reserve und des bilanzmäßigen. Das wirthschaftliche Kapital ist das Eigenthum der Gesellschaft; in der Bilanz erscheint das Kapitalconto im Passivum; ebenso erscheint die Prämienreserve nur im Passivum, wenn auch die zu ihrer Deckung erforderlichen Güter in das Aktivum gehören. Sind derartige Güter nicht vorhanden und ist die Gesellschaft insolvent, so muß trotzdem die Prämienreserve vollständig im Passivum stehen.

Nur wenn die zur Deckung der Kapitalconten und der Schulden der Gesellschaft erforderlichen Aktiva vorhanden sind, kann ein Reingewinn beginnen. Wenn aber zu den Schulden Verbindlichkeiten aus Versicherungsverträgen gehören, deren aktueller Werthansatz unter dem Namen Prämienreserve geschieht, so muß selbstredend auch für diese Schuld ein entsprechendes Aktivum vorhanden sein, bevor eine Dividendenvertheilung stattfinden kann. Es ist dies mithin durchaus nichts der Lebensversicherung Eigenthümliches; die zur Deckung jener Schuld nothwendigen Aktiva haben keinerlei Charakteristisches; sie können von dem sonstigen Vermögen der Gesellschaft nicht gesondert betrachtet werden.

Die Prämienreserve ergiebt sich vielmehr aus der allgemeinen Methode der Bilanz über den Ansatz eventueller Verbindlichkeiten, und es ist ihr nur die durch das Versicherungsgeschäft bedingte Art der Berechnung der Schuld eigenthümlich.

Wenn die Gesellschaft eine einzelne „Police“ für den „Betrag der Prämienreserve zurückkauft“, so ist dies kein Kaufgeschäft, sondern die vorzeitige Zahlung einer Verbindlichkeit.

§ **48**. Bezahlte Forderungen und Schulden gehören prinzipiell nicht mehr in die Bilanz, weil sie eben keine Forderungen und Schulden mehr darstellen. Bezahlte Forderungen und Schulden.

Von diesem natürlichen Grundsatz finden wir in den Bilanzen

---

[1]) Für ersteres König a. a. O. S. 825, Hinrichs a. a. O. S. 351, für letzteres Predöhl a. a. O. S. 459.

vielfach Abweichungen bei einer bestimmten Art von Schulden, nämlich bei den sogenannten amortisirbaren Verbindlichkeiten.

Man versteht hierunter solche Schulden, welche vertraglich allmählich durch regelmäßige Zahlungen getilgt werden sollen. Die Rückzahlung erfolgt meist auf Grund gleichmäßiger Annuitäten, d. h. es wird alljährlich eine bestimmte Summe unter Zuschlag der durch die bisher amortisirten Beträge ersparten Zinsen zur Amortisation verwandt.[1])

Derartige amortisirbare Schulden lassen sich in zwei verschiedene Kategorien theilen, je nachdem dieselben einheitliche oder in Theilschulden zerlegte sind.

Die erstere Art finden wir insbesondere bei den von den Hypothekarcreditinstituten gewährten amortisirbaren Hypotheken und Grundschulden, die letztere bei den öffentlichen Theilschuldverschreibungen (Obligationen, Partialobligationen, Prioritäten), welche von Eisenbahnen, sonstigen industriellen Etablissements und Hypothekenbanken ausgestellt werden. Bei Theilschuldverschreibungen findet die Amortisation nicht durch jährliche Rückzahlung auf dieselben sondern durch Ausloosung und Rückzahlung einzelner Stücke statt.

insbesondere amortisirte Obligationen

Es ist nun zunächst einleuchtend, daß die Rückzahlung durch Amortisation rechtlich in keiner Weise von jeder anderen Rückzahlung abweicht. Auch buchmäßig können wir keinen Unterschied finden; jede Rückzahlung ist auf dem betreffenden Conto zu buchen.

Trotzdem finden wir bei fast sämmtlichen deutschen Eisenbahngesellschaften[2]) die amortisirten Obligationen als besonderen Passivposten weiter in der Bilanz figuriren.[3]) Von den industriellen Gesellschaften führt ein Theil die amortisirten Anleihebeträge gleichfalls als Passivum weiter[4]), andere lassen dieselben aus der Bilanz verschwinden, indem sie entweder nur den nicht amortisirten Theil

[1]) Vgl. z. B. Nachtragsstatut der Breslau-Schweidnitz-Freiburger Eisenbahn vom 16. Februar 1844 § 4 (G.S. S. 62).

[2]) Ausgenommen Aachen-Mastricht (Saling S. 272), Rhein-Nahebahn (l. c. S. 10).

[3]) Berlin-Görlitzer E.B. (Saling l. c. S. 66), Berlin-Hamburger E.B.G. (l. c. S. 72) 2c.

[4]) Hänichener Steinkohlen-Bauverein (G.A. V. S. 211), Stuttgarter Pferdebahn (G.A. II. S. 317).

der Anleihe in das Passivum stellen[1]) oder zwar die ganze ursprüngliche Anleihe in der Bilanz belassen, aber den Amortisationsbetrag als relatives Bewerthungsconto in die Aktiva bringen.[2])

Das Passivum, welches unter dem Namen „amortisirte Obligationen" figurirt, ist keine Schuld und kann unter diesem Gesichtspunkt nicht gerechtfertigt werden. Wenn Beträge, welche keine Schuld — und auch kein Bewerthungsconto — darstellen, in die Bilanzpassiva gesetzt werden, so stellen dieselbe eine Gewinnrücklage, d. h. also einen Reservefonds dar. Es ist daher jedenfalls nicht korrekt, wenn der Posten „amortisirte Obligationen" genannt wird, weil dadurch die wahre Bedeutung desselben verschleiert wird[3]); es ist ferner nicht sachgemäß, wenn in der Eisenbahnuntersuchungs-Kommission geäußert worden ist, die amortisirten Obligationen stellten eine Abschreibung dar[4]), denn die Bezahlung der Obligationen erfolgt aus den Betriebsüberschüssen und die Höhe der amortisirten Obligationen ist von der für die Abschreibungen maßgebenden Abnutzung der Anlagen in keiner Weise abhängig.[5])

Man hat in Frankreich, wo die Einstellung der amortisirten Obligationen in das Passivum bei allen industriellen Gesellschaften üblich ist, dieselbe aus praktischen Gründen zu rechtfertigen versucht.[6]) Man kalkulirte: eine Gesellschaft, welche den gesammten für ihre Aktien und Obligationen erlösten Betrag in ihren Anlagen festgelegt hat, kann Obligationen nur aus dem Reingewinn tilgen, wenn sie finanziell bestehen soll.

Wenn eine solche Gesellschaft in einem Jahr 10 000 *M*

---

[1]) Braunschweiger Aktiengesellschaft für Jute- und Flachsindustrie (G.A. V. S. 508).

[2]) Aktienbrauerei Friedrichshain (Hypothekenablösungsconto G.A. V. S. 211), Allg. Berliner Omnibusaktiengesellschaft (Amortisationsconto G.A. I. S. 417).

[3]) Zutreffender heißt es in der Bilanz der Altona-Kieler Eisenbahn (Saling S. 20): „Erworben durch Tilgung von Prioritätsobligationen".

[4]) Prot. S. 1788.

[5]) Zweifelhaften Werthes erscheinen daher auch in der Bilanz der Hessischen Ludwigsbahn (Saling S. 146) der Passivposten: Amortisationsconto der Bahnbauconti aus zurückgezahlten Obligationen.

[6]) Für den Posten finden sich die Bezeichnungen obligations remboursées, réconstitution du capital de l'emprunt, réserve concernant l'emprunt, amortissement de l'emprunt; vgl. hierzu und zum Folgenden Didier im Journal des sociétés VI. p. 148 s.

netto verdient hat und 4000 *M.* Obligationen amortisiren soll, so kann sie nicht 10 000 *M.* Dividende vertheilen, wenn sie nicht eine neue Schuld von 4000 *M.* aufnimmt. Will sie aber verhindern, neue Schulden aufnehmen zu müssen, so muß sie die amortisirte Schuld weiter in ihren Passivis figuriren lassen, beziehungsweise einen Reservefonds in dieser Höhe einstellen.

Derartige Erwägungen mögen finanziell richtig sein — bei der Aufstellung der Bilanz sind sie an sich nicht maßgebend. Müssen wir den amortisirten Obligationen den Charakter einer Schuld absprechen und dieselben vielmehr da, wo wir sie in der Bilanz finden, als Reservefonds ansehen[1]), so ergiebt sich zugleich, daß dieselben nur insoweit fortdauernd in die Bilanz eingestellt werden dürfen, als die Einstellung eines Reservefonds überhaupt oder speziell für diesen Zweck gesetzlich oder statutarisch geboten oder zulässig ist. Eine derartige gesetzliche Vorschrift besteht z. B. für die Schweizerischen Eisenbahnen.[2])

Daß in der preußischen Steuergesetzgebung[3]) die für die Amortisation der Obligationen erforderlichen Beträge als Jahresausgaben angesehen werden, vor deren Berichtigung ein Reinertrag nicht als vorhanden anzusehen ist, kann für die civilrechtliche Beurtheilung der Frage nicht für entscheidend erachtet werden. Wohl aber ist es von Erheblichkeit, wenn in den Statuten oder in den zu einer Ausgabe von Obligationen ermächtigenden staatlichen Privilegien angeordnet wird, daß die Amortisation von Obligationen aus dem Ertrage des Eisenbahnunternehmens geschehen soll. So bestimmt z. B. das der Berlin-Frankfurter Eisenbahngesellschaft ertheilte Privilegium vom 26. August 1842[4]) § 4:

---

[1]) Unter amortisirten Obligationen werden in diesem § nur die zur Rückzahlung gelangten verstanden. In manchen Bilanzen, z. B. der Aktienbrauerei zum Bergkeller in Radeberg (G.A. I. S. 30) findet sich ein Anleiheamortisationsconto, welches die ausgeloosten, aber noch nicht zur Rückzahlung gelangten Obligationen enthält. Dies sind selbstredend wahre Schulden.

[2]) Das Bilanzschema in der Verordnung des Schweizerischen Bundesraths vom 25. November 1884 (Amtl. Sammlung N. F. VII. S. 739) enthält im Passivum den Posten „Amortisirtes Kapital“.

[3]) Ges. vom 30. Mai 1853 § 2 (G.S. S. 449); Ges. vom 17. März 1867 (G.S. S. 465); Ges. vom 27. Juli 1885 § 4 (G.S. S. 327). In dem erstgedachten Gesetz wird bei Berechnung des Jahresgewinns auch der Beitrag für den Reservefonds in Abzug gebracht.

[4]) G.S. S. 301.

Die Prioritätsaktien (es waren dies in Wahrheit Obligationen) unterliegen der Amortisation, wozu alljährlich die Summe von 3000 Thalern, unter Zuschlag der durch die eingelösten Prioritätsaktien ersparten Zinsen, aus dem Ertrage des Eisenbahnunternehmens verwendet wird.[1])

In dem Nachtragsstatut der Breslau-Schweidnitz-Freiburger Eisenbahngesellschaft vom 16. Februar 1844[2]) heißt es:

Die Prioritätsaktien (auch diese waren in Wirklichkeit Obligationen) unterliegen der Amortisation, wozu alljährlich die Summe von 2000 Thalern, unter Zuschlag der durch die eingelösten Prioritätsaktien ersparten Zinsen, aus dem Ertrage des Eisenbahnunternehmens verwendet wird.

In § 16 der Statuten der Köln-Mindener Eisenbahngesellschaft vom 18. Dezember 1843[3]) ist ausdrücklich bestimmt, daß vor Berichtigung der Amortisation ein Reinertrag der Gesellschaft nicht vorhanden sei.

Durch derartige Bestimmungen werden die sonst geltenden Grundsätze über die Verwendung des Reingewinns aus augenscheinlich finanziellen Motiven abgeändert. Bezahlung von Schulden ist für die Gewinnvertheilung sonst unerheblich. Wenn aber der Zweck einer derartigen Bestimmung erreicht werden soll, so muß der Betrag der amortisirten Obligationen auch fernerhin als Passivum in den Bilanzen figuriren; denn wenn dies nicht geschähe, so würde eben dieser Betrag als Gewinn unter die Aktionäre zur Vertheilung gelangen, während jene Statuten und Privilegien gerade beabsichtigen, den Betrag der Amortisationen aus den Gewinnen zu entnehmen und die für die Dividendenzahlung bestimmte Summe um jenen Betrag zu schmälern. Darüber aber müssen wir uns klar bleiben, daß jener Betrag eine aus dem Gewinn der Gesellschaft herrührende, nur von der Vertheilung zurückgehaltene Summe darstellt und daher als Reservefonds zu betrachten ist.[4])

---

[1]) Aehnliche Bestimmungen in zahlreichen Privilegien, z. B. der Oberschlesischen E.G. vom 7. März 1843 (G.S. S. 171).

[2]) G.S. S. 62.

[3]) G.S. S. 25. Entsprechende Bestimmungen auch regelmäßig in den Statuten österreichischer Eisenbahngesellschaften, z. B. der Oesterr. Nordwestbahn § 49, der Mährisch-Schlesischen Centralbahn § 34, der Lemberg-Czernowitzer Eisenbahn § 51 (Pollanetz und Wittek, Oesterr. Eisenbahngesetzsammlung V. S. 609, 639, 171).

[4]) Die Breslau-Schweidnitz-Freiburger E.G. stellte die amortisirten Obligationen nicht mehr in die Passiva, wußte aber augenscheinlich nicht, was

Wo aber derartige spezielle Vorschriften, wie wir sie bei den erwähnten Eisenbahngesellschaften beobachtet haben, nicht vorliegen, greift der allgemeine Grundsatz durch, daß ein Reservefonds nur insoweit gebildet werden darf, als dies gesetzlich oder statutarisch zulässig ist. Wenn nach den Statuten die Generalversammlung befugt ist, nach freiem Ermessen die Dividende festzusetzen, so kann sie aus dem Gewinn beliebige Summen, also auch den Amortisationen gleichkommende Beträge, von der Dividendenvertheilung ausschließen. Muß aber der Reingewinn mit Ausnahme bestimmt fixirter Rücklagen als Dividende unter die Aktionäre vertheilt werden, so darf der Betrag der Amortisation, so wenig wie irgend ein anderer Reservefonds, unter die Passiva gestellt werden.

Während in den Statuten und Privilegien der Eisenbahngesellschaften sich gewöhnlich Bestimmungen finden, nach denen die Amortisationen aus dem Gewinn zu entnehmen sind, fehlte es in den von uns durchgesehenen Statuten sonstiger industrieller Gesellschaften an einer entsprechenden Vorschrift. Thatsächlich wird daher regelmäßig bei Eisenbahngesellschaften ein Reservefonds in Höhe der amortisirten Obligationen zu bilden sein, bei anderen industriellen Gesellschaften aber nicht.

Wünschenswerth ist aber, daß die der Amortisation der Obligationen gleichkommende Gewinnrücklage, auch wo sie zulässig ist, ihrer rechtlichen Natur entsprechend Reservefonds benannt werde.

Völlig ausgeschlossen ist die Einstellung eines solchen Passivpostens bei anderen als industriellen Gesellschaften; denn das finanzielle Motiv, welches bei den letzteren vorlag, fällt bei anderen Gesellschaften fort; insbesondere führen die Hypothekenbanken ihre amortisirten Pfandbriefe nicht weiter in den Passivis auf; finden doch diese Amortisationen in den Rückzahlungen, welche die Hypothekenschuldner der Bank leisten, ihre finanzielle Deckung.[1])

---

sie mit dem Ueberschuß anfangen sollte. „Mithin Ueberschuß der Aktiva über die Passiva 3 371 800 M, repräsentirend den Kapitalbetrag der bis ultimo 1877 amortisirten Prioritätsobligationen und Aktien." Vgl. Schüler in der Zeitung des Vereins deutscher Eisenbahnverwaltungen Bd. 19 S. 105).

[1]) Unzulässig ist ferner, eigene, noch nicht begebene Obligationen im Aktivum und Passivum zu führen, da dieselben weder eine Forderung noch eine Schuld darstellen. Anders die Bilanzen vieler Eisenbahngesellschaften, z. B. Hessische Ludwigsbahn (Saling S. 146), Posen-Kreuzburger (Saling S. 262).

III. Die Kapitalconten.

a) Das Aktienkapitalconto.

§ **49**. Das Kapitalconto der Kommanditgesellschaften auf Aktien zerfällt, sofern die persönlich haftenden Gesellschafter Einlagen außerhalb des Kommanditkapitals machen, in zwei Theile, das Conto der persönlich haftenden Gesellschafter und das Aktienkapitalconto. Allgemeines.

Das erstere ist ein veränderliches wie das Kapitalconto bei der offenen Handelsgesellschaft. Es wird durch Verluste derart vermindert, daß eine Gewinnvertheilung an die persönlich haftenden Gesellschafter auch eintreten kann, so lange ihr Antheil die ursprüngliche Höhe nicht wieder erreicht hat; auch sind ihnen 4 % Zinsen auf die Einlage wie bei der einfachen Kommanditgesellschaft gutzuschreiben.[1])

Bezüglich des Aktienkapitalcontos gelten dagegen einheitliche Grundsätze für beide Arten der Aktienvereine.

Nach Art. 185a Ziff. 5, 239b soll stets der „Betrag des Gesammtkapitals der Kommanditisten", beziehungsweise des Grundkapitals unter die Passiva aufgenommen werden.

Nach Art. 173, 173a, 207, 207a des Aktiengesetzes ergiebt sich der Betrag des Gesammt-, resp. Grundkapitals aus der Summe der Nominalbeträge sämmtlicher Aktien.

Ist ein Theil der Aktien unter dem Parikurs emittirt worden — was früher bei Kapitalserhöhung für zulässig erachtet wurde,[2]) nach dem neuen Aktiengesetz allerdings nicht mehr angängig ist (Art. 175a Abs. 2, 209a Abs. 2) —, so muß trotzdem das nominelle Kapital in den Passivis figuriren, und es kann daher eine Dividende nicht vertheilt werden, bevor das Disagio gedeckt ist. Wenn das Reichsoberhandelsgericht in der unten angeführten Entscheidung diese Deckung in der Weise gestattet hat, daß das Disagio zu den Finanzirungskosten einer aus dem Erlöse der Aktien hergestellten Anlage gezählt wird, so liegt der Grund in der von dem Unterpari-emission.

---

[1]) Vgl. Renaud, Das Recht der Kommanditgesellschaften (1881) S. 310 ff., 763; auch oben S. 48 Note 1. Ein Kapitalconto der Komplementare findet sich z. B. bei Grimme, Natalis & Co. Komm.Ges. a. A. zu Braunschweig (S.A. II. S. 432).

[2]) Entsch. des Reichsoberhandelsgerichts Bd. 25 S. 324.

R.O.H.G. aufgestellten Ansicht über die Bewerthung der Anlage und modifizirt nicht das Prinzip der Passivität des Nominal-Kapitals.

Fehlende Ein-zahlungen.

Sind die Aktien noch nicht voll eingezahlt worden, so setzt die Praxis theils den vollen Nominalbetrag in das Passivum und die fehlenden Einzahlungen in das Aktivum, theils setzt sie nur den Betrag der bereits geleisteten Einzahlungen in das Passivum. Die letztere in der Litteratur vielfach gebilligte Ansicht[1]) kann nicht für zutreffend erachtet werden.[2]) Zwei Gründe stehen entgegen. Zunächst der Wortlaut des Art. 185a Ziff. 5, nach welchem der **Betrag** des Grund- resp. Gesammtkapitals, nicht der eingezahlte Betrag in die Passiva eingestellt werden soll. Dann aber der Umstand, daß die fehlenden Einzahlungen Forderungen der Gesellschaft darstellen und daß diese Forderungen, wie alle anderen, nach Art. 29 H.G.B. in der Bilanz auftreten müssen. Die Einstellung dieser Forderungen ist nach zwei Richtungen von Wichtigkeit. Erstlich verschiebt sich das Bild der Vermögenslage, wenn die fehlenden Einzahlungen nicht in der Bilanz figuriren. Hat eine mit einem Aktienkapital von 100 000 *M.* ausgestattete Aktiengesellschaft, auf welches 40 % eingezahlt sind, einen Jahresverlust von 41 000 *M.*, so würde sie nach der Bilanz überschuldet erscheinen, während sie thatsächlich in den ausstehenden Einzahlungen noch ein zur Deckung des Verlusts hinreichendes Vermögensstück besitzt. Auf der anderen Seite ist nothwendig, daß die fehlenden Einzahlungen, wie alle anderen Forderungen, gemäß Art. 31 H.G.B. einer Abschätzung unterworfen werden müssen. Durch die Nothwendigkeit dieser Abschätzung tritt keineswegs „ein geradezu unmögliches Schwanken der Bilanzwerthe“[3]) ein. Denn bei der Abschätzung ist nicht nur auf die Vermögenslage des der-

---

[1]) Vgl. namentlich **Ring** in **Buschs** Archiv Bd. 45 S. 405 f. und Aktiengesetz S. 269; an letzterer Stelle auch die Literatur über die Streitfrage. — **Hafner** (Schweizerisches Obligationenrecht S. 211) erachtet auch für das Schweizer Recht beide Buchungsarten als zulässig. Nach dem österreichischen Entwurf von 1882 (Beil. zu den stenographischen Protokollen IX. Seff. S. 616) Art. 185a Z. 4 sollen in die Passiva die Einlagen nur insoweit aufgenommen werden, als die Einzahlung zur Zeit der Aufstellung der Bilanz bereits erfolgt oder doch fällig ist.

[2]) So insbesondere **Thöl**, Handelsrecht § 162 Z. 3.

[3]) **Ring**, Aktiengesetz S. 269.

zeitigen Aktionärs und der sonstigen nach Art. 184b des Aktiengesetzes haftenden Persönlichkeiten Rücksicht zu nehmen, sondern in erster Reihe auf die Vermögenslage der Gesellschaft. Ist diese potent, so können die fehlenden Einzahlungen selbst solcher Aktionäre, welche sich in schlechtesten Verhältnissen befinden, voll aufgenommen werden; denn wenn die Einzahlung nicht erfolgt, hat die Gesellschaft das Recht, die Aktie für Rechnung des Aktionärs nach Maßgabe des Art. 184a zu verkaufen, und es ist mit Gewißheit darauf zu rechnen, daß bei einem derartigen Verkauf der Aktie einer solventen Gesellschaft zum mindesten der Betrag der fehlenden Einzahlung aus der Aktie erlöst wird. Befindet sich die Gesellschaft aber im Vermögensverfall, so muß sie allerdings die Zahlungsfähigkeit der für die fehlenden Einzahlungen haftbaren Personen in Betracht ziehen. Sind diese die fragliche Einzahlung zu leisten nicht vermögend und kann auch nicht angenommen werden, daß die Gesellschaft durch den Verkauf der Aktien für Rechnung des Säumigen den Betrag einbringen wird, so muß die Höhe des vermuthlichen Ausfalles in der Bilanz zum Ausdruck gebracht werden. Jede andere Auffassung würde zu einer unwahren und daher — ganz abgesehen von den Spezialvorschriften — nach den Grundbegriffen der Bilanz unzulässigen Bilanzirung führen.[1])

Bei manchen Aktiengesellschaften finden wir auf der Aktivseite einen Posten „unbegebene Aktien".[2]) Dies erscheint unzulässig. Unbegebene Aktien stellen kein Vermögensstück der Gesellschaft dar. Aktienurkunden über dieselben sind, da ein Begebungsvertrag bezüglich derselben noch nicht stattgefunden, u. E. ungiltige Urkunden.[3]) — Vor Allem aber wird das Grund-(Gesammt-)Kapital unrichtig angegeben, wenn zu demselben auch unbegebene Aktien gezählt werden. Das deutsche Aktienrecht ist von dem Grundsatz des festen Grundkapitals beherrscht. Der Aktienverein kann nur dann in das Leben treten, wenn das gesammte statutenmäßige Erhöhung des Aktienkapitals.

---

[1]) Unzulässig ist es daher auch, die fehlenden Einzahlungen als stabilen, d. h. unabänderlichen Aktivposten einzustellen. So Primker in Endemanns Handbuch I. S. 621, Ring, Aktiengesetz S. 269.

[2]) Hessische Ludwigsbahn (Saling S. 146), Thüringer Eisenbahngesellschaft (Saling S. 306), Rheinische Stahlwerke (G.A. V. S. 208); so auch in der französischen Buchhaltung actions à émettre Courcelle-Seneuil p. 114.

[3]) Die Frage ist bekanntlich sehr bestritten. Literatur bei Dernburg, Preußisches Privatrecht II. § 12 Note 12.

Aktienkapital gezeichnet — also begeben — ist (Art. 176 Ziff. 2, 210 Ziff. 2). Bei einer Erhöhung des Kapitals scheidet aber das Gesetz[1]) streng zwischen Erhöhungsbeschluß und der Erhöhung selbst (Art. 180h, 180i, 215a, 215b Abs. 3, 215c Abs. 3). Der Beschluß ist einseitiger Willensakt der Gesellschaft; eine Erhöhung des Kapitals tritt erst durch die Zeichnung der Aktien und die Annahme derselben durch die Gesellschaft ein. Deshalb darf auch, bevor diese geschehen ist, in der Bilanz nicht der Erhöhungsbetrag als Kapital im Passivum aufgeführt werden.

Herabminderung desselben.

Eine theilweise Zurückzahlung oder eine Herabsetzung des Grund- resp. Gesammtkapitals (Art. 203, 248) ist auch in der Bilanz durch Herabsetzung des Aktienkapitalcontos zum Ausdruck zu bringen, selbstverständlich auch hier erst dann, wenn die Rückzahlung oder Herabsetzung thatsächlich erfolgt ist. Voraussetzung ist ferner, daß die gesetzlichen Normativvorschriften für die Rückzahlung oder Herabsetzung beobachtet sind.

Amortisation der Aktien.

§ **50.** Dasselbe gilt, wenn eine Amortisation von Aktien unter Innehaltung der für die Zurückzahlung oder Herabsetzung des Grundkapitals maßgeblichen Vorschriften stattgefunden hat (Art. 203, 215d Abs. 2).[2])

Anders aber, wenn eine Aktienamortisation ohne Beobachtung dieser Vorschriften stattfindet. Es ist dies — unter der Voraussetzung, daß es durch das Statut oder einen vor Ausgabe der betreffenden Aktien gefaßten Beschluß (Vertrag) zugelassen ist — zwar gestattet, aber nur insofern diese Amortisation aus dem nach der jährlichen Bilanz sich ergebenden Reingewinn möglich ist (Art. 203 Abs. 2, 215d Abs. 2).

Wir haben bereits oben (§ 48) bezüglich der Obligationen beobachtet, daß, sofern deren Amortisation aus dem Reingewinn stattfinden soll, ein der Summe der amortisirten Obligationen gleichkommender Betrag auch fernerhin in den Passivis figuriren

---

[1]) Im Anschluß an bereits früher vertretene Rechtsansichten; vgl. Ring, Aktiengesetz S. 187.

[2]) Entsch. des Reichsoberhandelsgerichts Bd. 18 S. 426. Daher stellte z. B. die Schlesische Immobilienaktiengesellschaft eigene zum Zweck der Amortisation angekaufte Aktien vor deren thatsächlicher Vernichtung zum Erwerbspreis in die Bilanz (G.A. II. S. 296).

muß, wenn dieser Betrag auch nicht als Schuld, sondern als ein Reservefonds der Gesellschaft anzusehen ist.

Dasselbe gilt auch bezüglich derjenigen Aktien, welche nur aus dem Reingewinn amortisirt werden dürfen. Jede andere Buchungsweise würde die Absicht des Gesetzes geradezu illusorisch machen.

Nehmen wir an, eine Gesellschaft, welche ein Kapital von 100 000 ℳ hat und jährlich 5000 ℳ Aktien — vor jeder Dividendenvertheilung — amortisiren soll, hätte im ersten Jahr nur 5000 ℳ Reingewinn erzielt. Die erste Bilanz müßte dann lauten:[1])

Aktiva.		**Passiva.**	
Diverse Aktiva	105 000	Aktienkapitalconto	100 000
		Reingewinn	5 000
	105 000		105 000

Diese 5000 ℳ müßten zur Amortisation von 5000 ℳ Aktien verwandt werden. Würde die Gesellschaft im zweiten Jahre ohne Gewinn und Verlust arbeiten, so daß also die Aktiva 100 000 ℳ ausmachen, so müßte, wenn das Aktienkapitalconto nur nach seinem effektiven Bestande in die Passiva gestellt würde, dieses Conto auf 95 000 ℳ beziffert werden, und es müßte, da die Differenz zwischen Aktivis und Passivis den Reingewinn darstellt, der Betrag von 5000 ℳ als Reingewinn in der Bilanz figuriren, trotzdem im Geschäftsbetrieb thatsächlich ein Gewinn nicht erzielt ist. Die Bilanz würde lauten:

Aktiva.		**Passiva.**	
Diverse Aktiva	100 000	Aktienkapital	95 000
		Reingewinn	5 000
	100 000		100 000

Es würde mithin, trotzdem in dem ersten Jahre die Amortisation nur aus dem Reingewinn entnommen ist, in der Bilanz des zweiten Jahres ein Reingewinn als vorhanden erscheinen, während thatsächlich ein solcher nicht erzielt ist.

Das wollte das Gesetz aber gerade vermeiden. Und deshalb muß, um die materielle Absicht des Gesetzes zu erreichen, der Betrag

[1]) Die gesetzlich nothwendige Einstellung eines Reservefonds mag hier außer Betracht bleiben.

der aus dem Reingewinn amortisirten Aktien auch fernerhin in der Passivseite der Bilanz figuriren. Aktienkapital stellen diese amortisirten Aktien, selbst wenn für dieselben sog. Genußscheine gewährt sind [1]), nicht mehr dar. Sie bilden, wenn wir den Effektivbestand des Aktienkapitals in das Auge fassen, daher eine Kapitalrücklage der Gesellschaft; diese schließt eine dem Betrage der amortisirten Aktien gleichkommende Summe des Reingewinns von künftigen Dividendenvertheilungen aus. Diese Summe stellt mithin gleichfalls einen Reservefonds dar und es würde korrekt sein, denselben ausdrücklich als „Reservefonds für amortisirte Aktien" zu bezeichnen und nur den Nominalbetrag der effektiv im Umlauf befindlichen Aktien als Aktienkapital fernerhin zu buchen. In der Praxis findet sich hierfür vielfach der Ausdruck „Amortisationsfonds" [2]); doch ist dieser Ausdruck wegen seiner Vieldeutigkeit zu vermeiden. [3]) Wo Aktien aus dem Reingewinn amortisirt werden, ist jener Betrag ein gesetzlich nothwendiger Reservefonds.

Zu beachten ist, daß bei einigen Gesellschaften eine „Amortisation" der Aktien durch den Staat eintritt. [4]) In diesem Fall bleiben die Aktienrechte bestehen, der Staat hat nur das Ankaufrecht der Aktien und tritt in die Rechte der betreffenden Aktionäre. Die Höhe des Aktienkapitals wird durch eine derartige sog. Amortisation in keiner Weise berührt.

Zuzahlung auf Aktien.

§ **51**. In neuerer Zeit haben Gesellschaften, welche in Vermögensverfall geriethen, sich wiederholt in folgender Weise Betriebsmittel verschafft.

Sie beschlossen die Schaffung von Prioritätsaktien in der Weise, daß die alten Aktionäre gegen Zuzahlung einer gewissen Summe gewisse Vorrechte bei der Gewinnvertheilung und der Auflösung der Gesellschaften haben sollten, ohne daß der Nominalbetrag der

---

[1]) Vgl. Keyßner, Aktiengesellschaften S. 291, Renaud, Aktiengesellschaften S. 760, Lyon-Caen u. Renault, Droit commercial I. p. 184.

[2]) Vgl. Renaud S. 760 f., Lyon-Caen u. Renault I. p. 265.

[3]) Ueber andere Bedeutungen des Amortisationsfonds vgl. Renaud S. 761 Note 32 und oben S. 78.

[4]) Vgl. Nachtragsstatut der Oberschles. Eisenbahngesellschaft (G.S. 1843 S. 311); Statuten der Aktiengesellschaft Zollvereinsniederlage Hamburg §§ 29, 30, 31; Molle, Die Lehre von den Aktiengesellschaften S. 48 f.

Aktien geändert wurde.[1]) Durch diese Manipulation wird das Aktienkapitalconto nicht erhöht. Die Neueinzahlung stellt vielmehr in den Büchern lediglich einen Gewinn der Gesellschaft dar, welcher als solcher in der Gewinn- und Verlustrechnung auftreten muß. Aber als Dividende wird dieser Gewinn nicht vertheilt werden dürfen. Eine von dem Aktionär über den Nominalbetrag der Aktie hinaus geleistete Einzahlung muß zwar nach dem Wortlaut der Art. 185a, 239b nur dann dem Reservefonds zufließen, wenn der Gewinn bei Errichtung der Aktiengesellschaft oder Erhöhung des Aktienkapitals erzielt wird. Es wird aber dem Sinn des Gesetzes und der Absicht der Kontrahenten entsprechen, wenn man auch den bei derartigen nachträglichen, den Nominalbetrag der Aktien übersteigenden Einzahlungen erzielten Gewinn als nicht vertheilbar betrachtet.

b) Reservefonds.

§ **52**. Es ist bereits oben (§ 24) dargelegt, daß der Reservefonds seiner rechtlichen Natur nach ein Kapitalfonds ist und daß derselbe eine Vermehrung des nominellen Aktienkapitalfonds darstellt.[2]) Echte und unechte Reservefonds.

Wir haben im Laufe der Darstellung schon wiederholt Gelegenheit gehabt, darauf hinzuweisen, daß in der Praxis vielfach Passivposten als Reservefonds bezeichnet werden, trotzdem sie thatsächlich einen solchen nicht darstellen. Diese irrthümlich sog. Reservefonds lassen sich in zwei Gruppen theilen:

a) solche, welche in Wahrheit relative Bewerthungsfonds sind,

b) solche, welche in Wahrheit den Werth eines Engagements

---

[1]) Vgl. z. B. Bericht der F. Wöhlert'schen Maschinenbau-Anstalt und Eisengießerei Aktiengesellschaft für 1881.

[2]) Vgl. hierzu auch Entscheidung des Tribunal civil de la Seine vom 24. Februar 1882 (Journal des sociétés civiles et commerciales IV. S. 1): „Les sommes versées à titre de fonds de réserve par les bailleurs de fonds intéressés dans la charge d'un agent de change, en sus de leur commandite, constituent en réalité un complément de commandite et sont passibles à ce titre de la taxe sur le revenu calculé à forfait sur un intérêt de 5 %, qui représente d'après la loi, le produit présumé." Die Grundlagen des Reservefonds im Gegensatz zu den relativen Bewerthungsfonds verkennt namentlich Primker in Endemanns Handbuch I. S. 625 f.

oder den vermuthlichen Ausfall bei einer eventuellen Verbindlichkeit zum Ausdruck bringen.

Bei der Prüfung der Bilanzen werden wir diese Gruppen von dem eigentlichen Reservefonds streng abzuscheiden haben. Freilich wird diese Prüfung häufig nur an der Hand der Statuten möglich sein. Und auch diese werden uns vielfach im Stich lassen, insbesondere bei den älteren Eisenbahngesellschaften, bei denen Reserve- und Erneuerungsfonds vermischt ist.[1])

Nicht als Reservefonds anzusehen sind aus Gruppe a insbesondere z. B. Effektenverlustreserve, Konsortialreserve,[2]) die in zahlreichen Modifikationen vorkommenden Spezialreserven für Geschäfte und Anlagen zweifelhaften Werthes,[3]) Reserveconto für zweifelhafte Forderungen u. a., aus Gruppe b die Prämienreserve, Reserveconto für schwebende Garantieen u. a.

„Anlegung des Reservefonds."

§ **53**. Jeder Reservefonds muß als Kapitalfonds in den Passivis figuriren.[4]) Die Ziffer derselben ergiebt sich aus der letztvorhergehenden Bilanz unter Zurechnung der letztjährigen Einstellung oder Entnahme.

Man hat vielfach in den Statuten die „Anlegung des Reservefonds" in bestimmter Art, insbesondere in sicheren Werthpapieren oder in Hypotheken gewünscht, auch für denselben in der Literatur eine „Trennung von der sonstigen Vermögensmasse und deren Verwaltungs- und Bewirthschaftungsart, unter Ausschließung jeglicher im Geschäftsbetrieb etwa liegender Spekulationsgeschäfte", verlangt.[5])

Von einer „Anlegung" des Reservefonds im eigentlichen Sinne kann nicht die Rede sein. Der Reservefonds bildet keine juristisch abgeschlossene Vermögensmasse. In der Bilanz der offenen Handels-

---

[1]) Vgl. S. 79 Note 7.

[2]) Beides in der Bilanz der Deutschen Bank (G.A. II. S. 468).

[3]) z. B. Bank für Handel und Industrie (G.A. II. S. 600).

[4]) Der bisweilen — so Centralbazar für Fuhrwesen (G.A. V. S. 198), Ludwig Löwe & Co. K.G. a. A. (G.A. II. S. 324) — in den Aktivis sich findende Pfandbriefreservefonds ist kein Kapitalreservefonds, sondern ein Guthaben des bepfandbrieften Gesellschaftsgrundstücks bei dem Reservefonds des Berliner Pfandbriefinstituts (Statut des letzteren vom 8. Mai 1868 [G.S. S. 450] §§ 32 ff.).

[5]) Keyßner, Aktiengesellschaften S. 253; vgl. Motive I. S. 267. S. zu dem Nachfolgenden auch die Erörterungen über die „Effekten des Erneuerungsfonds" § 85.

und der einfachen Kommanditgesellschaft wird jeder in der Gesellschaft zurückgehaltene Gewinn, als das Kapital unmittelbar vermehrend, ein integrirender Theil des Kapitalcontos; bei dem Aktienverein wird dieses mit Rücksicht auf die nothwendige Stabilität des Grund(Gesammt)kapitals in die drei Theile: Aktienkapitalconto, Reservefonds, Gewinn- und Verlustconto getheilt. Die verschiedenen Buchungsformen können materielle Wirkungen aber in Hinsicht auf die von der Buchungsform der Passiva völlig unabhängigen Aktiva nicht zur Folge haben.

Wenn hier und da von einer bestimmten „Anlegung" des Reservefonds die Rede ist, so kann dies hiernach nur die Bedeutung haben, daß ein Theil des Vermögens der Aktiengesellschaft, welcher seiner Höhe nach dem Reservefonds gleichkommt, aus Gütern bestimmter Art bestehen soll. Juristisch wie wirthschaftlich haben diese Güter aber keinen besonderen Charakter. Es ist unerheblich, ob sie vor oder nach einer durch Rücklage eines Reservefonds gebildeten Kapitalvermehrung angeschafft wurden.

Völlig unzulässig und geradezu gesetzwidrig ist es, wenn man den Reservefonds für die Bilanz als besonderes Unternehmen auffaßt, über denselben und über „Effekten des Reservefonds" besondere Rechnung aufstellt und dadurch den Reservefonds aus den Passivis der Bilanz völlig verschwinden läßt.[1])

Es kann aber auch nicht für angemessen erachtet werden, in der Bilanz einzelne Vermögensstücke als „Eigenthum" des Reservefonds zu buchen.

Bei keiner Gesellschaft decken sich die sog. Anlagen des Reservefonds mit der Höhe des Passivpostens. Gewöhnlich ist der Betrag kleiner. Die Gesellschaft hat im Passivum einen Reservefonds von 10 000, in den Aktiven finden wir dann gewöhnlich nur einen geringer bewertheten Posten als „Effekten des Reservefonds" u. dgl. Zuweilen sind aber auch die „Aktiva" des Reservefonds größer.[2]) Dies ist folgendermaßen zu erklären. Der Reservefonds beträgt

---

[1]) So die Vorschußbank zu Freiberg (G.A. I. S. 60), Ostpreußische Südbahn (Saling S. 241); zum Theil auch Chemische Fabrik zu Heinrichshall (G.A. II. S. 560).

[2]) z. B. Berliner Weißbierbrauerei-Aktiengesellschaft (G.A. V. S. 311), Aktienlagerbierbrauerei zu Chemnitz (G.A. V. S. 315), Konsolidirtes Braunkohlenwerk Marie bei Atzendorf (G.A. V. S. 272), Sächsisch-Thüringische Aktiengesellschaft für Braunkohlenverwerthung (G.A. I. S. 202) u. a. m.

z. B. 20 000 und es werden zu diesem Preise Effekten gekauft. Bucht man dieselben als „Effekten des Reservefonds“ und steigen dieselben etwa im Kurse, werden dann verkauft und andere Effekten an deren Stelle angeschafft, so können die „Effekten des Reservefonds“ einen höheren Werth haben, als der Betrag des Reservefonds selbst. Ein unmögliches Resultat.

Auf der anderen Seite würde der Reservefonds, falls derselbe „besonders angelegt“ wird, sich von selbst vermindern, wenn der Kurswerth der für denselben angelegten Effekten sinkt. Auch dies würde ein unzulässiges Ergebniß sein, da der Reservefonds dann thatsächlich zur Deckung eines Kursverlustes an bestimmten Effekten verwandt würde, während dies statutarisch vielleicht nicht angängig und für den gesetzlich in Art. 185b fixirten Reservefonds geradezu verboten ist.

Aus diesen Unzukömmlichkeiten ergiebt sich, daß von der Buchung besonderer Aktiva des Reservefonds abzusehen ist. Der Reservefonds ist ein stabiler Passivposten; Vorschriften über „Anlegung desselben“ stellen lediglich Verwaltungsdirektiven bezüglich des Erwerbs und dauernder Festhaltung bestimmter Arten von Vermögensobjekten in bestimmter Höhe dar.[1])

Aus den Motiven zum Aktiengesetz[2]) ergiebt sich, daß man bewußt eine Vorschrift über „die Anlegung des Reservefonds“ unterlassen hat. Die Begründung bemerkt hierzu:

> Dabei wird es die Aufgabe der verantwortlichen Gesellschaftsorgane sein, dafür Sorge zu tragen, daß die Anlage des Reservefonds, soweit dies nach den Umständen nothwendig ist, nicht lediglich in einer bloßen Buchoperation besteht, sondern daß derselbe in Wirklichkeit und in leicht realisirbaren Werthen vorhanden ist, um jederzeit auch den sachlichen Zweck, zu welchem er bestimmt ist, erfüllen zu können.

Die Gegensätze sind begrifflich nicht ganz zutreffend. Was ist ein „in Wirklichkeit nicht vorhandener Reservefonds“? Sind genügende Aktiva vorhanden, um Aktienkapitalconto und Reservefonds zu decken, so ist ein Reservefonds „wirklich“ vorhanden; sind ge-

---

[1]) Ueber die unrichtigen Konsequenzen, welche man bezüglich der „Zinsen und Kursgewinne des Reservefonds“ aus dem Ansatz der „Effekten des Reservefonds“ gezogen hat, vgl. unten § 59.

[2]) Mot. I. S. 267.

nügende Aktiva nicht vorhanden, so mindert sich der Reservefonds um die Differenz, und es muß der betreffende Betrag im Passivum zum Abzug gebracht werden — widrigenfalls die Bilanz als eine falsche anzusehen ist. — Was aber die fernere Mahnung anbetrifft, den Reservefonds in leicht realisirbaren Werthen anzulegen, damit derselbe jederzeit seinen sachlichen Zweck erfüllen kann, so mag zugegeben werden, daß in manchen Fällen, insbesondere bei einer Dividendenreserve, das Vorhandensein liquider Effekten ꝛc. wünschenswerth ist. Keineswegs aber läßt sich aus den Zwecken des Reservefonds folgern, daß jene Mahnung in allen Fällen angebracht ist. Dies gilt z. B. im Fall des Zwangsreservefonds (Art. 185b). Dieser dient zur Deckung von Verlusten, welche sich aus der Bilanz ergeben — eine Flüssigmachung der demselben entsprechenden Aktiva ist daher zur Erfüllung seines Zwecks an sich nicht erforderlich. Generell unzulässig erscheint aber die Mahnung in allen denjenigen Fällen, in welchen der Reservefonds zur Ausdehnung des Betriebs des Aktienvereins bestimmt ist.[1])

§ **54**. Der unmittelbare Zweck jedes Reservefonds ist die Zurückbehaltung von Beträgen, welche an sich zur Vertheilung unter die Aktionäre geeignet wären, in dem Vermögen der Gesellschaft, d. h. also die Vermehrung des ursprünglichen Kapitals.[2]) Entwicklung des Reservefonds.

Der mittelbare Zweck ergiebt sich aus denjenigen Voraussetzungen, unter denen die Verminderung oder gänzliche Aufhebung (Ausschüttung) des Reservefonds herbeigeführt werden darf oder muß. Dieser mittelbare Zweck ist es, welcher gemeinhin und auch in den nachstehenden Erörterungen als Zweck des Reservefonds bezeichnet wird.

Ursprünglich war die Aufgabe des Fonds augenscheinlich die Kapitalsvermehrung. Darauf deuten die großen Beträge hin, welche in den Reservefonds gestellt wurden. Bei der Ambrosiusbank zu

---

[1]) In dieser Beziehung korrekt, wenn auch sonst nicht empfehlenswerth, war der in der Reichstagskommission gestellte Antrag: „Reservefonds, welche den Zweck haben, baare Geldmittel für bestimmte Fälle bereitzustellen, müssen in sicheren zinstragenden Papieren angelegt werden." Der Antrag wurde in der Kommission abgelehnt. Kommissionsbericht S. 26.

[2]) Demgemäß wird auch in der französischen Judikatur der Reservefonds mit Recht als Eigenthum des Aktionärs, nicht des Nießbrauchers an der Aktie angesehen. Jarjavay, Droits et obligations des actionnaires p. 149.

Mailand wurde die Hälfte des Gewinns von der Vertheilung unter die Aktionäre ausgeschlossen.[1]) Die großen überseeischen Kompagnieen vertheilten, so lange sie in günstiger Vermögenslage waren, nur einen verhältnismäßig kleinen Theil des Gewinns und verwandten den Rest zur Erweiterung ihrer Unternehmungen.[2]) Die im Jahre 1763 errichtete Dänische Neue Levantekompagnie sollte die Hälfte des Jahresgewinns bis zum Ablauf des Oktrois „dans la masse de l'Entreprise" belassen.[3]) Die Preußische Seeassekuranzgesellschaft, welche im Jahre 1825 in Stettin begründet wurde, durfte nicht mehr als die Hälfte des Reinertrags als Dividende vertheilen; der Rest sollte „dem Fonds" der Gesellschaft zugeschlagen werden.[4])

Unter den Fragen, welche dem französischen Staatsrath im Jahre 1818 bezüglich der Grundsätze, welche bei Konzessionirung von Aktiengesellschaften zu beobachten seien, vorgelegt wurden, befand sich auch die folgende: Faut-il exiger, que les sociétés anonymes fassent chaque année une réserve sur le montant des bénéfices pour prévenir la réduction de leur capital primitif ou même pour l'accroître? — welche Frage der Staatsrath für die Handel treibenden Aktiengesellschaften bejahend beantwortete.[5]) Hier findet sich außer dem Zweck der Kapitalsvermehrung noch derjenige, einer Verminderung des Aktienkapitals vorzubeugen.

In der französischen Theorie und Praxis hat man die Aufgabe des Reservefonds dahin verstanden,[6]) daß er dringende und unerwartete Bedürfnisse oder außergewöhnliche Verluste decken, auch wohl die Dividenden magerer Jahre aufbessern solle.[7]) Nach dem

---

[1]) Jäger, Aelteste Banken S. 59. Bezüglich der St. Georgsbank in Genua vgl. Gierke, Genossenschaften I. S. 991.

[2]) Vgl. oben S. 24.

[3]) J. J. Moser, Versuch des Neuesten Europäischen Völkerrechts (1779) VII. S. 320.

[4]) G.S. S. 47. Die Generaldirektion der Seehandlungssocietät war befugt, Gewinnbeträge zum „Schiffs-Bau oder anderweitiger Ausdehnung der Handlung" zurückzubehalten. N. C. C. V. S. 520.

[5]) Ministerialerlaß vom 11. Juli 1818 — abgedruckt bei Pardessus, Cours de droit commercial 5. Aufl. IV. S. 471.

[6]) Das französische Gesellschaftsgesetz vom 24. Juli 1867 enthält keine Bestimmungen über den Zweck des Reservefonds; ebenso wenig das belgische Aktiengesetz und das italienische H.G.B.

[7]) Lyon-Caen u. Renault, Précis de droit commercial I. p. 264; Courcelle-Seneuil, Traité de comptabilité p. 115 s.

englischen Musterstatut ist der Reservefonds dazu bestimmt, eine Ausgleichung der Höhe der Dividenden oder die Aufbesserung und Erhaltung der Gesellschaftsetablissements herbeizuführen.[1])

Auf demselben Boden bewegt sich auch der Reservefonds in der deutschen Rechtsentwicklung. In dem Statut der Ritterschaftlichen Privatbank von 1833[2]) finden wir den Satz, daß der Reservefonds „die Verzinsung unter allen Umständen sicher zu stellen und etwaige Ausfälle zu decken" hat. Nach § 29 des Preußischen Eisenbahngesetzes vom 3. November 1838[3]) soll bei Festsetzung der Tarife berücksichtigt werden, „daß der statutenmäßige Beitrag zur Ansammlung eines Reservefonds für außergewöhnliche die Bahn nebst Zubehör betreffende Ausgaben aufgebracht" werden könne. Das von dem preußischen Handelsminister mit Cirkularerlaß vom 19. Januar 1853 veröffentlichte Normalstatut für Chausseebauaktiengesellschaften[4]) enthält im § 24 die Bestimmung, daß „zur Deckung außerordentlicher Reparaturkosten, wie bei ungewöhnlichen Wasserschäden und Brückenbauten, Brandunglück 2c." ein Reservefonds angelegt werden soll.

Die Statuten der deutschen Aktiengesellschaften enthielten denn auch regelmäßig die Bestimmung: Der Reservefonds dient zur Deckung außerordentlicher Ausgaben und Verluste.[5]) Auch in der Literatur wurde angenommen, daß derselbe gemeinhin zu diesem Zwecke bestimmt ist — außerdem, sofern die Statuten dies zulassen, zur Ergänzung der Dividenden,[6]) so daß man annehmen konnte: der Reservefonds sei mangels anderweitiger statutarischer Anordnungen zur Deckung außergewöhnlicher Verluste und Ausgaben zu verwenden.

Im bewußten Anschluß an die bestehende Praxis[7]) bezeichnete der erste Entwurf des Aktiengesetzes als Zweck des Reservefonds,

---

[1]) Companies act von 1862 sch. 1 Table A No. 74, oben S. 33 Note 3.

[2]) § 2. G.S. S. 5.

[3]) G.S. S. 505.

[4]) Weinhagen, Aktiengesellschaften, Anhang S. 61.

[5]) z. B. Statut der Berliner Bockbrauerei A.G. § 44, des Aktienbauvereins Passage § 49, Gumbinner Aktienbrauerei § 43, Berliner Lampen- und Broncewaarenfabrik § 40.

[6]) Keyßner, Aktiengesellschaften S. 246 f., Renaud, Aktiengesellschaften S. 758.

[7]) Mot. I. S. 266.

dessen Bildung[1]) er für nothwendig erklärte, die „Deckung eines aus der Bilanz sich ergebenden Verlustes oder eines im Laufe des Geschäftsjahres eintretenden außerordentlichen Verlustes“. Der zweite Entwurf blieb, wenn auch mit einigen Einschränkungen, grundsätzlich auf demselben Standpunkt stehen. Die Reichstagskommission änderte dagegen die Entwürfe in der Weise ab, wie die Bestimmung jetzt im Art. 185b des Aktiengesetzes vor uns liegt. Danach wird der in dieser Gesetzesvorschrift angeordnete Reservefonds ausschließlich „zur Deckung eines aus der Bilanz sich ergebenden Verlustes“ gebildet. Die Kommission[2]) motivirte diese Abänderung damit, daß die Bestimmung des Entwurfs eine unsolide Ausnutzung seitens der Gesellschaften befürchten lasse und daß es diesen unbenommen sei, zu anderen Zwecken besondere Reserven zu bilden.

Entstehungsgründe des Reservefonds.

§ **55.** Drei Entstehungsgründe eines Reservefonds können wir unterscheiden: Gesetz, Statut und Verwaltungsdisposition.

Als gesetzlichen Reservefonds haben wir bereits oben (§ 50) den Betrag der aus dem Reingewinn amortisirten Aktien erkannt; hier ist außerdem der im vorigen § erwähnte, im Art. 185b als Reservefonds *κατ᾽ ἐξοχὴν* genannte zu behandeln; wir können ihn als Zwangsreservefonds bezeichnen.

Statutarischer Reservefonds ist, wie bereits im § 48 dargelegt, der Betrag der statutarisch aus dem Reingewinn zu amortisirenden Obligationen; außerdem derjenige Fonds, welcher als solcher ausdrücklich im Statut gekennzeichnet ist.

Durch Verwaltungsdisposition, insbesondere durch die Generalversammlung kann ein Reservefonds nur insoweit gebildet werden, als dies mit Rücksicht auf die Statuten zulässig erscheint, d. h. stets dann, wenn die Generalversammlung das Recht der freien Feststellung der Dividende hat.[3]) Denn jeder Betrag des Reingewinns, welcher nicht zur Vertheilung gelangt, stellt eben einen Resetvefonds dar.

Zweck und Verwendung gestalten sich bei den verschiedenen Arten des Reservefonds verschieden.

---

[1]) Im Anschluß an das französische Gesetz vom 24. Juli 1867 Art. 36, belgisches Gesetz vom 18. Mai 1873 Art. 62, italienisches H.G.B. Art. 182.

[2]) Kommissionsbericht S. 26.

[3]) Vgl. oben S. 4 ff.

§ 56. Der Zweck des Zwangsreservefonds des Art. 185b ist nach ausdrücklicher Vorschrift dieses Artikels die Deckung eines aus der Bilanz sich ergebenden Verlustes. Gemeint ist, wie die Stellung des Artikels, welche denselben als Ausführungsvorschrift des Art. 185 erscheinen läßt, sowie der Kommissionsbericht entnehmen läßt, lediglich der aus der Jahresbilanz sich ergebende Verlust; sollte in den außerdem veröffentlichten Bilanzen (Semestralbilanz ꝛc.) ein solcher zur Erscheinung kommen, so ist derselbe für die Frage der Verwendung des Reservefonds unerheblich. Zweck des Reservefonds des Art. 185b.

Aus der Bilanz muß sich ein Verlust ergeben. Jeder Verlust, also auch derjenige, welcher durch den Zwangsreservefonds Deckung finden soll, muß nach Art. 185a Ziff. 6 am Schluß der Bilanz besonders angegeben werden. Unzulässig ist es daher, denjenigen Theil des Verlustes, welcher aus dem Reservefonds Deckung findet, in der Bilanz nicht besonders zum Ausdruck zu bringen, sondern den Reservefonds alsbald nur noch in derjenigen Höhe einzustellen, welcher sich nach Verwendung desselben zur Verlustdeckung ergiebt, — denn in diesem Fall verschwindet der Posten „Verlust" wenigstens in derjenigen Höhe, in welcher er aus dem Reservefonds Deckung findet, aus der Bilanz.

Unzulässig ist es aber, auch ferner einen Aktivposten „Abschreibung des Reservefonds" zur Deckung der Unterbilanz einzustellen, weil auch dadurch die gesetzliche Vorschrift, daß der Verlust besonders, d. h. also klar und einheitlich, angegeben werden soll, verletzt wird.[1])

Vielmehr ist in derjenigen Bilanz, durch welche der Verlust konstatirt wird, der Reservefonds lediglich in derjenigen Höhe anzusetzen, welche sich auf Grund der vorhergehenden Bilanz ergiebt, wogegen der gesammte Verlust als einheitlicher Posten im Aktivum stehen muß. Die Verlustvertheilung ist ebensowenig wie die Gewinnvertheilung Aufgabe der Bilanz; die bezüglichen Buchungen sind seitens der Vertreter der Gesellschaft in Gemäßheit des Ge-

---

[1]) Beides erachten für zulässig Ring, Aktiengesetz S. 272, v. Völderndorff, Aktiengesellschaften S. 401 f., letzterer mit der Einschränkung, daß der Grund der Minderung bei der ersten Buchungsweise vor dem Strich anzugeben ist. Aber auch die letztere Annahme verstößt gegen die gesetzliche Vorschrift, daß der Verlust am Schluß der Bilanz als solcher verzeichnet und daher unter den Aktivis aufgeführt werden muß.

setzes, der Statuten oder der Beschlüsse der etwa zuständigen Organe der Gesellschaft (Generalversammlung) vorzunehmen.

Zu diesen gesetzlichen Vorschriften über die Buchung von Bilanzverlusten gehört aber die Bestimmung über die Verwendung des Zwangsreservefonds. Das Gesetz sagt schlechthin: zur Deckung eines aus der Bilanz sich ergebenden Verlustes ist ein Reservefonds zu bilden. Liegt dieser Fall vor, so muß der Reservefonds hierzu verwandt werden, sonst würde derselbe seinem gesetzlichen Zweck entzogen werden.[1])

Die gegentheilige Ansicht Rings[2]) erscheint auch der Bedeutung des Reservefonds zuwider. Der Reservefonds stellt eine Kapitalansammlung über das ursprüngliche Aktienkapital hinaus dar. Ergiebt sich aus der Bilanz aber ein Verlust, so ist hierdurch dargethan, daß der Mehrbetrag in derjenigen Höhe, welche sich aus der früheren Bilanz ergab, nicht mehr vorhanden ist — es wird daher dieser Mehrbetrag, d. h. der Reservefonds, von selbst durch einen Verlust gemindert.[3])

Da die Verwendung des Zwangsreservefonds zu einem andern als dem in dem Gesetz vorgesehenen Zwecke verboten ist, so darf dieselbe auch nicht für die Kosten der Organisation als solche geschehen, es sei denn, daß die Bilanz in Folge dieser Kosten einen

---

[1]) Uebereinstimmend: v. Völderndorff, Aktiengesellschaften S. 701.

[2]) Aktiengesetz S. 273. Vgl. Bilanz der Berlin-Dresdener E.G. (G.A. V. S. 101), welche über 50 000 ℳ in den Reservefonds legte, trotzdem schon ohnedies eine Unterbilanz vorhanden war.

[3]) Die Entstehungsgeschichte des Gesetzes, auf welche sich Ring beruft, erscheint zur Begründung seiner Ansicht nicht als ausreichend. In den Entwürfen war, wie bereits oben erwähnt, die Verwendung des Zwangsreservefonds auch zur Deckung außerordentlicher Verluste gestattet. Wenn die Motive (I. S. 267) nun allgemein erklären, das Gesetz stelle kein Gebot auf, die „bezeichneten" Verluste durch den Reservefonds zu decken, „in den gegebenen Fällen mag die Generalversammlung entscheiden, ob und in wie weit eine Verwendung desselben erfolgen soll," — so deckt sich dieser Satz, so weit er die Bilanzverluste betrifft, allerdings nicht mit der oben vertretenen Ansicht; nichts desto weniger kann derselbe nicht für entscheidend erachtet werden, da er weder dem Wortlaut des Gesetzes, noch der rechtlichen Natur des Reservefonds entspricht. Es ist auch zu beachten, daß die Kommissionsbeschlüsse, durch welche die Zwecke des Reservefonds beschränkt wurden, die Tendenz hatten, die Einwirkung der Generalversammlung — welche, insoweit der Reservefonds auch zur Deckung außerordentlicher Verluste bestimmt war, unentbehrlich gewesen wäre — zu vermeiden. Kommissionsbericht S. 26.

Verlust aufweist. In der Reichstagskommission war ohne Erfolg der Antrag gestellt worden, daß das bei der Emission von Aktien erzielte Agio, welches nach Art. 185b Ziffer 2 dem Reservefonds zufließen muß, vorab zur Deckung der Organisationskosten verwandt werden dürfe. Die Kommission berichtet hierüber:[1])

> Für den Antrag wurde geltend gemacht, daß solche Verwendung mit den Grundsätzen solider Geschäftsführung durchaus übereinstimme, gegen denselben, daß der Entwurf die Verwendung des Agio insoweit zulasse, als durch die Organisationskosten eine Unterbilanz bewirkt worden sei,[2]) daß es aber nicht rathsam sei, weiter zu gehen, damit nicht der Thatbestand verdunkelt werde; denn das Publikum sehe die volle von ihm eingeschossene Summe als das angelegte Kapital an, und sei es daher für die Regel gerechtfertigt, daß Dividenden nicht aus dem Agio, sondern erst dann vertheilt werden, wenn die Organisationskosten, denen kein wirkliches Aktivum gegenüberstehe, gedeckt seien.[3])

Die in dieser Motivirung enthaltene Rechtsansicht erscheint in dieser Allgemeinheit nicht als zutreffend. Sie wäre es, wenn die nach Ablauf des ersten Geschäftsjahrs aufgestellte Bilanz in der That die erste Gesellschaftsbilanz wäre. Dies ist aber, wie wir bereits oben (§ 28) gesehen haben, nicht der Fall. Die erste Bilanz ist die Eröffnungsbilanz. In dieser erscheinen diejenigen Organisationskosten, welche als Gründungskosten in dem Statut aufgeführt sind und welche daher der Gesellschaft zur Last fallen (Art. 175b Abs. 3, 209b Abs. 3), bereits als Passiva. Nehmen wir an, eine Aktiengesellschaft, deren Aktienkapital 100 000 *M.*

---

[1]) Kommissionsbericht S. 26.

[2]) Dies ist zu eng. Der Entwurf ließ die Verwendung des Zwangsreservefonds zu allen außergewöhnlichen Ausgaben zu; und die Organisationskosten ließen sich sehr wohl als außergewöhnliche, weil einmalige und nicht regelmäßig wiederkehrende Ausgaben ansehen.

[3]) Die Bestimmung hat sich in der Praxis als eine nicht glückliche erwiesen. Bei Neugründungen wird, um nicht der Gesellschaft das volle Agio zufließen zu lassen, die Simultangründung gewählt und die ersten Zeichner legen die Aktien zu erhöhtem Kurse zur Subskription auf, indem sie die Agiodifferenz für sich behalten. Bei neuen Emissionen alter Gesellschaften, deren Aktien erheblich über Pari stehen, offerirt man den alten Aktionären die jungen Aktien zu Pari und diese verkaufen dieselben alsbald mit Gewinn — bei einer Emission von Eisenbahnaktien betrug kürzlich die Differenz 60 % — weiter. Dies würde zum Theil jedenfalls vermieden werden, wenn man der Gesellschaft gestattete, aus dem Agiogewinn wenigstens die Organisationskosten zu decken.

beträgt, welche ihre Aktien mit 110 % ausgegeben und volle Baarzahlung erhalten hat, müßte nach dem Statut 5000 *M.* an Provisionen als reine Organisationskosten zahlen, so würde die Eröffnungsbilanz lauten:

Aktiva. **Passiva.**

Aktiva		Passiva	
Baarbestand	110 000	Aktienkapital	100 000
Verlust	5 000	Reservefonds	10 000
		Gründungsprovision . . .	5 000
	115 000		115 000

Wir haben also hier bereits eine Bilanz, welche Verlust aufweist. Und da zu diesem Zweck der Zwangsreservefonds verwandt werden darf und muß, so giebt es allerdings Organisationskosten, welche thatsächlich aus dem Agio gedeckt werden. Wir werden als Grundsatz hinstellen müssen: diejenigen Organisationskosten, welche als Gründungsaufwand in den Statuten aufgeführt sind, werden aus dem bei der Emission der ersten Aktien erzielten Agio gedeckt; bei allen sonstigen Organisationskosten aber ist dies unzulässig.

Zwecke der gesetzlich nicht angeordneten Reservefonds.

§ **57**. Der Zweck der statutarischen und der im Verwaltungswege eingeführten Reservefonds, welche im Gegensatz zu dem gesetzlichen fonds de réserve in der französischen Praxis unter dem Namen fonds de prévoyance zusammengefaßt werden[1]), ergiebt sich aus der betreffenden Bestimmung des Statuts, beziehungsweise dem Beschlusse. Die hauptsächlichsten Arten sind:

1. Der Reservefonds zum Zweck der dauernden Kapitalvermehrung. Wir können denselben als Erweiterungsfonds bezeichnen. Im § 54 ist bereits erwähnt, daß dieser den Ausgangspunkt für das Institut des Reservefonds überhaupt bildete. Gegenwärtig kann er als Ausnahme angesehen werden.[2]) Nur in England scheint er noch in ausgedehnterem Gebrauch zu sein.[3]) Doch findet

---

[1]) Jarjavay, Des droits et obligations des actionnaires p. 148.

[2]) Schäffle in der Zeitschrift für die ges. Staatswissenschaften 1869 S. 281.

[3]) Vgl. Nr. 74 des Musterstatuts zur companies act von 1862 und Statut der Kensington Coffee Tavern Company, limited bei Henry Thring, The law and practice of joint stock and other companies 4. ed. p. 497 No. 51: The surplus profit of the company shall be reserved for the extension of the operation of the company.

er sich auch bei deutschen Aktiengesellschaften. Theils hat er den Zweck, eine Erweiterung von Anlagen ohne Aufbringung neuer Mittel zu gewähren — dahin gehören insbesondere die bei den Eisenbahngesellschaften häufig vorkommenden Reservebaufonds[1]) — oder einer mit nicht ausreichenden Baarmitteln versehenen Gesellschaft Geld zum laufenden Betrieb dauernd zu sichern — Betriebsfonds[2]), fonds de roulement.

2. Den Gegensatz hierzu bilden solche Reservefonds, welche nur die vorübergehende Rückhaltung von Reingewinnen bezwecken. Die Gründe können mannigfaltige sein. Bald wird es rathsam erscheinen, bestimmte Summen mit Rücksicht auf voraussichtlich an die Gesellschaft herantretende Bedürfnisse von der Vertheilung auszuschließen (Dispositionsfonds),[3]) bald wird die zeitweilige Rückstellung nothwendig erscheinen, weil in Wirklichkeit der Reingewinn nicht flüssig und daher eine Vertheilung desselben nicht angängig ist[4]) — der häufigste Fall ist der sog. „Vortrag auf neue Rechnung". Typisch für diesen ist das Statut der Magdeburg-Halberstädter Eisenbahn-Gesellschaft vom 14. Januar 1842[5]), in welchem es heißt:

> Der jährlich verbleibende Rest des Reinertrags wird mit Vermeidung unbequemer Bruchtheile als Dividende unter die Aktionäre vertheilt.

Es wird regelmäßig unpraktisch, meist sogar thatsächlich unmöglich sein, den Nettobetrag des Reingewinns unter die Aktionäre

---

[1]) z. B. Magdeburg-Halberstädter Eisenbahngesellschaft (Saling S. 390), Thüringer E.G. (Saling S. 306), Braunschweigische E.G. (Saling S. 82). Hieher ist auch die Bestimmung der Statuten des Berliner Zoologischen Gartens vom 7. Mai 1845 (G.S. S. 249) § 16 zu zählen: „Die Revenuen sind zunächst zur Bestreitung der laufenden Ausgaben bestimmt und können erst nach deren vollständiger Berichtigung zur Zahlung der Dividende, zur Bildung des Amortisationsfonds, zur Vermehrung der Thiersammlung und zur Verbesserung der Anlagen benutzt werden." Vgl. auch in der Bilanz der Altona-Kieler E.G. (Saling S. 20) den Passivposten „Erworbenes Kapital".

[2]) Saalbahn (Saling S. 281), Aktienlagerbierbrauerei zu Schloß Chemnitz (G.A. V. S. 315).

[3]) Cröllwitzer Papierfabrik (G.A. V. S. 11).

[4]) Chemnitzer Baugesellschaft (G.A. II. S. 694); so anscheinend auch Dispositionsfondsconto der Süddeutschen Immobiliengesellschaft (G.A. II. S. 500).

[5]) G.S. S. 62.

zu theilen, da der Betrag des Reingewinns meist nicht durch die Summe der Dividendenscheine genau theilbar sein wird. In der deutschen Praxis pflegt man die Höhe der Dividende nach Prozenten und nicht zu kleinen Bruchtheilen von Prozenten zu bestimmen. Der nicht vertheilte Rest wird „auf neue Rechnung" vorgetragen. Dieser Vortrag stellt als nicht vertheilte Rücklage aus dem Reingewinn rechtlich einen Reservefonds dar, über dessen Ausschüttung die nächste Generalversammlung bestimmt und welcher im nächstjährigen Gewinn- und Verlustconto zu diesem Zweck als Gewinn aufgeführt wird.[1])

3. Der Reservefonds zum Zweck außerordentlicher Verluste und Ausgaben wird in den bisherigen Statuten meist ohne nähere Spezialisirung aufgeführt.[2]) Es wird dann Sache der Generalversammlung oder der sonstigen statutarisch hierfür bestimmten Organe sein, im Einzelfall darüber zu entscheiden, ob der Fonds angegriffen werden darf.

Manche derartige Reservefonds werden auch nur für einzelne bestimmte Zwecke gebildet. Hierher gehören

a) Das Reserveassekuranzconto. Größere Gesellschaften, insbes. Rhedereiaktiengesellschaften, pflegen ihre beweglichen resp. unbeweglichen Güter entgegen den sonst herrschenden Gebräuchen nicht zu versichern. Die Versicherungsprämien sind so groß und das Risiko vertheilt sich bei umfangreichen Gesellschaften so sehr, daß sie es gerathen finden, „in sich selbst zu versichern", d. h. zwar das Risiko selbst zu tragen, aber die Prämie zu sparen. Sie pflegen aber die ersparten Gelder einem Reserveassekuranzconto gut zu bringen.[3]) Dieses — auch Selbstversicherungsfonds[4]), Ver-

---

[1]) Der Vortrag auf neue Rechnung findet sich auch dann, wenn baare Mittel zur Zahlung des Bilanzgewinns nicht vorhanden sind. Bilanz der A.G. „Lauchhammer" vereinigte vormals Gräflich Einsiedel'sche Werke (G.A. V. S. 277).

[2]) Die Bilanzen zeigen die mannigfachsten Namen und Spezialitäten; u. a.: Sparconto (Bank für Gewerbe und Handel zu Blaubeuren, G.A. II. S. 136), Baufondsconto (Rücklagen zu Neubauten, Speditions- und Elbschiffahrts-Comptoir zu Schönebeck, G.A. II. S. 407), Garantiefonds (für eingeräumte Kredite, zu unterscheiden von dem Garantiefonds des § 46, Aachener Bank für Handel und Industrie, G.A. II. S. 768).

[3]) Vgl. Bilanz der Hamburg-Amerikanischen Packetfahrtgesellschaft (G.A. II. S. 131), der Deutschen Dampfschiffsrhederei zu Hamburg (G.A. II. S. 102), der Flensburger Dampfschiffahrtsgesellschaft (G.A. II. S. 142).

[4]) Thüringer E.G. (Saling S. 306).

sicherungsfonds [1]), Assekuranzfonds [2]) u. dgl. genannte — Passivum bildet keine Schuld der Gesellschaft an Versicherungsgesellschaften, sondern einen zur Deckung von außerordentlichen, sonst durch die Versicherung gewährleisteten Verlusten zurückgelegten Gewinn.

b) Auch zur Deckung anderer Schäden pflegt der Unternehmer Versicherung zu nehmen. So geschah dies namentlich gegenüber den Anforderungen des Haftpflichtgesetzes. Wenn eine derartige Versicherung nicht stattfindet, wird gemeinhin in Höhe der ersparten Prämien ein Reservefonds für Haftpflichtfälle gebildet. Wir finden einen solchen unter verschiedenen Namen (Reservefonds für Unglücksfälle [3]) Reservefonds in Folge des Haftpflichtgesetzes, [4]) Unfallfonds, [5]) Unfallversicherungsconto [6])) bei industriellen Gesellschaften. [7])

4. Reservefonds zum Zwecke des Dividendenausgleichs. Sofern ein derartiger Reservefonds statutarisch bestimmt wird, pflegt eine Minimalhöhe der Dividende festgestellt zu werden, auf welche dieselbe eventuell aus diesem Fonds ergänzt werden kann. Doch würde es auch hier nicht unzulässig sein, die Verwendung im Statut der Entscheidung der Gesellschaftsorgane frei zu überlassen.

5. Reservefonds zu humanen und wohlthätigen Zwecken. Hierher gehören die vielfach in den Bilanzen sich findenden Pensionsfonds, Arbeiterunterstützungsfonds u. dgl. Derartige Fonds sind Kapitalsansammlungen zu Zwecken, welche der Erwerbsaufgabe des Aktienvereins fern zu liegen scheinen; sie sind aber von materieller Bedeutung für denselben, da sie geeignet sind Beamte und Arbeiter an ihn zu fesseln, und müssen von diesem Gesichtspunkt aus als zulässig erachtet werden. Aber es ist daran festzuhalten, daß auch diese Fonds nicht die juristische Ab-

---

1) Werrabahn (Saling S. 325).

2) Deutsche Kontinental-Gasgesellschaft (G.A. I. S. 332).

3) Kölner Bergwerksverein (G.A. II. S. 698.

4) Rheinische E.G. (Saling S. 421).

5) Werrabahn (Saling S. 334), Bismarckhütte (G.A. V. S. 57).

6) Stettiner Bergschloßbrauerei (G.A. V. S. 274).

7) Die zu a und b aufgeführten Fonds sind, wie alle Reservefonds, in die Passiva zu stellen. Bei manchen Aktienvereinsbilanzen finden wir ein Assekuranzconto im Aktivum; es sind dies die vorausbezahlten Versicherungsprämien. Vgl. unten § 60.

sonderung von Vermögensmassen aus dem Gesellschaftsvermögen bewirken können, und daß sie keinen Schuldposten darstellen. Es fehlt hierfür zunächst an einem Forderungsberechtigten; die wechselnde Zahl der Beamten und Arbeiter bildet keine juristische Persönlichkeit.[1]) Falls besondere Effekten des Pensionsfonds oder dergleichen Bezeichnungen in den Aktivis aufgeführt werden, so ist dies, wie überhaupt derartige Abtrennung von „Reservefondsbeständen", juristisch zum mindesten werthlos; im Konkursfall fallen sie in die Konkursmasse, und die Angestellten des Aktienvereins können gegen die Masse nur insoweit Forderungen geltend machen, als ihnen solche durch besondere Verträge gewährt sind, ohne daß sie ein Absonderungsrecht bezüglich der „Effekten des Pensionsfonds" haben.

Verhältnis der verschiedenen Reservefonds unter einander.

§ **58.** Die Frage, ob der zu einem bestimmten Zweck gebildete Reservefonds aufgelöst oder zu einem anderen Zweck verwandt werden kann, läßt sich nur unter Berücksichtigung der Entstehungsart desselben beantworten.

Der gesetzliche Reservefonds darf niemals seinem gesetzlichen Zwecke entzogen werden und zwar auch nicht in so weit, als er mit einem höheren als dem gesetzlichen Minimalbetrage dotirt ist. Denn indem das Gesetz nicht eine Normal- sondern eine Minimalquote des Reingewinns in den Reservefonds zu legen verpflichtet, unterwirft es auch den etwa eingelegten höheren Beitrag unabänderlich den Zwecken dieses Reservefonds.

Die durch Gesellschaftsorgane, insbesondere die Generalversammlung, beschlossenen Reservefonds können in derselben Weise wieder aufgelöst oder anderen Zwecken dienstbar gemacht werden. Haben diese Gesellschaftsorgane das Recht, zu bestimmen, welche Beträge des Reingewinns zur Vertheilung ge-

---

[1]) Nicht klar erscheint in dieser Beziehung die Entsch. des Reichsgerichts vom 11. Juli 1881 (Juristische Zeitschrift für Elsaß-Lothringen VI. S. 397). Es giebt allerdings gewisse humane Kassen, welche selbständige juristische Persönlichkeit haben, z. B. die Knappschaftskassen (Preußisches Berggesetz vom 24. Juni 1865 § 165 Abs. 3), die auf Grund des Reichsgesetzes vom 7. April 1876 errichteten eingeschriebenen Hilfskassen, die durch das Krankenversicherungsgesetz vom 15. Juni 1883 normirten Fabrik- und Baukrankenkassen (§§ 59, 64, 69, 72, 25). Das Eigenthum dieser Kassen gehört als fremdes Eigenthum überhaupt nicht in die Bilanz des Geschäftsherrn; dieselben können unter den Aktivis oder Passivis nur insoweit in Betracht kommen, als sie dessen Schuldner oder Gläubiger sind.

langen dürfen, so können sie nicht nur Beträge des Reingewinns zeitweise von der Vertheilung ausschließen, sondern auch demnächst deren nachträgliche Vertheilung oder Verwendung für anderweitige Zwecke des Unternehmens beschließen.[1])

Der statutarische Reservefonds kann dagegen nur durch Statutenänderung seinen Zwecken entzogen oder aufgelöst werden. Aber diese Statutenänderungen sind beschränkt durch die Sonderrechte der einzelnen Aktionäre auf Auszahlung der Dividenden. Ist z. B. in den Statuten ein Reservefonds zur Auffüllung der Dividende in mageren Jahren angeordnet worden, so darf nicht eine Statutenänderung dahin vorgenommen werden, daß der angesammelte Fonds künftig nur zur Deckung eines bilanzmäßigen Verlusts verwandt werden soll; denn dadurch würde das Dividendenrecht des einzelnen Aktionärs in mageren Jahren geschmälert werden. Ein Sonderrecht kann aber niemals als verletzt angesehen werden, wenn die Festsetzung der Höhe der Dividende in das Belieben der Generalversammlung gestellt war.

Die Frage, inwieweit der Reservefonds anderen Zwecken dienstbar gemacht werden darf, ist neuerdings in der Praxis und auch in der Literatur[2]) mit Rücksicht auf das neue Aktiengesetz lebhaft erörtert worden. Es handelte sich darum, ob und wie die bisher angesammelten Reservefonds zum gesetzlichen, im Sinne des Art. 185 b, konstituirt werden dürfen. Für Beantwortung der Frage sind die vorstehenden allgemeinen Grundsätze maßgebend. Die Umwandlung ist zulässig durch Beschluß der Gesellschaftsorgane, wenn der bisherige Reservefonds durch diese beschlossen war. Ist er durch die Statuten angeordnet, so ist zu untersuchen, ob die Abänderung das statutarische Dividendenrecht verletzt. Ist dies der Fall, so ist die Umwandlung unzulässig; andernfalls ist sie zulässig,

---

[1]) Zu beachten ist, daß nach Art. 218 der Reingewinn, welcher sich aus der „jährlichen Bilanz" ergiebt, als Dividende vertheilt werden kann, nicht etwa nur der Gewinn, welcher sich aus der letzten Gewinn- und Verlustrechnung ergiebt. Aus der jährlichen Bilanz ist nicht nur der Gewinn des letzten Jahres, sondern auch der in Form des Reservefonds aus früheren Jahren angesammelte ersichtlich. Vgl. auch Didier im Journal des sociétés VI. p. 150.

[2]) Vgl. Laué, Ueber die Einwirkung des Gesetzes vom 18. Juli 1884 auf die Statuten der bereits vor jenem Gesetz bestandenen Aktiengesellschaften (1885) S. 34, v. Völderndorff, Aktiengesellschaften S. 802 f.

aber nur mittels Statutenänderung, nicht durch Generalversammlungsbeschluß.

Dotirung des Reservefonds.

§ 59. Was die Höhe derjenigen Beträge anbetrifft, welche in den Reservefonds einzustellen sind, so sind hierfür, soweit es sich um einen durch die Statuten oder durch Beschlüsse von Verwaltungsorganen angeordneten Reservefonds handelt, die Statuten,[1]) beziehungsweise Beschlüsse maßgebend; wobei zu beachten, daß in älteren Statuten häufig eine Maximalgrenze, welche ohne Genehmigung des Staats nicht überschritten werden darf, festgesetzt ist.[2])

Was dagegen den in Art. 185b, 239b festgesetzten Reservefonds anbetrifft, so muß zu diesem verwendet werden:

1. von dem jährlichen Reingewinne mindestens der zwanzigste Theil solange, als der Reservefonds den zehnten oder den im Gesellschaftsvertrage bestimmten höheren Theil des Gesammt(Grund)kapitals nicht überschreitet;
2. der Gewinn, welcher bei Errichtung der Gesellschaft oder einer Erhöhung des Gesammt(Grund)kapitals durch Ausgabe der Aktien für einen höheren als den Nominalbetrag erzielt wird.

Was die zu 1 bezeichneten Beträge anbetrifft, so wird die inhaltlich gleichlautende Bestimmung des Art. 36 des französischen Gesellschaftsgesetzes vom 24. Juli 1867 in der französischen Literatur gemeinhin dahin ausgelegt, daß bei Berechnung des Reingewinns (bénéfices nets) zunächst die gesetzlichen Zinsen abgerechnet werden müssen;[3]) es wird diese Ansicht hauptsächlich daraus begründet,

---

[1]) Bei manchen Gesellschaften wird überhaupt nur ein bestimmter Theil des Gewinns vertheilt und der ganze Rest in den Reservefonds gelegt. Vgl. auch niederländisches H.G.B. Art. 49 Abs. 2, Courcelle-Seneuil, Comptabilité p. 116, Statut der Ritterschaftlichen Privatbank § 41 Abs. 2 (G.S. 1824 S. 169), der Preuß. Seeassekuranzgesellschaft § 23 (G.S. 1825 S. 47), der Rheinischen A.G. für Zuckerfabrikation § 12 (Weinhagen, Anhang S. 183).

[2]) Statut der Magdeburg-Halberstädter E.G. (G.S. 1842 S. 62), der Breslau-Freiburger E.G. (G.S. 1843 S. 53), der Cöln-Mindener E.G. (G.S. 1844 S. 25), der Wilhelmsbahn [Cosel-Oderberg] (G.S. 1844 S. 130). Es mag das Motiv zu Grunde liegen, daß nicht übermäßige Summen in der Hand juristischer Personen angesammelt werden sollten.

[3]) Vgl. Lyon-Caen u. Renault, Précis de droit commercial I. p. 265, Rousseau, Des sociétés commerciales françaises et étrangères I. p. 622.

daß nach dem französischen Ministerialerlaß vom 11. Juli 1818,[1]) in welchem der Art. 36 wurzelt, die Anordnung eines Reservefonds die Aktionäre nicht hindern soll, „de retirer l'intérêt simple de leur mise". Obgleich das deutsche Aktiengesetz nachweislich[2]) seine bezügliche Bestimmung dem französischen Gesetz entnommen hat, so lag ihm doch die Auslegung, welche das letztere erfahren hat, offenbar fern. Aktienzinsen sind, mit Ausnahme der Bauzinsen, im deutschen Aktienrecht schlechthin verboten (Art. 197, 216, 217), und als Reingewinn ist nur, aber auch vollständig, der Ueberschuß der Aktiva über die Passiva anzusehen; dieser muß auch im Sinne des Art. 185b als Reingewinn betrachtet werden.

Als Gesammt(Grund)kapital im Sinne der Art. 185b, 239b ist das im Statut, beziehungsweise im Fall der Erhöhung desselben festgesetzte zu verstehen. Unerheblich für die Berechnung der Quote ist der Betrag, zu welchem die Aktien von der Gesellschaft ausgegeben sind; unerheblich ist ferner, ob das Kapital bereits voll eingezahlt ist oder nicht.[3])

Die Rücklage in den Reservefonds aus dem Reingewinn kann aufhören, sobald derselbe 10 Prozent, beziehungsweise den statutarischen höheren Prozentsatz, erreicht, mag die Ansammlung des Reservefonds auch ganz oder zum Theil auf erzielten Agiogewinnen beruhen. Falls der Fonds durch Verluste wieder gemindert wird, ist derselbe nach Maßgabe des Gesetzes, beziehungsweise unter Berücksichtigung der Statuten, allmählich wieder zu ergänzen.

Was den dem Reservefonds zu überweisenden Agiogewinn anbetrifft, so ist darunter nur der von der Gesellschaft erzielte zu verstehen.[4]) Nicht darunter fällt dagegen der Gewinn, welchen Gründer oder Zeichner bei dem Weiterverkauf der Aktien erzielen, mag dieser

---

wo auch weitere Literatur; a. M. außer dem dort angeführten Bédarride auch Dutruc, Dictionnaire du contentieux commercial et industriel II. p. 557 No. 302.

[1]) Pardessus, D. c. IV. p. 473. Diesem ist auch nachgebildet Cirkularverfügung des preußischen Handelsministers betreffend die bei Bestätigung der Statuten von A.G. festzuhaltenden allgemeinen Grundsätze vom 29. März 1856 (Weinhagen, Anhang S. 87).

[2]) Motive I. S. 264.

[3]) v. Völderndorff, A.G. S. 707; Ring, A.G. S. 273.

[4]) A. M. v. Völderndorff S. 706; richtig Ring S. 273. Die Ueberweisung war bei Eisenbahngesellschaften schon früher üblich, z. B. bei der Rheinischen und Berlin-Potsdam-Magdeburger E.G. (Saling S. 404, 420).

auch im Wege der öffentlichen Subskription geschehen; denn der Aktienverein kann über Gewinne, die er nicht zieht, auch nicht disponiren, und es werden diese Gewinne auch nicht bei Errichtung der Gesellschaft oder bei Kapitalserhöhung, sondern bei Veräußerung von Aktien erzielt.

Renaud [1]) behauptet, daß dem Reservefonds, in Ermangelung anderweitiger Anordnungen, seine Zinsen zufließen. Auch in den Statuten finden sich zuweilen diesbezügliche Bestimmungen.[2]) In den veröffentlichten Bilanzen werden nicht selten Zinsen des Reservefonds aufgeführt, ja wir finden sogar Kursgewinne desselben in den Bilanzen verzeichnet.[3])

Nun ist es zunächst begrifflich unmöglich, daß ein Passivfonds Zinsen erzielt. Wenn in Statuten bestimmt ist, daß ein bestimmter Prozentsatz des Reservefonds demselben jährlich zugewiesen werden soll, so ist dadurch nur die Höhe der Dotation fixirt; Zinsen oder gar Kursgewinne können nur aus Aktiven erzielt werden. Allerdings werden ja in den Bilanzen manche Aktiva häufig als Eigenthum des Reservefonds bezeichnet und die Bilanzen werden dann oft in der Weise aufgestellt, wie wenn Zinsen und Kursgewinn jener Aktiva von selbst dem Reservefonds zuwachsen.

Diese Meinung hängt aber mit der bereits oben (§ 53) bekämpften Ansicht zusammen, daß dem Reservefonds ein entsprechendes Aktivum mit irgend einer rechtlichen Bedeutung gegenübergestellt werden könne. Würden die Kursgewinne dem Reservefonds zufließen, so müßte er auch durch Kursverluste von selbst vermindert werden. Die aus den sogenannten Aktiven des Reservefonds erzielten Gewinne sind von den sonstigen Gewinnen des Aktienvereins ebenso wenig rechtlich verschieden, als die Aktiva des Reservefonds von den sonstigen Gesellschaftsaktiven.[4])

---

[1]) Aktiengesellschaften S. 760.

[2]) Preußisches Normalstatut für Chausseebauaktiengesellschaften § 24 (Weinhagen Anh. S. 62); Statut der Köln-Soester C.G. § 9 (a. a. O. S. 103).

[3]) Vgl. insbesondere Bilanz der Norddeutschen Bank und Bericht zu derselben (G.A. II. S. 256), der Hamburger Kommerz- und Discontobank (G.A. I. S. 215), der Dresdener Baugesellschaft (G.A. I. S. 260), der Nürnberger Vereinsbank (G.A. I. S. 210), der Großen Berliner Pferdebahngesellschaft (G.A. II. S. 591) u. a. m.

[4]) Richtig v. Völderndorff S. 703, Ring S. 275, Kayser A.G. S. 31; unklar der Kommissionsbericht S. 25.

Zinsen und Kursgewinne der sogenannten Aktiva des Reservefonds erhöhen den letzteren nur, wenn dies im Statut ausdrücklich bestimmt ist, behalten aber auch in diesem Fall ihren Charakter als Gesellschaftsgewinn und müssen in dem am Schluß der Bilanz anzugebenden Gewinn berücksichtigt werden. Die Praxis zahlreicher Gesellschaften, welche dies nicht thun, sondern diesen Gewinn unmittelbar dem Reservefonds zuschreiben,[1]) verstößt gegen die ausdrückliche Bestimmung der Art. 185a Ziff. 6, 239b.

c) Gewinn und Verlust.

§ **60**. Der dritte Kapitalposten, welcher in der Bilanz auftreten muß, ist der Gewinn oder Verlust. Das Nähere über diesen ist bereits anderwärts (§§ 21, 23) erörtert. Hier ist nur noch ein Punkt klar zu legen, nämlich die Abzweigung der sog. Anticipationsconten. Anticipationsconten.

Wir haben bereits oben (§ 21) gesehen, daß es eine Reihe von Conten giebt, welche nicht durch die Bilanz, sondern lediglich durch Gewinn- und Verlustconto saldirt werden. Es sind dies die sogenannten Hilfsconten des Gewinn- und Verlustcontos. Hierher gehören insbesondere Handlungsunkosten, Zinsen, Provisionen, Versicherungsprämien und dergleichen. Unzweifelhaft stellen die bei dem Abschluß der Bücher sich ergebenden Saldi dieser Conten einen Gewinn beziehungsweise einen Verlust der Gesellschaft dar; aber nicht nothwendig ist, daß diese Beträge einen Gewinn beziehungsweise einen Verlust desjenigen Jahres enthalten, für welches die Bücher abgeschlossen werden.

Nehmen wir z. B. die Gewinn- und Verlustrechnung der Versicherungsgesellschaften. Diese erhalten regelmäßig von einem Theil der Versicherten die Versicherungsprämie vorausbezahlt. Sicher stellen auch die vorausgezahlten Prämien einen Gewinn der Gesellschaft dar; aber dieser Gewinn trifft nicht dasjenige Jahr, für welches die Gewinnberechnung aufgestellt wird, sondern ein späteres. Mit Rücksicht hierauf würde es nicht angemessen sein, derartige vorausgezahlte Summen bereits als Gewinn des laufenden Jahres zu buchen, und sie werden daher als Passivum in die Bilanz gestellt. Betrachtet man diese als eine Werthfeststellung des gesammten Vermögens, so kann man die Vorauszahlungen als einen

---

[1]) So auch Oesterreichisch-Ungarische Bank (G.A. I. S. 88).

Faktor ansehen, welcher den Werth des Gesammtvermögens der Gesellschaft mindert und in Folge dessen in die Passiva gehört. Die Reellität dieses Passivums ergiebt sich aber noch aus einem andern Gesichtspunkt.

Wenn ich eine Waare verkaufe und vor dem Bilanztage den Preis gezahlt erhalte, obwohl ich die Waare an diesem Tage noch nicht geliefert habe, so ist der Käufer für den Kaufpreis in meinen Büchern kreditirt, und es erscheint, wie in § 42 ausgeführt, am Bilanztage der Käufer daher als Gläubiger einer Geldsumme in den Büchern, während derselbe in Wahrheit nicht Geld, sondern die vertragliche Gegenleistung, d. h. die Waare, zu fordern befugt ist. Ebenso erhält der Versicherte, welcher die Prämie vorausbezahlt hat, die Gegenleistung, d. h. z. B. bei der Feuerversicherung das Recht auf Ersatz eines während des nächsten Jahres entstehenden Feuerschadens, naturgemäß erst im nächsten Jahre. Der Versicherte, welcher die Prämie auf ein Jahr vorausgezahlt hat, erscheint daher am Bilanztage buchmäßig, da er die Gegenleistung noch nicht empfangen, als Gläubiger der vorausgezahlten Summe, während er in Wahrheit nur einen Anspruch auf Ersatz der in dem nächsten Jahre entstehenden Feuerschäden hat.

Wenn umgekehrt eine Fabrik die Feuerversicherungsprämie für ihr Gebäude am Bilanztage noch auf ein Jahr im Voraus bezahlt hat, so kann die vorausgezahlte Prämie nicht als ein Verlust des abgelaufenen Jahres angesehen werden, erscheint vielmehr buchmäßig als ein Guthaben der Industriegesellschaft bei der Versicherungsgesellschaft und figurirt in der Bilanz der ersteren unter dem Titel „Vorausbezahlte Versicherungsprämie" in den Aktivis der Gesellschaft.[1])

Diese beiden Beispiele sind typisch für die sogenannten Anticipationsconten[2]) (auch transitorische Rechnungen,[3]) conto a

---

[1]) Aktienbrauereigesellschaft Moabit (G.A. V. S. 280); auch unter dem Titel „Versicherungsconto" (Weißbier-Aktienbrauerei vormals Bolle, G.A. V. S. 279).

[2]) Scherber, Bilanzen (S. 91) rechnet hierzu auch Vorauszahlungen für Gründungskosten. Diese gehören aber, soweit sie Organisationskosten sind, in die Gewinn- und Verlustrechnung. Die Ausführungen dieses Schriftstellers über die Anticipationen beruhen theils auf Fiktionen — Anticipationen werden Vorschüsse des Gegenstandsjahres auf Rechnung der folgenden Geschäftsjahre genannt —, theils auf dem kühnen Satz, daß Verluste Aktiva sein können.

[3]) Petersburger Discontobank, G.A. I. S. 246.

nuovo[1]) genannt), beziehungsweise für deren beide Arten, die Aktiv- und Passivanticipationen.

Die ersteren werden durch diejenigen in dem Bilanzjahr oder vor demselben gemachten Verausgabungen dargestellt, welche wirthschaftlich und mit Rücksicht auf die erst später zu erwartenden Gegenleistungen erst als Ausgabe der kommenden Jahre anzusehen sind. Hierher gehören außer den vorausgezahlten Prämien (vom Standpunkt des Versicherten) noch vorausgezahlte Zinsen,[2]) Miethen, Handlungsunkosten, namentlich Gehälter, Vorschüsse auf Provisionen und dergleichen.

Vom Standpunkt desjenigen, welcher derartige Vorauszahlungen in Empfang genommen hat, sind dies Einnahmen, welche die kommenden Jahre angehen und in der Jahresbilanz als Passivanticipationen figuriren.[3])

Sechstes Kapitel.

Allgemeines über den Werthansatz in der Bilanz.

§ 61. Während die meisten außerdeutschen Gesetzgebungen sich jeder Vorschrift über den Werthansatz in der Bilanz enthalten, hat sich trotz mehrfacher Anträge auf Streichung[4]) die Nürnberger Konferenz veranlaßt gesehen, dem Kaufmann in diesem Punkte einen „schätzbaren Wegweiser" zu geben und in Art. 31 des H.G.B. dem deutschen Handelsrecht die Vorschrift einzuverleiben: Gesetzliche Bestimmungen.

> Bei der Aufnahme des Inventars und der Bilanz sind sämmtliche Vermögensstücke und Forderungen nach dem Werthe

---

[1]) Leipziger Kassenverein, G.A. I. S. 161.

[2]) Vgl. Bilanz der Danziger Privataktienbank (G.A. I. S. 288) „auf das Jahr 1880 überhobene Wechselzinsen".

[3]) Hieher gehört auch in der Bilanz der Neuen Theater-Aktiengesellschaft zu Frankfurt a. M. das Passivum „Abonnementconto" (G.A. II. S. 505). Es sind dies Abonnements für das folgende Geschäftsjahr.

[4]) Nürnberger Prot. S. 47, 931.

anzusetzen, welcher ihnen zur Zeit der Aufnahme beizulegen ist.

Zweifelhafte Forderungen sind nach ihrem wahrscheinlichen Werthe anzusetzen, uneinbringliche aber abzuschreiben.

Diese allgemeine Vorschrift ist durch Art. 185a, 239b des Aktiengesetzes ausdrücklich — entsprechend der schon früher gemeinen Ansicht[1]) — für die Aktienvereine als maßgeblich erklärt und in den angeführten Artikeln sind nur einige spezielle Ausführungsvorschriften gegeben.

Die Instruktion ist, wie das Reichsoberhandelsgericht anerkannt hat, unvollständig; von den Bilanzposten sind nicht berücksichtigt die Schulden,[2]) welche gleichfalls eine Bewerthung erheischen und deren Nominalbetrag nicht in die Passiva eingestellt wird. Ausgeschlossen von der Bewerthung sind in der Bilanz nur die Kapitalposten, für welche durch Berechnung, nicht durch Werthansatz, die auszuwerfende Ziffer bestimmt werden muß.

Gemeine Ansicht.

Darüber, welcher Werth den übrigen Bilanzposten in Folge der Vorschrift des Art. 31 grundsätzlich beizulegen, herrscht, soweit wir übersehen konnten, in der deutschen Rechtsprechung und Rechtsliteratur Einigkeit. „Nur derjenige Tauschwerth", so wird gesagt, „welcher präsumtiv für das betreffende Vermögensstück erlangt werden kann, der Realisirungswerth, kommt grundsätzlich in Betracht. Dies ergiebt sich aus der Natur der Bilanz als eines das Verhältnis des Vermögens und der Schulden darstellenden Abschlusses; lediglich der Realisirungswerth ist zur Schuldentilgung geeignet."[3]) Das Reichsoberhandelsgericht faßt seine Auffassung dahin zusammen:[4])

---

[1]) Vgl. z. B. Keyßner, Handelsgesetzbuch S. 226.

[2]) Dies meint wohl das R.O.H.G. in der Entscheidung Bd. 12 S. 18, wenn es erklärt, daß Aktiva oder Passiva, welche einen Markt- oder Börsenpreis haben, in der Regel zu dem sich hierdurch ergebenden Werthe in die Bilanz einzustellen seien. Die Fassung dieses Satzes ist, soweit er die Passiva betrifft, undeutlich.

[3]) Ring, A.G. S. 256; übereinstimmend v. Völderndorff, A.G. S. 684 und in Endemanns Handbuch I. S. 245, v. Strombeck in Buschs Archiv Bd. 37 S. 19 und in der Zeitschrift für das ges. Handelsrecht Bd. 28 S. 472 ff., Puchelt, H.G.B. S. 72 Nr. 3, Esser, A.G. S. 147, Keyßner, H.G.B. S. 39, Behrend, Lehrbuch des Handelsrechts I. S. 292.

[4]) Entsch. des R.O.H.G. XII. S. 18.

> Unter dem als maßgebend für die Bilanz ermittelten gegenwärtigen Werthe ist aber überall der allgemeine Verkehrswerth, im Gegensatz zu einem nur auf willkürliches subjektives Ermessen oder auf bloße Spekulation zurückzuführenden Werthanschlage, zu verstehen, da die Bilanz der objektiven Wahrheit der wirklichen Vermögenslage entsprechen soll, woraus folgt, daß Vermögensbestandtheile (Aktiva und Passiva), die einen Markt- oder Börsenpreis haben, der Regel nach zu dem sich hieraus ergebenden Werthe in die Bilanz einzustellen sind, während für andere Vermögensbestandtheile deren gegenwärtiger objektiver Werth auf sonstige Weise zu ermitteln ist.

In den Motiven zum Aktiengesetz [1]) heißt es:

> Als leitenden Grundsatz stellt der Entwurf, im Anschluß an den Art. 31 die Bestimmung auf, daß alle Vermögensstücke zum gemeinen Werthe . . . . . anzusetzen sind.

Freilich vermögen sich die vorstehenden Ausführungen der Wahrnehmung nicht zu entziehen, daß ihre Theorie von zahlreichen Ausnahmen durchkreuzt wird; [2]) nichts desto weniger wird die Theorie aufrecht erhalten.

Die Ansicht, daß für die Bewerthung der Bilanzposten der „objektive Werth" maßgeblich sei, erscheint uns unrichtig.

§ **62**. Jene Ansicht führt zunächst die „Natur der Bilanz" für sich in das Feld. Indessen beweist die geschichtliche Entwickelung bereits die Unrichtigkeit dieses Arguments. Einkaufspreis ursprünglicher Bilanzansatz der Waaren.

Wir haben schon oben (§§ 6 ff.) gesehen, daß man in die Bilanz ursprünglich lediglich die Einkaufspreise der Waaren einsetzte, daß also die Berechnung eines Werths überhaupt nicht stattfand. Pacioli, Goessens, Stevin, De la Porte, Büsch, Buse — sie alle lassen entweder ausschließlich oder mit geringen Abweichungen die Einkaufspreise figuriren. Buchhalterisch wurde so auf einfachste Art der Abschluß bewirkt, und wirthschaftlich mag der Gedanke vorgeschwebt haben, daß Gewinn und Verlust erst nach Verkauf der Waaren festgestellt werden können.

---

1) Mot. I. S. 257.

2) Man vergleiche z. B. mit der vorstehenden Entsch. des R.O.H.G. die bekannte Entscheidung in Sachen der Magdeburg-Halberstädter Eisenbahn Bd. 25 S. 307 ff. und Keyßner, H.G.B. S. 31 Nr. 4. Mot. I. S. 238: „Von der Regel sind jedoch zwei Ausnahmen zu machen."

Wir finden diese Art der Bilanzirung mit einer Modifikation auch festgehalten in älteren, staatlich genehmigten Statuten. So heißt es z. B. in dem Statut der Prinz Wilhelmsbahn vom 2. Mai 1845:[1])

> .. Die Direktion ist gehalten ... Bilanz in der Art zu ziehen, daß die Bahn und deren Inventar zum kostenden Preise in Anrechnung gebracht, für etwaigen Verschleiß aber gewisse, durch Erfahrung sich ermittelnde Prozentsätze in Abzug gebracht werden.

Das nach Publikation des H.G.B. in Preußen genehmigte Statut der Rheinischen Beleuchtungsaktiengesellschaft[2]) läßt die Fabrikate zum Kostenpreise in die Bilanz stellen.

Auch in den Lehrbüchern der Buchhaltung finden wir diesen meist als den maßgeblichen aufgeführt. Töplitz (1845)[3]) verlangt grundsätzlich die Einsetzung des Einkaufspreises, und noch jetzt ist derselbe, trotz der von juristischer Seite erfolgten Anfechtung, keineswegs aus der handlungswissenschaftlichen Literatur, in welcher sich die Praxis spiegelt, verschwunden.[4])

Wir können daher keineswegs einen „objektiven Werth" als ein historisch überliefertes Postulat des Bilanzansatzes ansehen.

Werthbegriff. § **63**. Betrachten wir die Materie dogmatisch, so müssen wir uns zunächst darüber klar werden, was unter objektivem Werth zu verstehen sei.[5])

Der Werth einer Sache ist nichts derselben Inhärirendes; er

---

[1]) G.S. S. 423.

[2]) Genehmigt am 7. September 1864, abgedruckt bei Weinhagen, Anhang S. 194 ff.

[3]) Buchhaltung S. 36, 37.

[4]) Schiebe-Odermann S. 157, 159, 187, 188 u. a. m. Nach den Elements of Book-keeping (Dublin 1842) p. 95 soll der Kaufmann in der Bilanz von dem Erwerbspreis nur einen Abschlag machen „for deterioration of goods by being kept if any".

[5]) Verfasser schließt sich in den wesentlichsten Punkten den Erörterungen Goldschmidts an (Handbuch 2. Aufl. II. § 64, wo auch die Literatur). Vgl. noch Neumann in Schönbergs Handbuch der Politischen Oekonomie 2. Aufl. I. S. 156 ff., v. Schullern-Schrattenhofen in Conrads Jahrbüchern für Nationalökonomie und Statistik N. F. Bd. 10 S. 298, Launhardt, Mathematische Begründung der Volkswirthschaftslehre (Leipzig 1885) S. 1 ff. Es kann nicht unsere Aufgabe sein, die Werththeorieen zu prüfen, sondern nur, die Sätze aufzustellen, von denen wir in der weiteren Folge ausgehen.

ist weder eine Eigenschaft derselben,[1]) noch überhaupt eine Thatsache, sondern vielmehr eine Meinungssache.[2]) Wer behauptet, eine Sache habe einen bestimmten Werth, giebt hierdurch ein Urtheil ab. Ein begründetes Urtheil muß zwei Thatsachen berücksichtigen. Erstens, daß die Sache geeignet ist, gewisse Bedürfnisse zu befriedigen, und zweitens, daß für die Erlangung der zur Befriedigung dieser Bedürfnisse erforderlichen Güter bestimmte Personen bestimmte andere Güter hinzugeben, beziehungsweise Geldsummen zu zahlen pflegen. Ueber den Inhalt dieser beiden Prämissen muß der Urtheilende sich klar werden, wenn er ein begründetes Werthurtheil abgeben will.

In der ersten Prämisse können verschiedene Arten der Bedürfnisbefriedigung zum Ausdruck kommen — entweder die direkte: Besitz oder Nutzung — oder die indirekte: die Beschaffung anderweitiger Güter durch entgeltliche Hingabe der zu bewerthenden Sache.[3]) Je nachdem in der ersten Prämisse der eine oder der andere Zweck berücksichtigt ist, nennt man den gefundenen Werth Gebrauchs- oder Tauschwerth (Verkehrswerth, Realisirungswerth).

Die zweite Prämisse hat zum nothwendigen Inhalt die Beziehung auf bestimmte Personen. Nur Personen bezahlen Preise, tauschen Güter gegeneinander aus. Von Erheblichkeit ist aber, welche Personen zur Vergleichung herangezogen werden. Es kann eine einzelne Person oder es kann — in mannigfachen Abstufungen — eine Vielheit in Betracht genommen werden. Je nach dieser Verschiedenheit kann man einen besonderen und allgemeinen Werth unterscheiden.[4])

Das Werthurtheil muß sich verschieden gestalten, je nachdem in der ersten Prämisse Gebrauch oder entgeltliche Veräußerung, in der zweiten Eine Person oder eine Vielheit berücksichtigt ist, und wir werden demgemäß unterscheiden können: 1. allgemeinen Gebrauchswerth, 2. besonderen Gebrauchswerth, 3. allgemeinen Verkehrswerth, 4. besonderen Verkehrswerth.

---

[1]) Entsch. des R.O.H.G. XXII. S. 392.

[2]) Terminologie bei Kant, Kritik der Urtheilskraft, 3. Aufl. (1799) S. 454.

[3]) Vgl. Goldschmidt S. 74.

[4]) Grundsätzlich unerheblich ist aber die Person des Urtheilenden. Unter bestimmten Voraussetzungen muß jeder Urtheilende dasselbe Werthurtheil abgeben. A. M. Launhardt a. a. O. S. 2.

Losgelöst von der Beziehung auf Personen und ihre Bedürfniszwecke läßt sich der Werth aber nicht vorstellen; der Werthbegriff ist ein subjektiver und relativer, und die Ausdrücke „objektiver" oder „absoluter Werth" enthalten eine contradictio in adiecto.[1])

Was gemeinhin objektiver Werth genannt wird, ist in Wahrheit nichts anderes als der allgemeine Verkehrswerth,[2]) welcher, wie Goldschmidt hervorhebt,[3]) seinen vollendetsten Ausdruck in dem Marktpreis findet.

Das Reichsoberhandelsgericht: Bilanz fingirte allgemeine Realisation.

§ 64. Wenn die gemeine Ansicht für die Bilanz die Einstellung des „objektiven Werths" verlangt, so abstrahirt sie von jeder Berücksichtigung des Gebrauchswerths und des besondern Werths und verlangt die Einstellung zu demjenigen Preise, zu welchem jedermann die Sache verkaufen kann.

Die Natur der Bilanz, welche einen derartigen Ansatz verlangen soll, wird vom Reichsoberhandelsgericht mit Bezugnahme auf den Art. 31 H.G.B. dahin erklärt:

> Aus dieser . . . Instruktion ist . . . das Prinzip zu entnehmen, daß die Bilanz überhaupt, mithin auch in Ansehung der nicht besonders hervorgehobenen Punkte, der objektiven Wahrheit möglichst nahe kommen soll. . . . Der Bilanz liegt hiernach die Idee einer fingirten, augenblicklichen allgemeinen Realisirung sämmtlicher Aktiva und Passiva zu Grunde, wobei jedoch davon ausgegangen werden muß, daß in Wirklichkeit nicht die Liquidation, sondern vielmehr der Fortbestand

---

[1]) So, bezüglich des absoluten Werths, zutreffend Schopenhauer, Ueber das Fundament der Moral 2. Aufl. (1860) S. 161. Ein objektiver Werth, welcher von gewissen Personen absieht (so Neumann a. a. O. S. 157, vgl. auch Dankwardt, Nationalökonomisch-civilistische Studien [1862] S. 16), erscheint als etwas Unmögliches, weil es ihm an einer begrifflich nothwendigen Voraussetzung fehlt.

[2]) Goldschmidt, welcher (S. 76 Note 12) die in der vorigen Note citirte Neumann'sche Ansicht lebhaft bekämpft, nimmt den Ausdruck „objektiver Werth" trotzdem auf, bestimmt denselben aber als einen allgemein innerhalb einer bestimmten Gemeinschaft anerkannten Werth, „das ist der objektive Niederschlag der allerdings stets subjektiven, aber doch nur vereinzelten Werthungsprozesse". Die Benennung erscheint aber doch geeignet, Irrthümer zu erregen. Ist der Werthbegriff ein subjektiver, so kann selbst das allgemein gleichmäßige Werthurtheil nicht als ein objektives bezeichnet werden. Objektiv im eigentlichen Sinne sind nur Thatsachen.

[3]) a. a. O. S. 81.

[4]) Entsch. XII. S. 19.

des Geschäfts beabsichtigt wird und daß daher bei der Ermittelung und Feststellung der einzelnen Werthe derjenige Einfluß unberücksichtigt zu lassen ist, welchen eine Liquidation auf dieselben ausüben würde.

Der in diesen Sätzen niedergelegte Gedanke, welcher sich zum Theil auch anderwärts mehrfach findet,[1]) kann nicht für zutreffend erachtet werden.

Eine „fingirte, augenblickliche allgemeine Realisirung" soll zu Grunde liegen; d. h. es soll derartig bilanzirt werden, wie wenn alle Vermögensstücke am Bilanztage verkauft werden müßten. Aus dem Wortlaut des Gesetzes ist hierfür nichts zu entnehmen — aber auch nicht aus dem Begriffe der Bilanz. Der Werth eines Vermögens, welches an einem bestimmten Tage versilbert werden soll, ist weit niedriger, als wenn es dem Eigenthümer und den bisherigen Zwecken erhalten bleibt. Da aber dies Vermögen nicht „augenblicklich allgemein" realisirt wird, so würde eine Bilanz, welche unter diesem speziellen Gesichtspunkt angefertigt ist, eine wahrheitswidrige Bewerthung enthalten.[2])

Dies sah auch das Reichsoberhandelsgericht offenbar ein. Es fügte deshalb hinzu: bei der fingirten Realisation darf auf den Einfluß einer Liquidation nicht Rücksicht genommen werden. Das heißt doch: der Werthansatz muß erfolgen, wie wenn keine allgemeine Versilberung des Vermögens beabsichtigt würde.

Haupt- und Nebensatz in der allegirten Entscheidung stehen in unlöslichem Widerspruch. Man kann nicht einen Werthansatz machen, wie wenn das Vermögen sofort realisirt würde, und dabei die Werthveränderung nicht berücksichtigen, welche eine allgemeine Versilberung (Liquidation) mit sich bringen würde.[3])

---

[1]) Grünhut, Das Recht auf die Dividende und der Dividendencoupon, in seiner Zeitschrift f. d. Priv.- und öff. Recht I. S. 388: „Es handelt sich bei der Anfertigung des jährlichen Inventars und der jährlichen Bilanz um eine sehr ernste gesetzliche Operation, gleichsam um eine periodische Liquidation." Didier im Journal des sociétés VI. p. 139: L'inventaire est la liquidation d'un exercice; mais il ne l'est que fictivement."

[2]) Es mag darauf hingewiesen werden, daß die Liquidationsbilanz auch ganz andere Posten enthalten muß, als die während des Betriebs errichtete. Hat eine Gesellschaft z. B. einen Direktor, den sie in der Liquidation nicht verwenden kann, noch auf längere Jahre engagirt, so muß das Gehalt für die gesammte künftige Zeit in die Liquidationsbilanz gestellt werden.

[3]) Ein lehrreiches Beispiel dafür, wie wenig förderlich dogmatische Fiktionen sind.

Da die Theorie, welche das Reichsoberhandelsgericht über die Natur der Bilanz aufstellt, in sich widerspruchsvoll ist, so fallen damit auch die aus dieser Theorie gezogenen Folgerungen.

Entstehungsgeschichte des Art. 31 H.G.B.

§ **65**. Auch aus der Entstehungsgeschichte des Gesetzes kann keineswegs der Schluß gezogen werden, daß generell der allgemeine Verkehrswerth als maßgebend erachtet werden sollte.

Art. 31 des Preußischen Entwurfs zum H.G.B. lautete[1]):

> Bei Aufnahme des Inventars und der Bilanz ist von den Waaren, deren Werth auf dem Lager vermindert wird, und von den Gebäuden und Geräthschaften, welche sich im Werth verringern oder durch den Gebrauch abnutzen, ein verhältnißmäßiger Abzug zu machen.
>
> Die ausstehenden Forderungen, welche als verloren anzusehen sind, müssen ganz abgeschrieben, die zweifelhaften unter einem verhältnißmäßigen Abzuge angesetzt werden.

Durch diese Bestimmungen glaubten die Verfasser erreichen zu können, daß das „aufgestellte Inventar der wahren Vermögenslage möglichst genau entspricht.“[2])

In der Nürnberger Kommission wurde geltend gemacht, daß „bei verschiedenen Geschäften auch verschiedene Arten der Errichtung von Inventaren und Bilanzen beständen, andere bei dem Bankier, andere bei dem Rheder.“[3]) Der aus diesem Gesichtspunkt gestellte Antrag auf Streichung des Art. 31 wurde aber, wie bereits erwähnt, abgelehnt.

„Mehr Anklang,“ heißt es in den Nürnberger Protokollen weiter, „fanden die Ausstellungen, die über die Wortfassung des Artikels gemacht wurden. Es wurde hervorgehoben, daß er zu Mißverständnissen Anlaß gebe; so könne man z. B. durch seine Fassung zu der Aufstellung kommen, daß nur die durch Verderb der Waaren, nicht auch die durch veränderte Konjunkturen veranlaßte Werthsminderung in Betracht kommen solle; es wurde ferner erwähnt, daß der Artikel nur auf die Werthsverringerung, nicht aber auf die Werthsvermehrung Rücksicht nehme, daß er endlich die an manchen Orten bestehenden Handelsgebräuche über Berechnung zweifelhafter Forderungen ganz außer Acht lasse.“ In Folge

---

[1]) Nürnberger Prot. Beil. I. S. 6.

[2]) Mot. S. 21.

[3]) Prot. S. 47.

dieser Ausstellungen erhielt der Art. 31 diejenige Fassung, welche zum Gesetz erhoben ist.

Aus der Motivirung ist keineswegs zu erkennen, daß die Kommission schlechthin für alle Vermögensstücke den allgemeinen Verkehrswerth im Auge hatte. Vielmehr war dies, soweit erkennbar, nur bei den „Waaren" der Fall, d. h.[1]) diejenigen Sachen, welche der Kaufmann zum Zwecke der Weiterveräußerung auf Lager hat, mit Ausschluß der Werthpapiere.[2]) Bezüglich der Werthpapiere, Grundstücke, Baulichkeiten, Geräthschaften und sonstigen Vermögensstücke ergeben die Verhandlungen nichts dafür, daß die Kommission für sie den allgemeinen Realisationswerth in der Bilanz verlangen wollte. Die Fassung des Art. 31 enthält zwar Instruktion für sämmtliche Vermögensstücke: da aber nur die Angabe des Werths, nicht diejenige des Realisirungswerths verlangt wird, so zwingt uns nichts, dazu anzunehmen, daß die Kommission beabsichtigte, auch für andere Gegenstände als für das Waarenlager die Ansetzung des allgemeinen Verkehrswerths zu verlangen.[3])

Angebliche Ausnahmen von der Vorschrift des Art. 31.

§ **66**. Es ist schon oben erwähnt, daß unzweifelhaft der Grundsatz, es sei der allgemeine Verkehrswerth in die Bilanz einzustellen, nicht ausreicht, um alle Fälle der Bilanzansätze zu decken. Man hat sich vielfach abgemüht, die Kluft zu verdecken, welche zwischen den thatsächlich üblichen Bilanzen und den vermeintlichen Anforderungen des Gesetzes liegt.

Das Reichsoberhandelsgericht war in dem Prozeß über die Bilanz der Magdeburg-Halberstädter Eisenbahngesellschaft[4]) gezwungen, zu der Frage Stellung zu nehmen. Es gestattete die

---

[1]) Wenn wir Art. 29 Abs. 2 und Art. 31 des preußischen Entwurfs „Waaren auf dem Lager" in Betracht ziehen.

[2]) Goldschmidt, Handbuch II. S. 6 f.

[3]) Uebrigens würden wir die Absicht der Kommission, selbst wenn die obigen Ausführungen nicht für zutreffend erachtet würden, nicht als maßgebend erachten dürfen, sofern sie mit sonstigen gesetzlichen Bestimmungen, mit der Natur des Rechtsverhältnisses und seiner geschichtlichen Entwicklung nicht im Einklang steht. „In dem Gesetze wie in jeder intuitiven Geistesthat liegt ein Fond unbewußten, kaum geahnten Geisteslebens, in ihm ruht die Denkarbeit von Jahrhunderten, in ihm ruht, wie in einem Kunstwerk, die Quintessenz der Denk- und Fühlweise einer ganzen Epoche." Kohler, Ueber die Interpretation von Gesetzen, in Grünhuts Zeitschrift XIII. S. 29.

[4]) Entsch. Bd. 25 S. 307 ff.

Einsetzung der Eisenbahnanlagen in die Bilanz zum Herstellungspreis unter Berücksichtigung der Abnutzungen. Dabei geht es davon aus, daß an sich der Realisationswerth nach Art. 31 als maßgebend erscheine; doch sei damit „nicht ausgesprochen, daß nicht auf den Betrag des für die Herstellung Verwendeten bewerthet werden dürfe, was sich seiner Natur nach einer anderen Schätzung seines Zustandswerths entzieht.“ Diese Begründung kann nicht für befriedigend erachtet werden. Die Schätzung des Veräußerungswerths einer Eisenbahnanlage kann und wird sehr schwierig sein; unmöglich ist sie nicht.[1]) Es giebt überhaupt keine Sache, welche nicht ihrem allgemeinen Verkehrswerth nach abgeschätzt werden kann. Dieser kann Null betragen — ein Urtheil über ihn läßt sich aber stets abgeben. Dem Gesetze gegenüber greift die Entschuldigung mit Nichtkönnen nicht Platz; auch ein absurdes Gesetz muß befolgt werden.[2]) Hier liegt aber nicht einmal ein Nichtkönnen, sondern ein Nichtwollen vor. Die Eisenbahngesellschaften könnten durch Sachverständige den Veräußerungswerth abschätzen lassen, sie könnten denselben in die Bilanz einstellen lassen -- sie thaten es trotzdem, selbst mangels einer ausdrücklichen Gesetzesbestimmung, nicht —, und es wäre dies unzulässig gewesen, wenn in Art. 31 unter dem „Werth“ der allgemeine Realisirungswerth zu verstehen sein würde.

Art. 185a des Aktiengesetzes.

§ **67**. Das neue Aktiengesetz enthält nun in Art. 185a einen ganzen Katalog solcher Fälle, in denen der Realisirungswerth nicht in die Bilanz eingesetzt werden darf oder in denen wenigstens zulässig ist, einen anderen Betrag auszuwerfen.

1. Gewisse Gegenstände müssen zu einem anderen Werth als dem allgemeinen Verkehrswerth unter Umständen eingesetzt werden:
   a) Werthpapiere und Waaren, welche einen Börsen- oder Marktpreis haben, sofern derselbe den Anschaffungs- oder Herstellungspreis übersteigt (Ziffer 1);
   b) Werthpapiere und Waaren, welche keinen Börsen- oder Marktpreis haben, sowie andere Vermögens-

---

[1]) Vgl. Randa, Bemerkungen zur Nordbahnfrage, in Grünhuts Zeitschrift XII. S. 704 ff.

[2]) Vgl. auch v. Strombeck in der Zeitschrift für das ges. Handelsrecht Bd. 28 S. 478 f.

gegenstände, sofern der allgemeine Verkehrswerth den Anschaffungs- oder Herstellungspreis übersteigt (Ziffer 2).

Beide Fälle, welche im Gesetz getrennt aufgeführt sind, sind begrifflich nicht verschieden, denn der Börsen- und Marktpreis ist nichts anderes als der Ausdruck des allgemeinen Verkehrswerths.

2. Gewisse Gegenstände dürfen zu einem anderen als dem Verkehrswerth eingesetzt werden:

a) Werthpapiere und Waaren, welche einen Börsen- oder Marktpreis haben, dürfen zu einem niedrigeren Betrage, also unter dem allgemeinen Verkehrswerth, angesetzt werden (Ziffer 1);

b) Anlagen und sonstige Gegenstände, welche nicht zur Weiterveräußerung, vielmehr dauernd zum Geschäftsbetriebe der Gesellschaft bestimmt sind, dürfen stets zu dem Anschaffungs- oder Herstellungspreise angesetzt werden, sofern ein der Abnutzung gleichkommender Betrag in Abzug gebracht oder ein derselben entsprechender Erneuerungsfonds in Ansatz gebracht wird (Ziffer 3).

Wir sehen somit, daß in den allerwichtigsten Fällen der allgemeine Verkehrswerth in der Bilanz nicht zum Ansatz gebracht zu werden braucht oder geradezu verboten ist. Begrifflich unerheblich ist, ob der Bilanzansatz hinter dem Realisirungswerth zurückbleibt oder denselben übersteigt; denn eine Bilanz ist auch dann falsch und verboten, wenn die Werthansätze zu niedrig sind.[1])

Die zu 1 und 2 aufgeführten Bestimmungen umfassen überhaupt — mit Ausnahme der Forderungen — alle Vermögensobjekte bis auf

Vermögensgegenstände, welche keinen Börsen- oder Marktpreis haben, nicht dauernd zum Geschäftsbetriebe der Gesellschaft

---

[1]) Vgl. Löwenfeld, A.G. S. 457. Es sind auch außer dem von Löwenfeld erwähnten Beispiel zahlreiche Fälle denkbar, in welchen Mitglieder der Verwaltung Interesse daran haben, eine Bilanz ungünstig zu stellen. Sie wollen z. B. den Kurs der Aktien drücken, um sie billig zu kaufen, oder die Generalversammlung zur Liquidation bestimmen, um bei der „Entgründung" Gesellschaftsaktiva billig zu erwerben. Es ist wohl auch vorgekommen, daß ein bei Beginn des Geschäftsjahres eintretender Direktor die Bilanz für das vergangene Geschäftsjahr absichtlich ungünstig gestaltete, damit der Gewinn des laufenden Jahres und dadurch seine Tantieme sich erhöhe.

bestimmt sind und bei denen der Anschaffungs- oder Herstellungspreis nicht niedriger als der allgemeine Verkehrspreis ist.

Beachtet man noch, daß bei Forderungen nicht der Veräußerungswerth, sondern derjenige Betrag, welcher bei direkter Einziehung voraussichtlich eingehen wird, angesetzt werden muß, so erscheint es unbedingt unzulässig, den präsumtiven Tauschwerth als den für die Bilanz maßgebenden Werth anzusehen, und es ist insbesondere nicht zu billigen, wenn für die Bilanz der Aktienvereine der Realisirungswerth als Regel, die zu 1 und 2 aufgeführten Fälle als Ausnahme hingestellt werden.[1]) Thatsächlich bildet zum mindesten bei Aktienvereinen der Ansatz zum Realisirungswerth die Ausnahme.[2])

Der Werthansatz auf Grundlage des individuellen Werths.

§ **68**. Ist es somit unrichtig, den allgemeinen Verkehrswerth als Prinzip oder auch nur als Regel der Bilanzansätze anzusehen, so ist es auf der anderen Seite nothwendig, einen gemeinsamen Gesichtspunkt zu finden, aus welchem dieselben erklärt werden können. Denn durch die Bilanz soll der augenblickliche Werth des Vermögens gefunden werden, und es müssen daher einheitliche Grundsätze über den Werthansatz vorhanden sein; sonst würde die Bilanz in Einzelposten zerfallen, für welche der Vergleichungsmaßstab fehlt.

Jenes einheitliche Prinzip aber läßt sich nur aus der Natur der Bilanz erklären. Sie soll die Darstellung des Vermögens einer bestimmten Persönlichkeit bilden. Losgelöst von dieser Persönlichkeit nehmen die einzelnen Vermögensobjekte einen anderen Charakter an; manche sind überhaupt nicht übertragbar[3]), noch mehr aber verändern ihren Werth in zweiter Hand. Was für den einen nur als Gebrauchsobjekt in Betracht kommt, ist für den anderen nur als Veräußerungsgegenstand von Bedeutung. Was der eine mit Rücksicht auf seine Beziehungen oder seine Stellung in der Geschäftswelt zu hohem Preise zu veräußern in der Lage ist, kann der andere nur zu erheblich niedrigerem verkaufen. Dieselbe Sache

---

[1]) So Ring, Aktiengesetz S. 256, 257.

[2]) Auf die zu 1 aufgeführten Fälle wird hierbei übrigens kein entscheidendes Gewicht gelegt. Vgl. § 72.

[3]) Man denke hierbei auch an die gesetzlichen und die nach preußischem Recht in den Grenzen des § 19 I 4 A.L.R. wirksamen privaten Veräußerungsverbote.

kann für verschiedene Personen verschiedenen Gebrauchswerth haben: je nach den Mitteln, welche sie auf die Sache zu verwenden in der Lage sind, und je nach den Zwecken, welche sie verfolgen.

Nun ist es aber für den Kaufmann, für den Aktienverein, welcher sich ein Bild von seiner Vermögenslage machen will, völlig gleichgültig, welchen Werth eine Sache, die er besitzt, in der Hand eines anderen hat, welchen Verkaufswerth sie hat, wenn er die Sache dauernd zum Geschäftsbetrieb bestimmt hat, oder welchen Gebrauchswerth eine Sache hat, welche er zur Veräußerung erworben hat. Verändert der Kaufmann die Bestimmung des Objekts, so ändert sich für ihn hierdurch die Werthgrundlage; muß er z. B. aus irgend welchen Gründen ein industrielles Etablissement, das er fabrikmäßig betreiben wollte, veräußern, so kommt von dem Moment an, wo er den Entschluß hierzu gefaßt hat, nicht mehr der Gebrauchs-, sondern nur noch der Realisationswerth in Betracht.

Hiernach können wir den Werth, welcher für die Bilanz maßgebend sein muß, als den **individuellen Werth** bezeichnen. Es ist dies der besondere Gebrauchs- oder Verkehrswerth. Ob Gebrauchs- oder Verkehrswerth maßgeblich, ist Thatfrage und hängt von der Bestimmung des Objekts ab.[1]) Der besondere Verkehrs- und Gebrauchswerth kann identisch sein mit dem allgemeinen; nämlich dann, wenn für den Bilanzirenden keine anderen Umstände

---

[1]) Der oben entwickelten Ansicht nahe kommt **Scheffler** in seinen in diesem Punkte vielfach werthvollen Ausführungen in der Vierteljahrschrift für Volkswirthschaft, Politik und Kulturgeschichte Bd. 62 S. 19 ff. Er bestimmt als Bilanzwerth den „Gebrauchswerth in der Hand des Gebrauchers unter den gegebenen Umständen". In dieser Definition vermissen wir aber die Rücksichtnahme auf den Veräußerungswerth. Auch verliert Sch. im weiteren Verlauf der Darstellung seine Definition aus den Augen und erklärt, die theoretische Frage nach dem absoluten Werthe sei für die Bilanz ohne Bedeutung, es komme nur auf den „faktischen Werth" an. „Ein Gegenstand ist mir faktisch das werth, was ich für ihn zahle." Wenn dies der „faktische Werth" ist, so hätte das Gesetz wohl den Einkaufspreis als für den Ansatz maßgebend hingestellt. Scheffler macht aber eine Ausnahme für diejenigen Gegenstände, „bei deren Werthbestimmung ..... Andere mit interessirt sind." Bei der Bilanzwerthbestimmung ist doch aber nur das Bilanzsubjekt unmittelbar interessirt. Dritte Personen können ja ein mittelbares Interesse haben; dies ist aber bezüglich sämmtlicher Bilanzposten gleichmäßig der Fall.

bei der Werthberechnung in Betracht kommen, als diejenigen, welche für die bei Berechnung des allgemeinen Werths zu berücksichtigende Personenvielheit maßgeblich sind. Nothwendig ist aber selbstverständlich ein derartiges Zusammenfallen der beiden Werthe nicht.

Der individuelle Werth ist keineswegs ein willkürlicher; im Gegentheil: er erheischt die sorgfältigste Prüfung. Denn es ist in jedem einzelnen Fall zu untersuchen, welche Gesichtspunkte mit Rücksicht auf das Bilanzsubjekt für entscheidend zu erachten sind, und erst hiernach darf der für das Bilanzobjekt anzusetzende Werth berechnet werden. Es kommen eben die Vermögensobjekte für die Bilanz nicht mit ihrem allgemeinen Veräußerungswerth, sondern in ihrer individuellen Eigenthümlichkeit zur Geltung.[1])

Erscheint nach der Natur der Bilanz der individuelle Werth prinzipiell als der entscheidende, so werden wir auf der anderen Seite finden, daß die besonderen Vorschriften, welche der Art. 185a enthält, unter diesem Gesichtspunkt ihre Erklärung finden. Gerade dasjenige, was in der Lehre von dem Bilanzansatz gemeinhin als Ausnahme bezeichnet wird, läßt sich unter dem Gesichtspunkt des individuellen Werths naturgemäß erklären.

---

[1]) Selbst in der Bilanz kommen somit die einzelnen Vermögensträger in ihrer Individualität in Betracht. Ein Aktienverein, welcher Staatspapiere zum Kurse von 100 000 *M.*, und ein anderer, welcher eine Maschine im Veräußerungswerth von 100 000 *M.* in Betrieb hat, müssen keineswegs gleichmäßig das betreffende Aktivum für 100 000 *M.* ansetzen; gerade hier kann von einer Fungibilität der Werthobjekte nicht die Rede sein. Daher erscheint die Konzession, welche Goldschmidt (a. a. O. S. 92) der Endemann'schen Werththeorie mit Rücksicht auf die Bilanzen macht, bereits als zu weit gehend.

Siebentes Kapitel.

Der Werthansatz der einzelnen Bilanzposten.

1. Die Vermögensstücke mit Ausnahme der Forderungen.

a) Allgemeines.

§ 69. Von den Vermögensstücken des Bilanzirenden bedürfen die Forderungen einer besonderen Betrachtung in Verbindung mit den Schulden. Ver-äußerungs- und Betriebs-gegen-stände.

Nach den für die Forderungen geltenden Grundsätzen sind in der Hauptsache diejenigen Werthpapiere zu berechnen, welche das sog. Portefeuille der Gesellschaft bilden (Wechsel, Checks, kaufmännische Anweisungen u. dgl.) und welche bei ihrer Begebung eine Haftung des Begebenden für den Eingang der verschriebenen Summe zu erzeugen pflegen. Hier kommt in erster Reihe die Solvenz der Schuldner in Betracht. Soweit derartige Werthpapiere, insbesondere ausländische Wechsel, einen Börsenkurs haben, wird indessen auch dieser bei Berechnung des Werths zu berücksichtigen sein.[1])

Für den Werthansatz der Vermögensgegenstände — mit Ausnahme der Forderungen — sind zwei Klassen zu unterscheiden: diejenigen, welche zur Veräußerung, und diejenigen, welche zum Gebrauche bestimmt sind.

Als zum Gebrauch bestimmt können diejenigen Gegenstände nicht bezeichnet werden, welche man, nach der üblichen Sprachweise, zum „vorübergehenden“ Gebrauch benutzt. Denn diese kommen für den Aktienverein eben nur vorübergehend, nicht aber in ihrem Endziel, unter dem Gesichtspunkt der Nutzung in Betracht.

Daher unterscheidet Art. 185a Ziffer 3, durch welchen der verschiedenartige Ansatz je nach dem Zwecke der Gegenstände für den Aktienverein sanktionirt ist, völlig korrekt zwischen solchen Gegenständen, welche „zur Weiterveräußerung“, und solchen, welche „dauernd zum Geschäftsbetriebe der Gesellschaft bestimmt sind“.

---

[1]) Vgl. auch Didier a. a. O. p. 144.

Diese Antithese soll offenbar sämmtliche möglichen Zwecke umfassen. Dafür spricht insbesondere das Wort „vielmehr“ in dem Satze:

> Anlagen und sonstige Gegenstände, welche nicht zur Weiterveräußerung, vielmehr dauernd zum Geschäftsbetrieb der Gesellschaft bestimmt sind, ꝛc.

Wir werden daher diejenigen Gegenstände, welche nur vorübergehend dem Geschäftsbetrieb dienen sollen, auch im Sinne des Gesetzes als solche ansehen müssen, welche zur Weiterveräußerung bestimmt sind.

Nicht darauf kommt es an, ob ein Gegenstand dauernd dem Geschäftsbetriebe dient, sondern darauf, ob er hierzu bestimmt ist. Kauft eine Eisenbahngesellschaft ein Grundstück, um dasselbe zur Vergrößerung eines Bahnhofs zu benutzen, vermiethet dasselbe aber vorläufig auf einige Jahre, bis mit dem Bau des Bahnhofsgebäudes begonnen wird, so darf sie das Grundstück trotzdem als Betriebsgegenstand bewerthen.[1] Erwirbt dagegen eine Industriegesellschaft, etwa mit Rücksicht auf eine ihr gehörige Hypothek, in der Subhastation ein Fabrikgrundstück und betreibt darin die Fabrikation weiter, aber doch in der Absicht, dasselbe möglichst wieder zu verkaufen, so kommt dasselbe für die Bilanz als Veräußerungsgegenstand in Betracht.

Der Zweck des Gegenstands kann sich ändern. Eine Gesellschaft ist z. B. im Besitz von Terrains, deren Veräußerung sie beabsichtigt; da die Veräußerung nicht gelingt, beschließt sie dieselben, etwa durch Anlage von Speichern, dem Gesellschaftsgegenstand dauernd dienlich zu machen. Auf der anderen Seite kommt es vor, daß Grundstücke, welche bisher zur Fabrikation gedient haben, für diesen Zweck überflüssig oder untauglich werden. Die Bilanz muß allen diesen Veränderungen in ihren Ansätzen folgen.

Verhältnis von Art. 185a Z. 1 zu Z. 2 und 3.

§ **70**. Art. 185a Ziffer 3 (vgl. oben S. 35) scheidet für die besondere Berücksichtigung aus: Anlagen und sonstige Gegenstände, welche dauernd zum Geschäftsbetriebe bestimmt sind. Eine Beschränkung der Vorschrift auf irgend eine bestimmte Klasse von Objekten ist nicht gegeben; das Gesetz disponirt für alle Betriebsgegenstände und exemplificirt nur auf Anlagen.

---

[1] Es werden nachstehend die beiden Klassen von Bilanzgegenständen der Kürze halber „Betriebsgegenstand“ und „Veräußerungsgegenstand“ genannt werden.

Es können nicht nur Grundstücke, Baulichkeiten, Maschinen und sonstige mit dem Grund und Boden verbundene Objekte Betriebsgegenstände sein, sondern auch Waaren und Werthpapiere.

Ziffer 3 des Art. 185a enthält eine allgemeine Vorschrift und derogirt für ihren Umfang den Bestimmungen der Ziffer 1 und 2. Ziffer 1 enthält Vorschriften über Werthpapiere und Waaren, welche Börsen- oder Marktpreis haben, Ziffer 2 über alle anderen Vermögensgegenstände — Ziffer 3 bezieht sich wiederum auf alle Vermögensgegenstände, sofern sie dauernd zum Geschäftsbetriebe der Gesellschaft bestimmt sind. Unter diesen Umständen ist das Verhältniß der drei Ziffern dahin klarzustellen, daß Ziffer 1 und 2 sich auf solche Gegenstände beziehen, die zur Weiterveräußerung, Ziffer 3 auf solche, die dauernd zum Geschäftsbetriebe bestimmt sind.[1])

Einzelheiten über Veräußerungs- und Betriebsgegenstände.

§ **71**. Zu den Betriebsgegenständen können daher auch die Waaren gehören. Im weitesten Sinne also „alle Güter, welche Tauschwerth haben, somit des Umsatzes natürlich und rechtlich fähig sind".[2]) Wie der Gegensatz „Werthpapiere und Waaren" ergiebt, gehören im Sinne des Art. 185a die Werthpapiere nicht zum Begriff der Waare. In den Bilanzen pflegen aber nur diejenigen übrigen beweglichen Gegenstände als Waaren bezeichnet zu werden, welche für den Verkauf bestimmt sind.[3]) Die anderen werden nach der Spezialbestimmung benannt, welcher sie dienen. Die für das Geschäftslokal bestimmten: Handlungsutensilien; die zur Fabrik gehörigen: Inventar, Geräthschaften — viele werden besonders aufgeführt: Wagen und Pferde, Waggons und dergleichen. So findet der Gegensatz zwischen Veräußerungs- und Betriebsgegenständen schon in dem Namen der Bilanzposten meist seinen erkennbaren Ausdruck.

Unerheblich für die Veräußerungsbestimmung ist es, ob die Waaren in ihrem augenblicklichen Zustande oder erst nach einer Be- oder Verarbeitung veräußert werden sollen. In der Fabrik sind daher zu den Veräußerungsgegenständen zu zählen: die zur Fabrikation zu benutzenden Materialien, die Halb- und die Ganz-

---

[1]) So wohl auch Ring, Aktiengesetz S. 258 f.

[2]) Goldschmidt, Handbuch II. S. 2.

[3]) Vgl. oben S. 157.

fabrikate.[1]) Die Bilanzen der Fabrikgesellschaften pflegen das Waarenconto in diese drei Theile zu spalten.

Dagegen sind Betriebsgegenstände, z. B. auch Holz oder Steine, welche zum Bau verwandt werden sollen, Explosivstoffe, welche Eisenbahngesellschaften zu Sprengungen benutzen u. dgl. m.[2])

Zu denjenigen Gegenständen, welche als Betriebsgegenstände in der Bilanz in Betracht kommen können, gehören aber mangels einer gesetzlichen Einschränkung auch die Werthpapiere. Regelmäßig sind diese nicht dauernd zum Geschäftsbetriebe der Gesellschaft bestimmt. Dies ist insbesondere nicht der Fall bei den sogenannten Effekten des Erneuerungsfonds. Denn deren Veräußerungswerth soll dazu dienen, geeigneten Falls die durch Abnutzung von Anlagen erforderlichen Wiederherstellungskosten zu decken. Auch die sogenannten Effekten des Reservefonds sind nicht durchgehend dazu bestimmt, dauernd der Gesellschaft erhalten zu bleiben; sie sollen vielmehr oft in bestimmten Fällen verwandt werden, z. B. zur Auffüllung magerer Dividenden, zur Bestreitung außerordentlicher Ausgaben. Auch die sogenannten Effekten des Zwangsreservefonds sind als solche nicht hierher zu rechnen; denn es steht gesetzlich nichts im Wege diese Effekten zu veräußern, und es ist meist auch in den Statuten keine Vorschrift enthalten, daß dieselben in natura erhalten bleiben sollen. Dagegen werden wir z. B. zu Werthpapieren, welche dauernd zum Geschäftsbetriebe der Gesellschaft bestimmt sind, rechnen dürfen: solche, welche als Kaution für die Erfüllung von Konzessionsbedingungen für den Gesellschaftsbetrieb dauernd ohne das Recht des Umtausches bei Behörden deponirt sind, ferner solche Aktien, welche nicht zum Zweck der Weiterveräußerung, sondern zu einer dauernden Betheiligung bei einem Unternehmen, welches in den Geschäftskreis der Gesellschaft fällt, erworben sind.

Daß in dem letztgedachten Fall Aktien nicht als Veräußerungsgegenstände in Ansatz zu bringen sind, hat auch ohne die jetzt in

[1]) Korrekt daher der österr. Entwurf von 1882 (Beil. zu den stenogr. Prot. des Abg.H. S. 616): „Gegenstände, welche zur Weiterveräußerung oder zu dem Zwecke erworben werden, die mit ihrer Hilfe herzustellenden Erzeugnisse künftig zu veräußern, ferner die Erzeugnisse der Gesellschaft."

[2]) Vgl. auch Didier a. a. O. S. 139, nach welchem auch die französischen Gesellschaften derartige Gegenstände als Veräußerungsgegenstände bewerthen, sobald sie aufgelöst werden und in Folge dessen eine Verwendung zum Geschäftsbetrieb nicht mehr möglich ist.

Geltung befindliche gesetzliche Spezialbestimmung das Reichsoberhandelsgericht in der mehrfach citirten Entscheidung über die Bilanz der Magdeburg-Halberstädter Eisenbahngesellschaft — wenn auch unter abweichender Motivirung — anerkannt.[1]) Die Gesellschaft hatte unter der Bedingung des Erwerbs von 20 Millionen Mark Hannover-Altenbeckener Eisenbahnaktien von der Hannover-Altenbeckener Eisenbahngesellschaft die gesammte Verwaltung und den Betrieb der dieser gehörigen Bahnstrecken für deren Rechnung ohne Beschränkung und ohne Kündigungsrecht übertragen erhalten. Sie hatte durch einen von der Aufsichtsbehörde genehmigten Statutennachtrag diesen „Betrieb gegen Betheiligung an dem Unternehmen durch Erwerb von Aktien" unter ihre Unternehmungsgegenstände aufgenommen. Sie stellte nun ihren „Antheil an der Hannover-Altenbeckener Eisenbahn" zu einem den Kurs der Hannover-Altenbeckener Aktien weit übersteigenden Betrage in die Aktiva ein, und zwar, wie ihre eignen Bahnanlagen, zum Erwerbspreis — anscheinend unter Berücksichtigung der Abnutzung im Erneuerungsfonds. Das Reichsoberhandelsgericht erklärte dies als gerechtfertigt. Es legt das entscheidende Gewicht darauf, daß die Magdeburg-Halberstädter Gesellschaft das Betriebsrecht der Hannover-Altenbeckener Eisenbahn hatte, während „allerdings nicht jeder Gesellschaft, die innerhalb ihres Geschäftsbetriebs eine bedeutende Partie Aktien eines und desselben Unternehmens erwirbt, das Recht zuzugestehen wäre, sich neben dem Kurswerth dieser Aktien noch für die durch dieselbe begründete Einwirkung auf jenes Unternehmen einen Werthbetrag unter die Aktiven in der Bilanz auszuwerfen". Die Begründung erscheint unhaltbar. Keine Gesellschaft ist befugt, sich für die Befugniß, für fremde Rechnung ein Unternehmen zu betreiben, einen Aktivposten auszuwerfen. Denn ein solches Recht ist an sich völlig werthlos. Auch hat die Magdeburg-Halberstädter Eisenbahngesellschaft gar nicht den Kurswerth der Aktien und außerdem das Betriebsrecht ausgeworfen; es wäre dies auch undenkbar, denn, da die Betheiligung an dem H.-A. Unternehmen stets zu dem Erwerbspreis bewerthet wurde, so müßte dann der Werth des Betriebsrechts stets um so höher geschätzt worden sein, je tiefer der Kurs der Aktien sank. Auf das Betriebsrecht kann es mithin nicht ankommen. Richtig ist, daß nicht jede Gesellschaft, welche einen größeren

---

[1]) Entsch. Bd. 25 S. 308 ff.

Posten von Aktien eines Unternehmens hat, sie als Betriebsgegenstand buchen darf; aber nicht das Betriebsrecht ist das Entscheidende, sondern der Umstand, daß der Aktienerwerb im Interesse des Geschäftsbetriebs der Gesellschaft und, wie die Statutenänderung ergiebt, zur dauernden Betheiligung bei dem Hannover-Altenbeckener Unternehmen geschah. Die Magdeburg-Halberstädter Gesellschaft stand in Folge dessen dem Unternehmen wirthschaftlich wie eine Kommanditistin gegenüber.

In der Praxis der französischen Aktiengesellschaften geht man in der Neigung, die Effekten bei der Bilanz nicht als Veräußerungsgegenstände in Betracht zu ziehen, ziemlich weit. Von Bedeutung ist aber, daß die Bank von Frankreich alle Staatsrenten, welche zum dauernden Besitz bestimmt sind, stets zum Einkaufspreis aufnimmt, mag der Tageskurs höher oder niedriger sein. Sie geht hierbei davon aus, daß die Renten für sie nicht als Veräußerungsobjekte, sondern als Geldanlagen in Betracht kommen, bei welcher es sich für sie lediglich um die Verzinsung ihres Kapitals handelte.[1]

Erwerbspreis als Höchstbetrag des Ansatzes.

§ 72. Das Aktiengesetz stellt in Art. 185a Ziff. 1, 2 und 3 für beide Klassen von Vermögensobjekten eine gemeinsame Norm auf: sie sollen nicht zu einem den Erwerbs- oder Herstellungspreis übersteigenden Werthe angesetzt werden.[2]

Diese Bestimmung steht im Widerspruch mit den allgemeinen für die kaufmännische Bilanz geltenden Grundsätzen des Art. 31 H.G.B., welcher eine solche Einschränkung nicht enthält; die Fassung dieses Artikels wurde, wie die Nürnberger Protokolle ergeben, zum Theil gerade aus dem Grunde gewählt, damit auch Wertherhöhungen berücksichtigt werden.

Die Aktiennovelle von 1870 änderte an diesem allgemeinen Grundsatze auch für die Aktienvereine nichts; und auch der dem Bundesrathe vorgelegte Aktiengesetzentwurf hielt ihn wenigstens für diejenigen Gegenstände, welche einen Börsen- und Marktpreis haben, aufrecht, während er den Erwerbspreis[3]) im übrigen als Maximal-

---

[1]) Didier a. a. O. S. 144 f. Nach dem französischen Gesetz vom 9. Juni 1867 muß die Bank von Frankreich 100 Millionen Francs dauernd in Renten anlegen. Vgl. hierüber und ähnliche Fälle bei anderen Notenbanken Wagner, System der Zettelbankpolitik S. 104, 113.

[2]) v. Völderndorff, A.G. S. 691 Note 40.

[3]) Unter der Bezeichnung „Erwerbspreis“ wird der „Anschaffungs- oder Herstellungspreis“ des Gesetzes zusammengefaßt.

grenze festsetzte.[1]) Der dem Reichstag vorgelegte Entwurf aber fixirt für alle Vermögensstücke den Erwerbspreis als Höchstbetrag des Ansatzes.[2]) Dieser Vorschlag ist Gesetz geworden.

Wir haben also in diesem Punkte jetzt eine Divergenz zwischen der Bilanz der Aktienvereine und zwischen den übrigen kaufmännischen Bilanzen.

Daß der Erwerbspreis kein Maßstab für den individuellen Werth ist, kann mindestens für diejenigen Vermögensstücke, welche zur Veräußerung bestimmt sind, nicht zweifelhaft sein. Das Gesetz sagt auch nicht, daß Gegenstände zu dem Erwerbspreise eingestellt werden sollen, sondern nur, daß sie nicht höher angesetzt werden dürfen.

Das aufgestellte Prinzip, daß für die Bilanz der individuelle Werth maßgeblich ist, wird aber durch jene Bestimmung trotzdem nicht durchbrochen.

Dagegen spricht zunächst die Einheitlichkeit des Bilanzbegriffs. Man wird, selbst wenn Divergenzen in Einzelheiten existiren sollten, nicht annehmen dürfen, daß zwischen den Bilanzen der Aktienvereine und den übrigen ein begrifflicher Unterschied eingeführt werden sollte.

Vergegenwärtigen wir uns aber auch Zweck und Bedeutung der Bestimmung. Löwenfeld, welcher zuerst für die Einstellung des Selbstkostenpreises als Höchstbetrages lebhaft eintrat,[3]) begründet seine Ausführungen dahin: „Die Aktiengesellschaft konsumirt ihren Gewinn vollständiger als der private Kaufmann; um so mehr muß sie sich davor hüten, einen nur erhofften Gewinn als realisirt anzusehen. . . . Will man den Aktionären Gewinn zuführen, so realisire man ihn durch Veräußerung der Sache; bestehen Gründe gegen die Realisirung, so darf man auch die Möglichkeit des Preisrückgangs nicht ausschließen. . . . Unanzweifelbar ist nur der realisirte Gewinn; nur diesen sollte die Aktiengesellschaft konsumiren dürfen."

Die Begründung zum Aktiengesetz sagt zu diesem Punkte:[4]) „Die letztere Einschränkung (nämlich die Maximalbegrenzung durch den Erwerbspreis) ist dem Artikel 31 fremd, findet aber in dem

---

[1]) Entw. I. Art. 185a Z. 1, Mot. I. S. 258, 259.

[2]) Entw. II. Art. 185a Z. 1 und 2, Mot. II. S. 89.

[3]) Wenn auch mit einigen erheblichen Einschränkungen, welche im Gesetz keine ausdrückliche Berücksichtigung gefunden haben. Aktiengesellschaften S. 433 f. Vgl. auch Oechelhäuser, Nachtheile des Aktienwesens S. 81.

[4]) Mot. I. S. 258, Mot. II. S. 89.

Wesen der Aktiengesellschaft ihre Rechtfertigung, weil mit Rücksicht auf die regelmäßig eintretende Vertheilung des Reingewinns verhindert werden muß, daß nicht schon ein zwar nominell vorhandener, thatsächlich aber noch nicht durch Verkauf der betreffenden Vermögensstücke realisirter Gewinn zur Vertheilung gelangt."

In dem Bericht der Reichstagskommission heißt es zu dieser Frage:[1] „In Frage gekommen ist es zu Ziffer 1, ob es nicht angängig sei, in solchen Fällen, in denen eine dauernde Erhöhung des Werths einer Waare oder eines Werthpapiers eingetreten sei, anstatt des niedrigeren Anschaffungswerthes einen sich dem wirklichen Werth mehr nähernden Werth in die Bilanz aufzunehmen, etwa den niedrigsten Kurs des letzten oder vorletzten Geschäftsjahrs.[2] Es ist darauf hingewiesen, daß immerhin einige Gefahr auch dafür bestehe, daß die Bilanz zu niedrig gemacht werde, und daß der Willkür der Gesellschaftsorgane Thür und Thor geöffnet sei, wenn z. B. eine Bank verpflichtet wäre, preußische Konsols, welche sie vor Jahren zum Kurse von 96 Prozent erworben habe, trotz eines gegenwärtigen Kursstandes von 103 Prozent, in ihrer Bilanz zu 96 Prozent anzusetzen, da der Vorstand es alsdann in der Hand habe, durch die Veräußerung eines vielleicht zur Reserve bestimmten größeren Postens den Gewinn eines beliebigen Jahres erheblich zu vermehren und diesem einen Jahre den Gewinn zuzuweisen, welcher faktisch im Laufe einer längeren Reihe von Jahren durch die allmähliche Kursaufbesserung bewirkt sei. Darauf ist erwidert, daß der Gewinn immer erst realisirt sei, wenn die Waare oder das Effekt zu dem höheren Preise verkauft worden sei; der Entwurf wolle die Vertheilung eines fiktiven Gewinns verhindern und zugleich verhüten, daß nicht der Dividende wegen die Kurse momentan für den für die Bilanzaufstellung maßgebenden Zeitpunkt künstlich in die Höhe getrieben würden."

Es ergiebt sich aus diesen Motivirungen, daß keineswegs die Grundlagen des Art. 31, nach denen der Erwerbspreis unerheblich ist, für unrichtig erachtet wurden; nur sollte bei den Aktienvereinen nach Möglichkeit der Vertheilung fiktiver Dividenden vorgebeugt werden, und daher ein nach sonstigen Bilanzgrundsätzen erzielter

---

[1]) S. 24.

[2]) Vgl. die Bestimmungen des Schweizerischen Obligationenrechts Art. 656 Ziff. 3, auch Ziff. 4 (oben S. 32).

Gewinn, welcher noch nicht realisirt ist, von der Vertheilung als Aktiendividende ausgeschlossen sein.[1])

Die Vorschrift, daß die Vermögensstücke nicht über ihrem Erwerbspreise angesetzt werden dürfen, ist denn auch materiell keine Bilanzvorschrift, sondern betrifft nur die Dividendenvertheilung. Das Gesetz will die Gesellschaft zwingen, einen Gewinn, welcher noch nicht realisirt ist, in Reserve zu stellen und erst dann zu vertheilen, wenn die betreffenden Vermögensobjekte veräußert sind.

Daß die vorstehend vertretene Auffassung zutreffend ist, beweist Art. 240 Abs. 2. Hiernach muß der Vorstand einer Aktiengesellschaft die Eröffnung des Konkurses beantragen, „wenn aus der Jahresbilanz oder einer im Laufe des Geschäftsjahrs aufgestellten Bilanz sich ergiebt, daß das Vermögen nicht mehr die Schulden deckt".

Nehmen wir den Fall, daß eine Aktiengesellschaft, deren Grundkapital 100 000 Mark und deren Schulden 50 000 Mark betragen, als einziges Aktivum einen Posten Aktien besitzt, welcher der Gesellschaft 20 000 Mark kostet, nach dem Tageskurs aber einen Werth von 90 000 Mark hat. Würde man annehmen, daß die gedachte Bestimmung die Bilanz als solche trifft, so müßte der Vorstand in einem solchen Fall die Konkurseröffnung beantragen. Das wäre aber ein unmögliches Resultat. Der Art. 240 der früheren Fassung und § 193 der Konkursordnung machten nur die materielle Ueberschuldung zur Voraussetzung der Konkurseröffnung. Es kann nicht angenommen werden, daß das Gesetz im Gegensatz hierzu im gedachten Fall eine nicht überschuldete Gesellschaft als überschuldet fingiren wollte.

---

[1]) In der französischen Doktrin und Rechtsprechung ist man der Ansicht, daß das gesetzliche Verbot der Vertheilung fiktiver Dividenden die Unzulässigkeit des Ansatzes eines den Erwerbspreis überschreitenden Tageskurses zur nothwendigen Folge hat. Vgl. z. B. Mornard, Sociétés en commandite p. 166 s. Aus diesem Gesichtspunkt erfolgte auch die Verurtheilung von Bontoux und Feder in dem Prozesse wegen der Manipulationen bei der berüchtigten Union générale. Das Gericht erachtete z. B. als fraudulös, daß bei einer Unternehmung auf Grund der Tageskurse ein Gewinn von 3 Millionen Francs eingestellt wurde, während noch ein großer Posten Aktien im Besitz der Gesellschaft war, welcher schließlich einen Verlust von 14 Millionen Francs ergab. Entsch. des Tribunal correctionnel de la Seine vom 20. Dezember 1882 (Journal des soc. IV. S. 25). Vgl. auch Entsch. der Cour de Paris vom 27. Dezember 1883 (eod. VI. S. 1).

Nicht die Bilanz als solche, sondern nur die Gewinnvertheilung sollte mithin durch die Vorschrift über den Erwerbspreis betroffen werden; und daher berührt jene Vorschrift auch in keiner Weise die begrifflichen Grundlagen des Werthansatzes in der Bilanz. Formell figurirt in derselben als Höchstbetrag der Erwerbspreis; materiell wird, falls der sonst nach Bilanzgrundsätzen anzusetzende Werth höher ist, hierdurch nur eine Kapitalreserve mit Rücksicht auf die noch nicht erfolgte Gewinnrealisation gebildet.

In einem anderen Fall, in welchem das Gesetz die Vertheilung von Dividenden verbot, trotzdem nach den Bilanzgrundsätzen ein Reingewinn vorhanden sein würde, hat es gestattet, daß die Aktiva zu dem höheren Werthe angesetzt werden, daß also auch formell der von der Vertheilung ausgeschlossene bilanzmäßige Gewinn in Reserve gestellt wird.[1])

Feststellung des Erwerbspreises.

§ **73**. Die Feststellung der Summe, welche den Anschaffungs- und Herstellungspreis bildet, ist keineswegs so einfach, wie die Motive anzunehmen scheinen, und die Sache ist insbesondere nicht „ganz klar", wie von Völderndorff behauptet.[2])

a) Bei Werthpapieren.

Betrachten wir zunächst die Werthpapiere. Hat der Aktienverein einen Posten zu einheitlichem Preise gekauft, so bildet

---

[1]) Es ist dies § 7 Abs. 3 der Einführungsbestimmungen: „Werden in Gemäßheit der Vorschrift im Artikel 185a Ziffer 3 und 239b dauernd zum Geschäftsbetriebe der Gesellschaft bestimmte Gegenstände unter Zugrundelegung des Anschaffungs- oder Herstellungspreises zu einem Betrage angesetzt, welcher den Werth übersteigt, mit welchem sie in der Bilanz des Geschäftsjahrs vor dem 1. Oktober 1883 enthalten sind, so dürfen hierauf beruhende Dividenden nur unter Beobachtung der Vorschriften gezahlt werden, welche für Herabsetzung des Kapitals der Kommanditisten oder des Grundkapitals maßgebend sind." Also auch hier — falls die letztgedachten Vorschriften nicht beobachtet sind — Unzulässigkeit einer Dividendenzahlung, trotzdem an sich bei einem den allgemeinen Bilanzgrundsätzen entsprechenden Ansatz eine Gewinnvertheilung gestattet wäre. Der Unterschied von dem Fall, daß Vermögensgegenstände zu einem unter dem Kurswerth liegenden Erwerbspreis anzusetzen sind, ist ein nur formeller. Im Fall des § 7 wird der Gegenstand nach allgemeinen Grundsätzen in den Aktiven bewerthet, und der in Folge dessen unter den Voraussetzungen des § 7 sich ergebende Theil des Reingewinns als nicht vertheilungsfähig erklärt, d. h. in Reserve gestellt; im letztgedachten Fall dagegen die Differenz alsbald von dem Werth des Aktivums abgezogen. Materiell soll durch beide Bestimmungen Fürsorge getroffen werden, daß nicht etwa ein vielleicht fiktiver Gewinn auf Grund äußerlich richtiger Bilanzen vertheilt wird. S. unten § 100.

[2]) A.G. S. 687.

natürlich dieser den Höchstbetrag. Ist der Ankauf zu verschiedenen Preisen geschehen, so kann entweder jeder Theilposten zu seinem besonderen Preise betrachtet oder — was materiell gleich — für den Gesammtposten der Durchschnittserwerbspreis ermittelt werden.[1])

Ist von Werthpapieren, welche zu verschiedenen Kursen im Laufe des Jahres gekauft sind, ein Theil wieder verkauft,[2]) so ist zu ermitteln, ob die Verkäufe als Realisationen bestimmter Objekte angesehen werden können oder nicht. Hat eine Bank 100 Aktien am 1. Februar zu 400 und 100 Stück am 1. April zu 425 gekauft, dagegen 100 Stück am 1. März zu 410 verkauft, so wird als Erwerbspreis der restirenden 100 Stück 425 angesehen werden dürfen, da die ersten 100 Stück bereits nachweislich realisirt waren, als die zweiten 100 Stück gekauft wurden. Hat dagegen der Verkauf von 100 Stück nicht am 1. März, sondern erst am 1. Mai stattgefunden, so darf es nicht als der Willkür der Bank anheimgestellt angesehen werden, ob sie die ersten oder die zweiten 100 Stück als die verkauften ansehen will. Es läßt sich nur feststellen, daß 200 Stück zum Durchschnittskurs von $412^1/_2$ erworben sind, und dieser Durchschnittskurs muß als der Erwerbspreis betrachtet werden.[3])

Unerheblich ist es, ob etwa die Bank in dem letzten Fall die ersten und die zweiten 100 Stück in zwei getrennten Packeten aufbewahrt und zur Ablieferung bei dem Verkauf das erste Packet benutzt hat. Bei Feststellung des Objekts, für welches der Erwerbspreis berechnet wird, kommt es überhaupt nicht auf die Spezies, sondern auf das Genus an.

Die gesetzliche Vorschrift würde bei jeder anderen Auslegung illusorisch gemacht werden können. In vielen Fällen erwirbt derjenige, welcher bilanzmäßig als Eigenthümer anzusehen, überhaupt niemals das juristische Eigenthum an einer bestimmten Spezies.

---

[1]) Weshalb dies nicht zulässig sein soll (v. Völderndorff S. 687), ist nicht einzusehen; es ist sogar in vielen Fällen, wie weiterhin dargelegt wird, allein zulässig.

[2]) Vgl. zum Folgenden Courcelle-Seneuil, Comptabilité p. 93 s.

[3]) Sind 100 Aktien am 1. Februar zu 400 gekauft, 50 am 1. März zu 425 verkauft, 200 am 1. April zu 450 gekauft, so würde der Erwerbspreis der übrig bleibenden 250 Stück im Durchschnitt 440 betragen, während in der Gewinn- und Verlustrechnung der bei dem Verkauf der am 1. März verkauften 50 Stück erzielte Gewinn von $50 \times 25 = 1250$ verzeichnet werden müßte.

Statt anderer Beispiele sei nur auf den unter Berliner Banken und Bankiers bestehenden Effektengiroverkehr [1]) hingewiesen. Die Betheiligten liefern und erhalten hier regelmäßig überhaupt keine Effekten; Veräußerung und Erwerb vollzieht sich durch Zu- und Abschreibung auf dem betreffenden Conto des Effektengirovereins.

Es ist in kaufmännischen Kreisen die Behauptung aufgestellt worden, es sei eine legale Umgehung des Gesetzes, wenn eine Bank die ihr gehörigen Effekten reportire, d. h. dieselben etwa per ultimo November verkaufe und per ultimo Dezember wieder zurückkaufe und dann den an letzterem Zeitpunkt gezahlten Kaufpreis in die Bilanz einstelle. Wenn die Ansicht richtig wäre, so wäre die Gesetzesvorschrift in den Wind gegeben. Aber eben weil anzunehmen ist, daß ein Gesetz etwas sachlich Erhebliches wolle und nach seinem Zwecke interpretirt werden muß, kann die Ansicht nicht für richtig erachtet werden. [2])

Unter dem Anschaffungspreis ist nicht der Kaufpreis zu verstehen, sondern diejenigen Beträge, welche für den Erwerb aufgewandt werden mußten. Hatte eine Bank 100 Aktien mit 400 gekauft, reportirt dieselben am Ultimo November auf einen Monat zum Ultimoliquidationskurs, welcher 450 betragen mag, glatt, d. h. ohne Zahlung eines Reports oder Deports, so bezahlt sie für die ihr am Ultimo Dezember abgelieferten 100 Aktien zwar einen Kaufpreis von 450 — die Aktien kosten sie aber nicht 450, sondern nur 400.

Eine legale Umgehung des Gesetzes würde es allerdings sein, wenn die Bank 100 Stück Aktien zu 450 verkauft und demnächst wieder zu gleichem Kurse zurückkauft. Es ist aber nothwendig, daß die Bank in solchem Falle, wenn auch nur kurze Zeit, das Risiko trägt, die Aktien nicht zu demselben Kurse zurückzuerwerben. Es würde z. B. zulässig sein, daß die Bank an einem Börsentage um 1 Uhr die Aktien zu 450 verkauft und um 1½ Uhr den gleichen Betrag Aktien zu 450 kauft, um letzteren Kurs als Anschaffungspreis anzusehen. Im Einzelfall wird untersucht werden müssen, ob die Bank das gedachte Risiko in der That eine Zeit lang ge-

---

[1]) Geschäftsordnung für das Giro-Effektendepot der Bank des Berliner Kassenvereins in der Zeitschrift für das ges. Handelsrecht Bd. 28 S. 587.

[2]) Uebereinstimmend v. Völderndorff S. 687.

tragen hat oder ob sie sich etwa bereits vorher gesichert hat, die Aktien wieder zu dem Verkaufskurse zurückzuerhalten. Im letzteren Fall würde nur ein Scheinmanöver vorliegen, welches unter Umständen nach Art. 249d Ziff. 1 als strafbar anzusehen sein möchte.

Ist bei der Anschaffung ein Rabatt in irgend einer Form bewilligt[1]), so mindert sich der Anschaffungspreis um diesen Betrag. Sind dagegen seitens der Gesellschaft bei dem Erwerb Provisionen an Makler oder ähnliche Vergütungen gezahlt worden oder sind bei dem Erwerb sonstige Unkosten (Porti, Stempel 2c.) entstanden, so erhöht sich der gezahlte Kaufpreis um dieselben. Denn sie mußten aufgewandt werden, um den Erwerb zu ermöglichen, und gehören daher zu derjenigen Summe, welche für die Anschaffung verausgabt wurde.[2])

§ **74**. Während Werthpapiere durch Anschaffung in das Vermögen des Aktienvereins gelangen, kann dies bei Waaren durch Anschaffung oder durch Herstellung (Fabrikation) geschehen. Bezüglich des Erwerbs durch Anschaffung gelten diejenigen Grundsätze, welche bezüglich der Werthpapiere entwickelt sind. Was dagegen die Herstellung anbetrifft, so ist streitig, was zu den Herstellungskosten im Sinne des Gesetzes zu rechnen ist. b) Bei Waaren.

Wir haben in der geschichtlichen Entwicklung gesehen, daß ursprünglich die Erwerbs-, also auch die Herstellungskosten, als allein maßgeblich für den Bilanzansatz angesehen wurden. Es ist hier zu beachten, daß die allgemeinen Geschäftsunkosten (Spesen), zu denen auch die Gehälter der Ladendiener gehörten, nicht hierzu gerechnet, vielmehr als Jahresverlust angesehen wurden.[3])

In der Praxis belastet man das Fabrikationsconto für alle diejenigen Ausgaben, welche speziell für eine fabrizirte Waare gemacht werden. Hierhin gehören insbesondere die Rohstoffe und die Arbeitslöhne. Wird nur Eine Waarengattung fabrizirt, so wird nur Ein Fabrikationsconto eröffnet; werden mehrere hergestellt, so sind die Conti zu trennen. Buchhalterisch gestaltet sich der Vorgang

---

[1]) Im Bankverkehr wird derselbe gewöhnlich Provision genannt. So vergüten z. B. Emissionshäuser solchen Banken und Bankiers, welche bei ihnen Aktien zeichnen, oft $1/4$ oder $1/2$ % „Provision".

[2]) Vgl. auch Swoboda, Comptoirwissenschaften I. S. 149.

[3]) Vgl. Pacioli a. a. O. cap. 22.

so: Zunächst werden die angeschafften Rohstoffe einem Rohstoffconto belastet. Sobald die Fabrikation beginnt, wird das Rohstoffconto für die entnommenen Rohstoffe creditirt und das Fabrikationsconto hierfür belastet; dem letzteren fallen dann auch die sonstigen speziellen Kosten der Fabrikation zur Last.[1])

Man hat nun in Lehrbüchern der Buchhaltung behauptet, daß das Fabrikationsconto für einen entsprechenden Antheil an den allgemeinen Geschäftsunkosten (Miethe für Fabrikräume, Reinigungskosten, Personalsteuern, Porti, Gehälter des zum Verkauf der Fabrikate angestellten Personals und des Vorstands u. dgl.) belastet werden dürfe[2]), und es ist die Ansicht aufgestellt worden, daß ein derartiger Antheil an den Regiekosten auch im Sinne des Aktiengesetzes zu den Herstellungskosten gehöre.[3])

Hiergegen spricht zunächst die Entstehungsgeschichte der Bilanzen, auf Grund deren angenommen werden muß, daß im kaufmännischen Sinne die Generalunkosten als Jahresverlust angesehen werden. Damit stimmt auch nach eingezogenen Erkundigungen und nach den veröffentlichten Gewinn- und Verlustrechnungen die Praxis der größeren Gesellschaften überein. Dasselbe wird auch bezüglich der Buchführung der französischen Fabriken als Regel bestätigt.[4])

Gegen die Ansicht, daß zu den Herstellungskosten im Sinne des Aktiengesetzes die sog. Generalunkosten, beziehungsweise ein entsprechender Antheil an denselben zu rechnen sei, sprechen aber noch andere Gründe. Zunächst die Gegenüberstellung von Anschaffungs- und Herstellungskosten. Wenn eine Bank Werthpapiere kauft, so wird Niemand annehmen können, daß sie zu dem Anschaffungspreis auch einen Theil der Generalunkosten, etwa der Gehälter der Bankbeamten, demselben hinzufügen darf. Dasselbe muß aber naturgemäß bezüglich der Fabrikate gelten. Die Generalunkosten entstehen größtentheils gar nicht durch die Herstellung der Fabrikate; sie müßten auch verausgabt werden, wenn nichts fabrizirt wird. Brennt eine Fabrik nieder, so bezieht der Direktor sein Gehalt weiter. Wird die Fabrikation eingestellt, so muß die Miethe für

---

1) Vgl. Schiebe-Odermann S. 247.
2) Schiebe-Odermann S. 249 f., Scherber, Bilanzen S. 80.
3) Esser, Aktiengesetz S. 148; dagegen v. Völderndorff, A.G. S. 688.
4) Courcelle-Seneuil, Comptabilité p. 100.

die Fabrikräumlichkeiten fortgezahlt werden. Nur, was speziell für die Herstellung verwandt ist, fällt unter die Herstellungskosten.

§ **75**. Im Einzelnen wird es Thatfrage sein und sorgfältige Prüfung der Gesellschaftsorgane erheischen, was zu den Herstellungskosten zu rechnen sei.

Aber auch die sorgfältigste Prüfung wird nicht immer zu einem ziffermäßigen Resultate kommen, ja oft wird die Feststellung unmöglich sein.

Das Aktiengesetz ist sowohl im Artikel 185a, als auch anderwärts [1]) offenbar davon ausgegangen, man könne bei jedem Objekt in mehr oder minder einfacher Weise den Herstellungspreis feststellen. Dem ist aber nicht so. Rohstoffe wechseln ihren Preis, Löhne ihre Höhe; im Laufe des Jahres wird eine Anzahl Fabrikate verkauft. Welche Rohstoffe zu den bei der Inventur übrigbleibenden Fabrikaten verwandt, welche Löhne bei ihrer Herstellung gezahlt seien, läßt sich vielfach nicht ermitteln. Die Geschäftsbücher können nur ergeben, welches der Herstellungspreis der sämmtlichen Fabrikate im Laufe des Jahres gewesen ist. Es würde geradezu dem Geiste des Gesetzes widersprechen, wenn man, selbst wenn der Nachweis des Herstellungspreises der einzelnen Inventurbestände möglich wäre, diesen für maßgeblich erachtete. Nehmen wir an, die Gesellschaft habe 10 gleiche Lokomotiven gebaut, von denen 4 je 8000 und 6 je 10 000 *M.* kosten. Verkauft die Gesellschaft nun vier Stück, so darf es nicht von dem zufälligen Umstand, aus welcher der beiden Kategorieen die Lieferung erfolgt, abhängen, welcher Herstellungspreis für die verbleibenden Lokomotiven bei der Bilanz in Frage kommt.

Man wird davon ausgehen müssen: Soweit nur ein Durchschnittsherstellungspreis ermittelt werden kann, ist nur dieser in Betracht zu ziehen. Sind Einzelherstellungspreise zu ermitteln, ein Theil der Waare aber verkauft, so muß gleichfalls der Durchschnittspreis maßgebend sein, sofern nicht nachweislich, z. B. wenn zu einer Zeit im Jahre sämmtliche Vorräthe verkauft waren, die Einzelherstellungspreise nicht nur formell, sondern auch materiell

[1]) Bei den Bestimmungen über die Gründung (z. B. Art. 175d, 175e, 209g, 209h). Hier führt die gesetzliche Vorschrift, daß die Herstellungspreise angegeben werden müssen, in der Praxis zu unerträglichen Resultaten; denn die Herstellungspreise sind thatsächlich in vielen Fällen nicht zu ermitteln.

für die Inventarbestände entscheidend sind. Ist ein Herstellungspreis ziffermäßig nicht nachzuweisen, so wird eine Schätzung desselben eintreten müssen.

c) Bei sonstigen Gegenständen.

§ **76**. Was in den vorstehenden §§ von den Waaren- und Werthpapieren dargethan ist, muß auf die übrigen Vermögensstücke des Aktienvereins entsprechende Anwendung finden. Ueberall ist daran festzuhalten, daß nicht der formell gezahlte Preis, sondern die thatsächlich aufgewandten Kosten als Erwerbspreis für die Bilanz in Frage kommen. Erwirbt z. B. ein Aktienverein ein Grundstück, auf welchem er eine erste Hypothek von 20 000 *M.* hatte, für 1000 *M.* in der Subhastation, so kostet das Grundstück nicht 1000 *M.*, sondern 20 000 *M.* und die Gerichts- 2c. Kosten.[1]) In der Praxis der doppelten Buchhaltung wird in einem solchen Fall das Grundstücksconto für den vollen Betrag der Hypothek, auch soweit dieselbe ausgefallen ist, belastet und hierdurch auch die kaufmännische Anschauung über diesen Punkt dokumentirt.

Bezüglich der Patente ist zu bemerken, daß als Herstellungskosten derselben auch die Kosten der auf dieselben hinzielenden Experimente angesehen werden müssen.

Was die Erwerbskosten der Anlagen der Eisenbahnen und sonstigen industriellen Etablissements anbelangt, so soll darüber unter § 83 des Näheren gehandelt werden.

Erwerbspreis als Höchstbetrag. Zusatz.

§ **77**. Wir haben im § 72 gesehen, daß der wahre Inhalt des Verbots, einen den Erwerbspreis übersteigenden Werth in die Bilanz zu setzen, der ist, daß nicht realisirte Gewinne nicht vertheilt werden dürfen.

Unter diesem Gesichtspunkt ist eine einschränkende Interpretation dahin gestattet, daß nicht schlechthin verboten ist, Waare, die bereits zu einem höheren Preise verkauft ist, zu diesem einzustellen.[2]) Denn dieser Gewinn ist realisirt; er kann dem Aktienverein nur entgehen, wenn der Gegner zahlungsunfähig wird. Die Solvenz des Käufers oder Bestellers kann hier allerdings die Bewerthung beeinflussen, und es ergiebt sich dadurch, daß ein derartiger Posten verkaufter Waare eigentlich zwei verschiedenartige

---

[1]) A. M. Esser, A.G. S. 145 f.

[2]) So auch Esser, A.G. S. 148, Scheffler a. a. O. S. 40; dagegen Ring, A.G. S. 260.

Posten in sich greift: den Werth der Waare und den des Verkaufsengagements.[1])

Auf der anderen Seite werden wir durch unsere Auslegung zu einer ausdehnenden Gesetzesinterpretation veranlaßt sein.

Wir werden den Anschaffungskurs auch bei schwebenden Kaufengagements als Höchstbetrag ansehen müssen. Kauft eine Bank im Dezember 1885 100 Aktien per ultimo Januar 1886 zum Kurse von 500 und die Aktien stehen am 31. Dezember 550, so darf sie einen Gewinn auf das Engagement nicht in die Bilanz pro 1885 stellen.

Aber auch bei Blankoverkäufen wird analog bilanzirt werden müssen. Hat die Bank im Dezember 1885 100 Aktien zum Kurse von 600 per ultimo Januar 1885 à la baisse verkauft, so wird es für unzulässig erachtet werden müssen, wenn die Bank mit Rücksicht auf den Kurs am Jahresende einen Gewinn aus dem Geschäft bucht, ohne sich vorher zu decken. Denn auch in diesem Fall ist ein Gewinn noch nicht realisirt.

b) Besonderes über den Werthansatz der Veräußerungsgegenstände.

§ **78**. Bezüglich derjenigen Gegenstände, welche nicht dauernd zum Geschäftsbetrieb der Gesellschaft bestimmt sind, enthält das Aktiengesetz noch eine zweite Maximalgrenze: sie dürfen, sofern sie einen Börsen- oder Marktpreis haben, nicht höher als zu diesem angesetzt werden.[2]) Marktpreis als Höchstbetrag.

Für die Frage, ob eine Waare Marktpreis hat[3]), ist es unerheblich, ob sie auf Märkten in der ursprünglichen sinnlichen Bedeutung dieses Worts, d. h. bei Gelegenheit regelmäßiger örtlich und zeitlich bestimmter dem Abschluß von Kaufgeschäften gewidmeter Zusammenkünfte gehandelt wird. Vielmehr ist nur er-

---

[1]) Vgl. oben S. 109 f. Die Frage, ob der noch nicht einkassirte Gewinn als realisirter anzusehen, ist auch im französischen Recht streitig. Vgl. Mornard a. a. O. p. 168.

[2]) Die Novelle von 1870 enthielt nur die Vorschrift, daß kurshabende Papiere höchstens zu dem Kurswerthe der Bilanzzeit eingestellt werden dürfen. Für die Ausdehnung dieses Grundsatzes auf marktgängige Waaren s. Auerbach, Aktienwesen S. 281. Ueber die Bewerthung der Loospapiere nach dem bosnischen H.G.B. s. oben S. 31.

[3]) Vgl. zu derselben Thöl, Handelsrecht I. § 252, Keyßner in Holtzendorffs Rechtslexikon II. S 724 und vor allem Goldschmidt, Handbuch II. § 64a.

forderlich, daß die Waare in einem bestimmten räumlichen Gebiet regelmäßig umgesetzt wird; der Marktpreis selbst ist nach der Definition Goldschmidts[1]) derjenige Preis, welcher für eine Waare gewisser Art und Güte an dem Handelsplatze, wo sie einen Markt hat, und in dessen Handelsbezirk zu einer gewissen Zeit gewährt wird.[2]) Der Börsenpreis dagegen hat die Existenz einer Börse, d. h. einer regelmäßigen Versammlung von Kaufleuten an bestimmten Orten zum Zwecke des Geschäftsschlusses zur Voraussetzung; die deutschen Börsen sind überdies öffentliche, unter staatlicher Aufsicht stehende Institutionen.[3]) Der Börsenpreis ist eine Spezies des Marktpreises.

Marktpreis, Börsenpreis sind Thatsachen, keine Urtheile.[4]) Wer aber ein Urtheil über den allgemeinen Verkehrswerth eines Gegenstandes abgeben will, muß den Markt- und Börsenpreis in Betracht ziehen; während der Urtheilende sonst die einzelnen Verkäufe gleichartiger Gegenstände erst mühsam zusammenstellen muß, gewährt ihm der Marktpreis unmittelbar den Nachweis der geschehenen Abschlüsse; und diese Abschlüsse sind solche, welche sich nicht geheim und zufällig, sondern im offenen Wirken der wirthschaftlichen Kräfte entwickelt haben. In Folge dessen ist das Werthurtheil in diesem Fall wesentlich vereinfacht; der Marktpreis bildet den Maßstab für den allgemeinen Verkehrswerth und insofern kann man sagen, daß der „objektive Tauschwerth" seinen vollendetsten Ausdruck in dem Marktpreis finde.[5])

Daß der Marktpreis — wozu nachstehend überall auch der Börsenkurs gezählt wird — durch amtliche oder außeramtliche Notizen (Preis-Kurant, Kurszettel u. dgl.) festgestellt wird, ist nicht erforderlich. Wo eine derartige Preisfeststellung stattgefunden hat, gewährt sie aber die Vermuthung der Richtigkeit. Es wird aber

---

[1]) Handbuch II. S. 101.

[2]) Vgl. Entsch. des R.O.H.G. II. S. 195 u. a. m.

[3]) Struck, Die Effektenbörse (1881) S. 3.

[4]) Zu beachten ist, daß der Marktpreis sich regelmäßig nur auf eine bestimmte Qualität, im Zweifel auf Handelsgut mittlerer Art und Güte bezieht, und daß vielfach Usancen diejenigen Eigenschaften festsetzen, welche für die Lieferbarkeit mangels anderweitiger vertraglicher Bestimmungen maßgebend sind. Vgl. Simon in v. Holtzendorffs Rechtslexikon 2. Aufl. II. S. 256 f., wo auch Literatur; Didier a. a. O. p. 141.

[5]) So Goldschmidt, Handbuch II. S. 81.

freistehen müssen, eine Nachprüfung nach zwei Richtungen vorzunehmen.[1]) Erstens dahin, daß die Waare oder das Werthpapier überhaupt keine marktgängige, beziehungsweise daß wegen Geringfügigkeit der Umsätze ein wahrer Marktpreis nicht zu ermitteln sei[2]), — in diesem Falle fällt die durch den Marktpreis gesteckte Bilanzschranke überhaupt fort. Dann aber auch dahin, daß ein anderer als der wahre Marktpreis notirt sei — dann ist dieser, und nicht der notirte, maßgeblich.

In den Marktberichten und Kurszetteln finden wir drei Modifikationen des notirten Preises durch die Zusätze „Bezahlt", „Geld" und „Brief". Der erste bedeutet, daß zu dem notirten Preise thatsächlich Geschäftsabschlüsse stattgefunden haben. „Geld" ist eine Waare, wenn sie zu dem betreffenden Preise gesucht, „Brief", wenn sie zu demselben ausgeboten wird.[3]) Der reine Geldpreis (Geldkurs) und der reine Briefpreis (Briefkurs) stellen einen Marktpreis überhaupt nicht dar; vielmehr wird der letztere nur dann als vorliegend erachtet werden dürfen, wenn die Waare als „bezahlt" notirt ist. Die beiden anderen Notizen werden bei Berechnung des Werths in Betracht gezogen werden müssen — die formelle gesetzliche Beschränkung der Höchstbewerthung durch den „Marktpreis" vermögen sie nicht zu begründen.

Wird nur zu Einem Preise an dem für die Bilanzziehung maßgebenden Tage die Waare oder das Werthpapier marktgängig gehandelt, so ist selbstredend dieser entscheidend. Einen derartigen Einheitspreis stellt auch der an der Berliner Fondsbörse bei Cassageschäften regelmäßig notirte Mittelkurs dar[4]); denn nur zu diesem werden gewöhnlich Cassageschäfte abgeschlossen.

Ist dagegen z. B. im Laufe der Börse zu verschiedenen Kursen gehandelt worden, so ist der letzte Kurs und nicht ein irgendwie berechneter Durchschnittskurs maßgebend. Wenn die Bilanz per Ende 1885 zu ziehen ist, so ist der kritische Zeitpunkt, genau ge-

---

[1]) Entsch. des Reichsgerichts vom 11. April 1883 (Blums Annalen VII. S. 533 und Entsch. XII. S. 7).

[2]) An manchen Börsen werden Kurse nur notirt, wenn die Umsätze ein gewisses Quantum übersteigen. Vgl. Struck, Effektenbörse S. 40.

[3]) „Bezahlt und Geld" bedeutet, daß Umsätze zu dem Preise stattfanden und daß die Waare zu demselben gesucht blieb; entsprechend ist auch die Notiz „bezahlt und Brief" zu erklären.

[4]) Vgl. über diesen Struck, Effektenbörse S. 41 f.

nommen, der Mitternachtsaugenblick zwischen dem 31. Dezember 1885 und 1. Januar 1886. Es soll nun nach dem Gesetz der Börsenkurs „zur Zeit der Bilanzaufstellung“ maßgebend sein. Wörtlich kann die Bestimmung nicht genommen werden; um Mitternacht findet keine Börse statt. Sinngemäß kann das Gesetz nur den letzten Kurs vor diesem Zeitpunkt im Auge haben. Es würde auch gegen den Geist der Vorschrift sein, wenn z. B. Aktien anfangs der Börse mit 500 gehandelt wurden und zum Schluß auf 450 zurückgehen, einen Kurs von 475 als „Börsenpreis zur Zeit der Bilanzziehung“ anzusehen.[1])

Die Worte „zur Zeit der Bilanzziehung“ bedeuten übrigens keineswegs, daß etwa der Moment, in welcher die Bilanz angefertigt wird, entscheidend ist, vielmehr bestätigt die Begründung des Gesetzentwurfs, daß der Ablauf des Geschäftsjahrs als der maßgebende Zeitpunkt angesehen wurde.[2])

Wenn an dem letzten Tage des Geschäftsjahrs ein Marktpreis nicht zu ermitteln ist, so folgt daraus noch nicht, daß überhaupt kein Marktpreis zu berücksichtigen sei. Denn das Gesetz setzt als Höchstbetrag nicht den Marktpreis am letzten Tage des Geschäftsjahrs, sondern „zur Zeit der Bilanzziehung“.

Da die Bilanz auf den Moment des Uebergangs des alten Jahrs auf das neue gestellt werden muß, so ergiebt sich kein prinzipieller Grund dafür, daß der Marktpreis des letzten Tages des Geschäftsjahrs maßgebend sein müßte. Es wird vielmehr die Frage, ob ein Marktpreis noch für den Ablauf des Geschäftsjahrs in Betracht zu ziehen sei, nach Lage des konkreten Falls entschieden werden müssen. Fällt der letzte Tag auf einen Sonntag, so bildet der Marktpreis des vorhergehenden Werktages den Höchstbetrag. An der Berliner Börse werden Wechsel auf Paris und London nur an drei Tagen der Woche gehandelt; hier wird der letzte Tag des Geschäftsjahrs, an welchem die betreffende „Devise“ gehandelt wurde, ausschlaggebend sein.

Oertlich maßgebender Marktpreis.

§ 79. Das Gesetz bestimmt, daß Veräußerungsgegenstände,

---

[1]) A. M. Auerbach, Aktienwesen S. 280. Der Art. 353 H.G.B. kann hier nicht maßgebend sein; er disponirt nur für den Fall, daß in einem Vertrage der Marktpreis oder Börsenpreis als Kaufpreis bestimmt ist.

[2]) Mot. I. S. 259. — Vgl. Renaud, A.G. S. 560, Ring, A.G. S. 258, v. Völderndorff, A.G. S. 686; auch Entsch. des Reichsgerichts in Straff. II. S. 30 f.

„welche einen Börsen- oder Marktpreis haben“, höchstens zu diesem anzusetzen sind. Damit kann nicht gemeint sein, daß diese Grenze eintritt, wenn die Waare irgendwo in der Welt marktgängig ist; für eine ostpreußische Gesellschaft wird es regelmäßig gleichgiltig, meist sogar gar nicht zu ermitteln sein, welchen Marktpreis ein Gegenstand auf den Samoainseln hat. Auf der anderen Seite wird man aber nicht fordern dürfen, daß die Waare an dem Sitz der Gesellschaft einen Markt hat; für eine Potsdamer Gesellschaft, welche an der Berliner Börse im Handel befindliche Effekten besitzt, wird der Berliner Börsenkurs die Höchstsumme des Werthansatzes darstellen. Es wird im einzelnen Fall zu prüfen sein, ob der Gegenstand an dem für den Ort des Geschäftsbetriebs maßgebenden Platz einen Marktpreis hat.[1])

Es kann fraglich werden, welcher von verschiedenen Marktpreisen auswärtiger Orte in Betracht zu ziehen ist. Besitzt eine Berliner Bank Papiere, welche nur an den Börsen von London und Petersburg gehandelt werden, so wird untersucht werden müssen, welche Börse durch Geschäftsumfang oder ihren sonstigen Einfluß die tonangebende ist; kann dies nicht festgestellt werden, so wird nach der Tendenz des Gesetzes der niedrigere Kurs berücksichtigt werden müssen.

Der besondere Verkaufswerth für den Ansatz der Veräußerungsgegenstände maßgebend.

§ 80. Nach Art. 185a soll bei marktgängigen Waaren und Werthpapieren der Marktpreis nur — neben dem Erwerbspreis — den Höchstbetrag angeben, welcher nicht überschritten werden darf. Da der — reelle — Marktpreis den allgemeinen Verkehrswerth darstellt, so ist damit anerkannt, daß der allgemeine Verkehrswerth für den Werthansatz von Einfluß ist, ihn aber nicht bestimmt.[2])

---

[1]) Vgl. Preuß. Ges. betreffend die Zwangsvollstreckung in das unbewegliche Vermögen vom 13. Juli 1883 § 64: „Die Sicherheit muß geleistet werden durch Hinterlegung von . . . inländischen Papieren, welche an dem für den Ort der Versteigerung maßgebenden Handelsplatz Kurs haben . . . .“ Mathematisch läßt sich das Marktgebiet nicht bestimmen. A. M. Launhardt, Mathematische Begründung der Volkswirthschaftslehre (1885) S. 151: „Die Größe des Marktgebiets ist umgekehrt proportional dem Quadrate des Frachtsatzes.“ (!)

[2]) Unrichtig ist es daher insbesondere auch partikularrechtliche Definitionen des „gemeinen Werths“ für entscheidend zu erklären. So Entsch. des Stadt- und Kreisgerichts Magdeburg in Sachen der Sudenburger Maschinenfabrik vom 27. Oktober 1875 (Civil- und kriminalrechtliche Entsch. deutscher Gerichtshöfe in Gründungssachen 1876. I. S. 63 ff.).

Die Motive erklären[1]):

> Die getroffene Vorschrift schließt natürlich nicht aus, Papiere, welche nach dem Tage der Bilanzaufstellung einen Kursrückgang erfahren haben, nur zu diesem niedrigeren Kurse anzusetzen, vielmehr fordert dies die von den Gesellschaftsorganen zu prästirende Sorgfalt eines ordentlichen Geschäftsmanns. Dasselbe gilt, wenn die Gesellschaftsorgane aus thatsächlichen Umständen zu der Ueberzeugung gelangen müssen, daß der an sich zulässige Ansatz den wirklichen Werth übersteigt. . . . Nicht anders verhält es sich mit Waaren, welche einen Marktpreis haben.

Diese Erklärung kann nicht für befriedigend erachtet werden.

Wenn eine Bilanz für Ende 1885 gezogen wird, so muß es im Prinzip für unzulässig erachtet werden, einen Kurs des Jahres 1886 zu Grunde zu legen. Die Ansätze in der Bilanz würden andernfalls von dem zufälligen Umstande abhängen, ob dieselbe im Januar oder im Juni fertiggestellt wird. Ergiebt sich in der Zwischenzeit, daß der Kurs erheblich herabgegangen ist, so tangirt dies den „objektiven Tauschwerth" im Bilanzmoment nicht[2]); es mag dann die Gesellschaft mit Rücksicht auf etwa im neuen Jahr eintretende Kursverluste einen entsprechenden Betrag, soweit zulässig, von der Vertheilung ausschließen und in Reserve stellen.

Noch weniger kann im Gegensatz zu dem aus dem Marktpreis ersichtlichen allgemeinen Verkehrswerth ein „wirklicher Werth" ausschlaggebend sein — und zwar deswegen, weil ein anderer „wirklicher Werth" nicht existirt. Ein „innerer" „wirklicher" Werth der Gegenstände ist etwas begrifflich Unmögliches[3]); das Werthurtheil schwankt, je nach den Personen und Zwecken, welche bei demselben berücksichtigt werden.

Schließlich wird es nicht der Willkür der Gesellschaftsorgane

---

[1]) Mot. I. S. 259, Mot. II. S. 89.

[2]) Vgl. Grünhut in seiner Zeitschrift I. S. 389.

[3]) Die kanonistische Doktrin versuchte allerdings mit einem solchen zu rechnen, ging dabei aber von der communis aestimatio und dem cursus aus; vgl. Endemann, Studien II. S. 35. Man unterschied dann auch wohl pretium summum, medium, infimum; de Turri, Tract. de cambiis (Frankfurt 1645) disp. I. qu. 24. Bei Savary (Dict. II. p. 1777) finden wir valeur intrinsèque definirt als „la valeur propre réelle et effective d'une chose". Vgl. auch noch Didier (a. a. O. S. 145): „Le prix coûtant devra donc être inscrit à l'inventaire, s'il est justifié par la valeur intrinsèque de l'entreprise."

überlassen bleiben dürfen, zu welchem Ansatz die Vermögensgegenstände, sofern er den Marktpreis nicht übersteigt, anzusetzen seien. Denn der Art. 31, welcher den Werth, der den Vermögensgegenständen zur Zeit der Bilanzziehung beizulegen ist, anzunehmen zwingt, rechnet offenbar nur mit Einem zulässigen Werthe.

Indem das Gesetz davon ausgeht, daß auch solche Gegenstände, welche zur Veräußerung bestimmt sind, nicht schlechthin zu dem allgemeinen Verkehrswerth anzusetzen sind, läßt es, da der Gebrauchswerth für derartige Gegenstände nicht in Betracht gezogen werden kann, überhaupt nur noch die eine Möglichkeit übrig, sie zu dem besonderen Veräußerungswerthe anzusetzen.

Wir sehen hierdurch die oben (§ 68) aufgestellte allgemeine Behauptung, daß der individuelle Werth einzustellen ist, in diesem Spezialfalle durch das Gesetz bestätigt.

Mag immerhin für Andere jeder beliebige Veräußerungspreis erzielt werden können, — für die Gesellschaft kann nur derjenige Betrag maßgebend sein, den sie erzielen kann.

Freilich werden derartige Schätzungen thatsächlich mehr oder weniger von der Individualität des Schätzenden abhängen und oft mit Schwierigkeiten verbunden sein; darum setzte das Gesetz die Schranke durch den Marktpreis. Es bestimmte dadurch nichts anderes, als daß die Gesellschaft nicht annehmen dürfe, daß der besondere Veräußerungswerth marktgängiger Gegenstände für sie ein höherer sei als für andere Personen, und machte dadurch einen regelmäßig sich als richtig erweisenden Erfahrungssatz zum unverletzbaren Grundsatz.

Es wird auch hier konkret zu würdigen sein, welcher Betrag unter Berücksichtigung aller Einzelumstände angesetzt werden darf. Nur einige Beispiele.

Ein Aktienverein besitzt Werthpapiere, welche an der Berliner Börse gehandelt werden. Der besondere Verkehrswerth ist jedenfalls um die Verkaufskosten niedriger als der Kurs. Hiernach wird sich der Ansatz je nach der Natur der Gesellschaft verschieden gestalten müssen. Eine Berliner Bank braucht nur die Maklerkurtage, sofern eine solche üblicher Weise gezahlt wird, und den Stempel abzurechnen.[1]) Die Provinzialbank wird außerdem die an

---

[1]) Vgl. Ring, Aktiengesetz S. 258.

ihren Berliner Kommissionär zu zahlende Provision, den für das Kommissionsgeschäft zu zahlenden Stempel und die Porti abziehen müssen. Das industrielle Etablissement in der Provinz muß, sofern es nicht direkt mit einem Berliner Bankier in Verbindung steht, den Verkaufsauftrag seinem Provinzialbankier geben, welcher wiederum einem Berliner Bankier den Auftrag weiter gibt; hierdurch entstehen noch fernere Kosten. So kann dasselbe Werthpapier, trotzdem es Kurswerth hat, für verschiedene Aktienvereine je nach Lage der Umstände verschiedenen Veräußerungswerth haben.

Noch andere Thatsachen können in Betracht kommen. Ein Aktienverein hat große Posten Eines Werthpapiers; selbst bei allmählichem Verkauf würde es vielleicht nicht möglich sein, den Kurs innezuhalten. Der besondere Verkaufswerth wird dann entsprechend unter dem Börsenpreis angesetzt werden müssen. Dasselbe gilt, wenn der Börsenkurs ein künstlich getriebener ist, so daß nicht angenommen werden kann, daß die Gesellschaft zu demselben hätte verkaufen können.[1])

Eine besondere Betrachtung verdient der Werthansatz der Halbfabrikate. Diese sind regelmäßig nicht marktgängige Waare; sollen sie in dem Zustand, in welchem sie sich befinden, veräußert werden, so würde der zu erzielende Preis verhältnißmäßig gering sein; „wohl nie verhält sich der Realisationswerth des Halbfabrikats zu demjenigen der fertigen Waare, wie der betreffende Herstellungspreis beider."[2]) Falls ein Aktienverein, welcher nicht die Fabrikation betreibt, aus irgend einem Grunde, etwa in der Zwangsvollstreckung, Halbfabrikate erwirbt, wird er nur den allgemeinen Verkehrswerth auch für sich maßgebend erachten dürfen. So lange aber die Halbfabrikate der im Betrieb befindlichen industriellen Gesellschaft gehören, welche auch die Fertigstellung der Waare besorgt, ist der besondere Verkaufswerth ein höherer: nämlich der Verkaufswerth der fertigen Waare abzüglich der auf die Fertigstellung noch zu verwendenden Kosten. Dieser besondere Verkaufswerth ist allerdings höher als der allgemeine; er darf aber trotzdem eingesetzt werden, da Halbfabrikate regelmäßig keinen Marktpreis haben, und der Werthansatz in anderen Fällen durch den allgemeinen Verkehrswerth nicht beschränkt ist. Nur wird hierbei zu

---

[1]) v. Strombeck in Buschs Archiv Bd. 37 S. 19.

[2]) Ring a. a. O.

beachten sein, daß bei der Kalkulation für die fertige Waare kein höherer als der Marktpreis in Betracht gezogen werden darf, und daß selbstverständlich die Herstellungspreise den Höchstbetrag des Werthansatzes bilden.

Ist Waare auf Bestellung angefertigt oder sonstwie verkauft, so bildet der vereinbarte Preis für den Aktienverein den besonderen Verkehrswerth. So weit die Waare, beziehungsweise das fertige Fabrikat, keinen Marktpreis hat, steht nichts im Wege, den vereinbarten Preis zum Werthansatz zu benutzen. Aber auch wenn die Waare eine marktgängige ist, wird der Preis, trotz des niedrigeren Marktpreises, insofern Berücksichtigung finden, als der Werth des Verkaufengagements in der Bilanz zum Ausdruck kommen darf und muß.[1])

c) Besonderes über den Werthansatz der Betriebsgegenstände.

§ **81**. Welche Gegenstände als solche anzusehen seien, die „dauernd zum Geschäftsbetrieb der Gesellschaft bestimmt sind", ist bereits oben (§ 69) dargelegt worden. Betriebsgegenstände (Einzelheiten).

Im Einzelnen ist noch zu bemerken.

Sachen und Rechte jeder Art können Betriebsgegenstände sein. Aber es ist stets erforderlich, daß dieselben reell existiren. Nicht Ausgaben, sondern nur Vermögensstücke dürfen auch unter diesem Gesichtspunkt in den Aktiven figuriren.

Die Köln-Mindener Eisenbahngesellschaft[2]) zahlte auf Grund Vertrags vom 10. August 1865 dem preußischen Fiskus 39 Millionen Mark, wogegen dieser auf das Recht, die Aktien zum Parikurse zu amortisiren, d. h. für sich zu erwerben, verzichtete. Durch diese Zahlung erlangten die einzelnen Aktionäre bei dem damaligen Kursstande der Aktien unleugbare Vortheile, wogegen die Gesellschaft selbst keinerlei Vermögensobjekt erwarb. Trotzdem stellte die Gesellschaft die 39 Millionen Mark als Aktivum in die Bilanz, indem sie das Bauconto um diesen Betrag erhöhte. Ein solches Verfahren kann nicht für zulässig erachtet werden.

---

[1]) Vgl. oben S. 109 f.

[2]) Vgl. zum Folgenden v. Strombeck in Buschs Archiv Bd. 28 S. 28 f., Schüler in der Zeitung des Vereins Deutscher Eisenbahnverwaltungen Bd. 19 S. 67.

Unerheblich ist es, ob die Gegenstände beweglicher oder unbeweglicher Natur sind; auch bewegliche Sachen (Betriebsmaterial u. dgl.) können dauernd dem Gesellschaftszwecke dienen. Was das Gesetz unter Anlagen verstanden wissen wollte,[1]) kann dahingestellt bleiben, da es „Anlagen und sonstige Gegenstände" als mögliche Betriebsgegenstände bezeichnet, die Anlagen mithin keinen besonderen rechtlichen Charakter haben.

Alles, was überhaupt reelles Aktivum einer Bilanz sein kann, kommt auch als Betriebsgegenstand in Betracht. Es ist daher insbesondere auch nicht erforderlich, daß die Gesellschaft juristisches Eigenthum an der Sache hat. Baut z. B. eine Eisenbahngesellschaft eine bequeme Straße auf öffentlichem Grund und Boden, um den Zugang zu einem Bahnhof für das Publikum zu erleichtern, so wird sie den Kostenbetrag zu den Kosten des Bahnhofs rechnen dürfen, trotzdem ihr die Straße nicht gehört. Nicht mit Unrecht führt auch die österreichische Südbahngesellschaft ihren Beitrag zum Bau der Gotthardbahn als Aktivum in der Bilanz, weil sie durch denselben einen wirthschaftlichen Vortheil, welcher dauernd ihrem Geschäftsbetriebe dient, gegen Aequivalent erwarb.[2])

Unbewegliche Sachen können Betriebsgegenstände sein; es ist dies aber nicht immer der Fall. Zu beachten ist, daß unter den sogenannten Baugesellschaften zweierlei Arten zu unterscheiden sind. Die einen beabsichtigen die dauernde Benutzung eines Grundstücks unter prinzipiellem Ausschluß der Veräußerung (Passagen u. dgl.); andere aber beabsichtigen Terrainspekulation, theils nach vorheriger Bebauung der Grundstücke theils ohne solche. Für die letzteren sind die unbeweglichen Güter Veräußerungsgegenstände und daher nach den für diese gegebenen Grundsätzen zu bilanziren.

Unerheblich ist, ob der betreffende Gegenstand durch Statut oder in Folge von Verwaltungsmaßregeln, sowie ob er unmittelbar oder nur mittelbar dem Gesellschaftszwecke dient. Unter dem letztgedachten Gesichtspunkte sind auch die Geschäftsgrundstücke von Banken und Versicherungsgesellschaften als Betriebsgegenstände anzusehen.

Höhe des Werthansatzes. Erwerbspreis.

§ **82.** Nach Art. 185a Ziff. 3, 239b können Betriebsgegenstände „ohne Rücksicht auf einen geringeren Werth zu dem An-

---

[1]) Vgl. hierüber Ring, Aktiengesetz S. 179, 262.

[2]) Vgl. v. Strombeck a. a. O.

schaffungs- oder Herstellungspreise angesetzt werden, sofern ein der Abnutzung gleichkommender Betrag in Abzug gebracht oder ein derselben entsprechender Erneuerungsfonds in Ansatz gebracht wird".[1]) Es sind also zwei Punkte zu berücksichtigen: Erwerbspreis und Abnutzung.

Ueber die Bestimmung des Erwerbspreises der Vermögensstücke ist schon oben (§§ 73 bis 76) gehandelt worden. An dieser Stelle bleibt noch speziell von den Eisenbahnunternehmungen und sonstigen industriellen Etablissements zu handeln.

Diejenigen Gegenstände, welche dauernd dem Geschäftsbetrieb derartiger Aktienvereine gewidmet sind und die wir nachstehend als „Anlage" bezeichnen wollen,[2]) bilden ein eigenthümliches einheitliches Ganzes. Grundstücke, Baulichkeiten, Maschinen, Lokomotiven, Waggons und sonstige Zubehörstücke werden theils durch Anschaffungsgeschäfte, theils durch Herstellung zu dem besonderen Gesellschaftszweck zusammengefügt. Die einheitliche Zweckbestimmung giebt ihnen ihr besonderes wirthschaftliches Gepräge. In ihre einzelnen Stücke zerlegt würden sie die ihnen eigenthümliche wirthschaftliche Bedeutung verlieren und ebenmäßig ihren wirthschaftlichen Werth ändern.

Demgemäß kann auch der Werth nur für die Gesammtheit und nur einheitlich festgestellt werden. Die Anschaffungs- und Herstellungskosten des gesammten Objekts bilden die Grundlage; mögen auch einzelne Theile untergehen — bleibt das Ganze als solches seinem Zwecke erhalten, so bleibt das Objekt bestehen.

Es zeigt sich dies zunächst in kleineren Verhältnissen. Eine Fabrik wird mit Zubehör für einen Gesammtpreis gekauft. Zu dem Zubehör gehören zahlreiche kleine Gegenstände, welche durch den Gebrauch abgenutzt werden oder untergehen, Handwerkszeug u. dergl. Ein Erwerbspreis für die übrigbleibenden Gegenstände läßt sich oft überhaupt nicht ermitteln, weil derselbe eben nur für

[1]) Nach dem Schweiz. Obligationenrecht Art. 656 Ziff. 2 sind Grundstücke, Maschinen und Gebäude höchstens nach den Anschaffungskosten mit Abzug der erforderlichen und den Umständen angemessenen Abschreibungen anzusetzen. Soweit diese Bestimmung von dem Art. 185a Ziff. 3 des Aktiengesetzes abweicht erscheint das letztere folgerichtiger und präziser.

[2]) Das Gesetz hat wohl unter „Anlagen" einen engeren Begriff verstanden. Es deckt sich derselbe auch nicht mit dem, was in der Nationalökonomie als Anlagekapitalien bezeichnet wird (Roscher, System der Volkswirthschaft I. S. 91).

die Gesammtheit festgesetzt ist. Den Bilanzen ist auch fernerhin der Erwerbspreis des Ganzen zu Grunde zu legen.

Ein Aktienverein erwirbt ein Kohlenbergwerk. Die Nutzung desselben besteht in einem Aufzehren der Substanz;[1]) diese wird fortdauernd vermindert. Der ursprüngliche Erwerbspreis des Ganzen, welches seinem wirthschaftlichen Betriebe erhalten bleibt, bildet auch fernerhin die Bilanzgrundlage.

Die Berlin-Potsdam-Magdeburger Eisenbahngesellschaft brach eine etwa drei Meilen lange Strecke zwischen Burg und Magdeburg ab und baute einen neuen Eisenbahnweg. Nichts desto weniger ließ sie die abgebrochene Strecke, beziehungsweise die für dieselbe entstandenen Kosten, mit Recht weiter in den Bilanzen figuriren,[2]) weil das Gesammtunternehmen seinem bisherigen Zwecke erhalten blieb und der Herstellungspreis desselben sich einfach um den Betrag der neuen Strecke vermehrte. Ebenso ließen sowohl die gedachte Gesellschaft, als auch andere, welche alte Bahnhöfe abbrachen, Interimsbahnhöfe und demnächst neue Bahnhöfe erbauten, die Kosten aller drei Bahnhöfe als Herstellungskosten des Gesammtunternehmens in der Bilanz.

Anders müßte natürlich bilanzirt werden, wenn ein Theil des Gesammtunternehmens veräußert wird oder wenn es ganz oder ein selbstständiger Theil desselben aufgegeben wird. Geht eine Insel, auf welcher sich eine Fabrik befindet, unter, so muß diese aus dem Aktivum verschwinden.

Insbesondere Erwerbspreis der Eisenbahnen.

§ 83. Die Höhe des Erwerbspreises ist auch hier nicht nach rein civilrechtlichen Grundsätzen, sondern von wirthschaftlichen Gesichtspunkten aus zu berechnen. Es fragt sich stets: welche Beträge hat die Gesellschaft aufwenden müssen, um die Anlage zu erwerben?

Die Frage ist nur konkret zu beantworten. Eine reiche Praxis hat sich in dieser Beziehung bei den Eisenbahngesellschaften entwickelt. Die Werthansätze derselben, welche für sonstige industrielle Etablissements typisch sind, bedürfen einer speziellen Darlegung.

Alles, was zur Herstellung derselben verausgabt werden mußte, pflegt einem einheitlichen Conto, gewöhnlich Bauconto genannt, zur Last geschrieben zu werden.

---

[1]) Vgl. v. Strombeck in Buschs Archiv Bd. 37 S. 4 f., Verhandlungen der Eisenbahnuntersuchungskommission S. 1789.

[2]) A. M. Schüler a. a. O. S. 66.

Selbstverständlich dürfen auf dem Bauconto nur diejenigen Beträge figuriren, welche wirklich verausgabt sind. Bleiben die Kosten hinter dem Voranschlage zurück, so war der Herstellungspreis eben um die Differenz kleiner. Hat eine Bahn, deren Aktienkapital 2 Millionen Mark beträgt, nur 1½ Millionen zum Bau verwandt, so darf auch das Bauconto nicht höher belastet werden.[1]) Wie wir bereits oben gesehen haben (§ 30), wird trotzdem in den Bilanzen der nicht verwandte Theil des Grundvermögens häufig als „ideelles Aktivum" unter dem Titel Bauconto in die Bilanz gestellt. Wird ein ideelles Passivum dagegen gebucht, so sind die doppelten Buchungen eine Farce, welcher Art. 185a Ziff. 5 im Wege steht;[2]) würde die Gegenbuchung in den Passivis unterlassen werden, so wäre die Bilanz auch ohnehin falsch.

Unter keinen Umständen darf auch ein Betriebsdefizit den Kosten der Anlage zugezählt werden, weil dasselbe erst nach Fertigstellung derselben entstehen kann. Die Halle-Sorau-Gubener Eisenbahngesellschaft nahm zur Deckung eines Betriebsdeficits eine Anleihe auf — die königliche Eisenbahndirektion bezeichnete dies euphemistisch: „die Unterbilanz wird durch Aufnahme der Anleihe konsolidirt",[3]) — und setzte nunmehr statt des Worts „Defizit" einfach „Bauconto" in die Bilanz. Dies war unzulässig; die Erwerbskosten wurden nicht gesteigert und es macht für die Bilanz keinen

---

[1]) Man kann daher auch nicht die „Ersparnisse bei dem Bau" als Ueberschüsse betrachten, welche in den Reservefonds gelegt werden können. So unrichtig u. a. Statut der Kottbus-Schwielochsee E.G. (G.S. 1845 S. 275), der Niederschlesisch-Märkischen Zweigbahn (G.S. 1844 S. 678); vgl. auch S. 69 f. Auf unrichtiger Anschauung beruht insbesondere auch der Geschäftsbericht der Thüringischen Ost-Westbahn Zwickau-Weida (G.A. V. S. 148): „Die Bahn darf jetzt als fertig bezeichnet werden und so erscheint es auch gerechtfertigt, das Generalbauconto, wie es nach den mit der Bauunternehmung geschlossenen Verträgen sich ziffermäßig herausstellt, auch in der Bilanz erscheinen zu lassen, und dabei aus dem Minderbetrag, der nicht baar hat verwendet werden müssen und insofern einen Gewinn darstellt (!), einen Dispositionsfonds zu bilden, der mit 283 788 *M.* 76 Pf. abschließt". Das hieße doch: wenn ich eine Sache, von der ich glaubte, sie würde 100 *M.* kosten, für 60 *M.* kaufe, so kann ich für die Bilanz 100 *M.* als Erwerbspreis und 40 *M.* als Gewinn ansehen!

[2]) Es mag bei dieser Gelegenheit darauf hingewiesen werden, daß die Gesellschaftsorgane, welche gesetzwidrig Bilanzen aufstellen, durch etwaige Verwaltungsverordnungen nicht gedeckt werden.

[3]) Schüler a. a. O. S. 105.

Unterschied, ob eine Schuld eine schwebende oder eine konsolidirte ist.[1])

Was nach Fertigstellung einer Anlage dazu verwandt wird, um den Apparat in Betrieb zu setzen, gehört zu den Organisationskosten[2]) und darf das Bauconto nicht beschweren.

In welcher Form für die Anschaffung und Herstellung Beträge aufgewandt sind, ist gleichgiltig. Als die Magdeburg-Halberstädter Eisenbahngesellschaft die Magdeburg-Leipziger Bahn übernahm, verpflichtete sie sich, außer Bezahlung einer bestimmten Kaufsumme auch die Kosten der Liquidation der Magdeburg-Leipziger Eisenbahngesellschaft zu übernehmen. Diese Kosten wurden mit Recht dem Erwerbspreis in der Bilanz zugeschlagen.[3])

Erhält ein Aktienverein zur Herstellung von Anlagen Subventionen à fonds perdu, so kostet der Bau der Gesellschaft um so viel weniger. Sie muß deshalb das Bauconto um den Betrag derselben vermindern. Andernfalls würde gegen die Absicht des Gebers in Höhe der Subventionen sich ein vertheilbarer Ueberschuß ergeben. In den meisten Bilanzen werden die Subventionen als Passivum weiter geführt; dies erscheint nicht als korrekt, da dieselben keine Schuld der Gesellschaft darstellen, und keine Veranlassung vorliegt, sie als relatives Bewerthungsconto zu führen, diese Bedeutung auch in den Bezeichnungen dieses Contos auch eventuell zum Ausdruck gebracht werden müßte.[4])

Von besonderer Bedeutung sind die sogenannten Finanzkosten des Unternehmens. Die an Bankiers gezahlten Provisionen für die Geldbeschaffung gehören ebenso, wie die Provisionen bei Erwerb anderer Vermögensgegenstände, zu denjenigen Kosten, welche zur Herstellung des Unternehmens erforderlich waren.[5])

---

[1]) Solche Vorkommnisse erinnern an die Worte Schäffles (Zeitschrift für die ges. Staatswissenschaften 1869 S. 306): Auf dem geduldigen Bauconto schleichen sich ganz fremdartige Kosten ein.

[2]) Scheffler a. a. O. S. 39.

[3]) v. Strombeck in Buschs Archiv Bd. 38 S. 55.

[4]) Zuschuß der Staatskasse (Gotha-Ohrdruff, Saling S. 121), Staatszuschuß (Berlin-Dresden, G.A. V. S. 101), Staatssubvention (Ostpreußische Südbahn, Saling S. 241) u. a. m. Vgl. v. Strombeck a. a. O. S. 47. Manche dieser Subventionen werden allerdings unter Umständen zurückgezahlt werden müssen, was hier aber dahingestellt bleiben kann. Vgl. S. 220.

[5]) Aussage Kochs in der Eis.Unt.Komm. S. 1785.

Aber auch die Kursverluste, welche die Gesellschaft bei Unterpariemission von Aktien vor Inkrafttreten des neuen Aktiengesetzes erlitten hat, gehören zu den Herstellungskosten.[1])

Wenn der Gegenstand der Einlage nicht in baarem Gelde, sondern in einem industriellen Etablissement besteht, so ist der Nominalbetrag der gewährten Aktien derjenige Betrag, welchen die Gesellschaft zum Erwerb des Etablissements aufwenden mußte; es ist hierbei gleichgiltig, ob der Inferent dasselbe zu einem minderen Betrage hergestellt hat oder nicht.

Materiell nicht anders liegt es, wenn die Gesellschaft Aktien unter Pari emittirt hat, um aus dem Erlöse derselben die Anlage herzustellen.

In beiden Fällen mußte die gesammte Provenienz des Aktienkapitals aufgewendet werden, um der Gesellschaft die Herstellung des Unternehmens zu ermöglichen. Mit Rücksicht hierauf wurde im Fall der Unterpariemission der Nominalbetrag der Aktien, deren Emissionspreis zu der Anlage verwandt wurde, als Herstellungspreis in die Bilanz gesetzt; — vielfach wurde dieser Gedanke dahin ausgedrückt: es darf außer dem baaren Herstellungspreise auch der Kursverlust bei der Aktienemission dem Bauconto zugeschrieben werden.

Bisweilen finden wir die Kursverluste der Aktien als selbstständiges Aktivum.[2]) Dies erscheint verwirrend, weil Verluste als solche in das Gewinn- und Verlustconto gehören, dessen einheitlicher Saldo nur in die Bilanz kommen darf. Ein relatives Bewerthungsconto können Verluste gleichfalls nicht darstellen, weil das Aktienkapitalconto stets zum Nominalbetrage ausgeworfen werden muß und eine Werthveranschlagung nicht zuläßt. Korrekt muß der Kursverlust auf Aktienemissionen dem Bauconto zur Last geschrieben werden.[3]) Unerheblich ist es, ob die Höhe des Kursverlustes nothwendig oder angemessen war;[4]) die Herstellungskosten als solche dürfen die Grundlage des Werthansatzes der Anlagen bilden.

---

[1]) Vgl. hierzu insbesondere Entsch. des R.O.H.G. Bd. 25 S. 323.

[2]) z. B. Aachener Industriebahn (Saling S. 5).

[3]) Scheffler a. a. O. S. 35. Die Magdeburg-Halberstädter E.G. stellte unter die Passiven nur den Erlös der Aktien, indem sie allerdings vor der Linie das Nominalkapital und den Kursverlust angab. Dies erscheint gegenüber Art. 185a Ziff. 5 unzulässig. Das R.O.H.G. a. a. O. erachtete dies für erlaubt.

[4]) A. M. R.O.H.G. a. a. O.; gegen das R.O.H.G. v. Strombeck in der Zeitschrift für das ges. Handelsrecht Bd. 28 S. 485 f.

Völlig auf einer Stufe mit den Kursverlusten stehen die Bauzinsen.[1]) Nach der aus dem H.G.B. in das Aktiengesetz übernommenen Bestimmung des Art. 217 Abs. 2 dürfen bei Aktiengesellschaften[2]) „für den in dem Gesellschaftsvertrage angegebenen Zeitraum, welchen die Vorbereitung des Unternehmens bis zum Anfange des vollen Betriebes erfordert, den Aktionären Zinsen von bestimmter Höhe bedungen werden". Wird auch in diesen Fällen das volle Nominalkapital eingezahlt, so wird doch ein Theil desselben wieder zurückgewährt, wenn Bauzinsen gezahlt werden, ohne daß ein Geschäftsgewinn vorhanden ist. Soweit die Bauzinsen aus den auf die Aktien eingezahlten Beträgen entrichtet werden müssen, entstehen der Gesellschaft für die Herstellung der Anlage durch die Bauzinsen finanzielle Unkosten. Hat sie dagegen ihre disponiblen Beträge zinsbar angelegt und einen Theil der Bauzinsen aus diesen Zinserträgnissen bestritten, so mindert sich der dem Bauconto zuzuführende Betrag um diese Summe. Erhält die Gesellschaft die für die Zahlung der Bauzinsen erforderlichen Beträge von dritten Personen, so sind dieselben überhaupt nicht zu den Herstellungskosten der Anlage zu rechnen.[3])

Würde es für grundsätzlich unzulässig erachtet werden, die Bauzinsen zu den Herstellungskosten zu rechnen[4]), so würde bei Beendigung der Bauperiode die Bilanz ein Defizit in Höhe der Bauzinsen aufweisen, und es müßte dieses Defizit erst durch Betriebs-

---

[1]) Vgl. hierzu Keyßner in Buschs Archiv Bd. 8 S. 406 ff., Bd. 32 S. 39 ff. und Aktiengesellschaften S. 263 ff., v. Strombeck in Buschs Archiv Bd. 38 S. 58, Koch in der Eis.Unt.Komm. S. 1787.

[2]) Für Kommanditgesellschaften auf Aktien fehlt es an einer entsprechenden Bestimmung und es sind demgemäß bei diesen Bauzinsen verboten. A. M. Thöl, Handelsrecht I. § 194. Bauzinsen gestattet den Aktiengesellschaften das ungarische H.G.B. Art. 167, das bosnische Art. 173, das italienische Art. 181 Abs. 3 (vgl. hierzu Rignano im Diritto commerciale Rivista periodica, herausgegeben von Supino und Serafini III. p. 1—33); im schweizerischen Obligationenrecht Art. 630, sowie in der englischen und niederländischen Praxis (Lindlay p. 796, Asser, Schets van het nederlandsche Handelsregt 3. Aufl. S. 27) sind sie verboten. Die französische Praxis ist überhaupt in der Zulassung von Aktienzinsen weitgehend (vgl. Dutruc, Dict. II. p. 544, Entsch. des Cassationshofs vom 14. Dez. 1869, Sirey 70. 1. 165).

[3]) Prospekt der Aktiengesellschaft Kaiser-Wilhelmstraße (Vossische Zeitung 1885 Nr. 554).

[4]) So Renaud, Aktiengesellschaften S. 696, Weinhagen, A.G. S. 169.

gewinne gedeckt sein, bevor eine Dividendenzahlung zulässig wäre. Mit Recht macht Keyßner darauf aufmerksam, daß es dann nur eine Zeitfrage wäre, wann die Aktionäre keine Zinsen erhalten, und daß dann die Bauzinsen eine Täuschung enthielten, indem „zur Verlockung der Aktienzeichnung ein Ertrag versprochen wird, welcher nachher wieder erstattet werden muß.“

Man hat mehrfach versucht, die Einstellung von Bauzinsen auf das Anlageconto damit zu rechtfertigen, daß, wenn Jemand eine Fabrik von 100 000 M. baut und in Folge der Bauzeit einen Zinsverlust von 5000 M. erleidet, ihm dieselbe 105 000 M. kostet[1]), und man hat von diesem Gesichtspunkt aus namentlich in der Eisenbahn-Untersuchungskommission die Frage erörtert.[2]) Derselbe erscheint aber unerheblich. Entgangener Gewinn ist eine gedachte Größe; würde man die Einstellung desselben gestatten, so könnte jeder Aktienverein, welcher keinen Gewinn erzielt, seine Anlageobjekte um diesen Betrag im Werthe erhöhen.[3]) Bezahlt eine Aktiengesellschaft keine Bauzinsen, so darf sie auch nicht das Baucontu um einen Zinsverlust erhöhen. Nur gezahlte Zinsen vermehren die Kosten der Anlage.

Es wird allgemein angenommen, daß zu diesen Kosten

---

[1]) Präsident Günther in der Eis.Unt.Komm. S. 1814.

[2]) Die Verhandlungen in diesem Punkte beweisen, wie wenig geklärt noch die Anschauungen über die Bilanz sind. Lasker (Mitglied der Kommission) fragte, ob richtig bilanzirt wird, wenn ein Unternehmen von dem Tage ab, an welchem es eröffnet wird, sofern es seiner Natur nach ohne Gewinn arbeiten muß, diesen entgangenen Gewinn auf das Anlagekapital schlägt oder nicht. Der als Sachverständiger vernommene Abg. Bamberger gab hierauf nicht weniger als fünf, auf einer Seite der Protokolle abgedruckte (S. 1816) verschiedene, zum Theil sich schnurstracks widersprechende Antworten: „Letzteres muß ich, sofern es sich darum handelt, ob Gewinn erzielt wird, entschieden mit ja beantworten.“ „Es ist das (entgangene Zinsen) kein Aktivum der Gesellschaft, sondern ein Passivum“ (sic!). „Einen Zinsverlust würde ich nicht als Aktivum rechnen lassen.“ „Die Sache kann verschieden liegen. Das Vermögen ist da, wo das Aktivum thatsächlich in dem Objekt steckt und es kommt auf dasselbe heraus, ob man es verlorene Zinsen oder angeschafftes Objekt nennt. Es kommt bei richtig angewendeter Ausgabe in das Passivum so viel wie in das Aktivum.“ „Zu dieser Buchung kommt man, wenn man sagt, der Zinsverlust ist fruchtbringend verwendet ..... Man kann es also unter Umständen als Aktivum rechnen.“ Die Frage mußte, so wie sie gestellt war, verneinend beantwortet werden.

[3]) Vgl. hierzu den vom Reichsgericht Bd. IV S. 102 ff. entschiedenen Fall.

auch die „Kursverluste der Prioritätsobligationen gehören und daß auch diese mithin dem Anlageconto zur Last fallen.“[1]) Diese Ansicht kann nicht getheilt werden, weil die sogenannten Kursverluste an Prioritätsobligationen überhaupt keine Verluste darstellen. Eine Gesellschaft, welche vierprozentige Obligationen mit 90 % ausgiebt, verspricht keineswegs am anderen Tage dieselben mit 100 % einzulösen, sondern die Verpflichtung tritt erst im Laufe vieler Jahre an sie heran. Ist sie aber erst verpflichtet, nach einer Reihe von Jahren statt 90 100 zu zahlen, so ist darum der heutige Werth der Verpflichtung noch nicht 100. Diese Obligationen, beziehungsweise die sogenannten Kursverluste bei denselben, sind nichts den industriellen Gesellschaften Eigenthümliches und haben keine charakteristische Bedeutung für die Beurtheilung des Erwerbspreises der Anlagen; sie sind daher sachlich nur bei dem Werthansatz der Schulden (§ 99) zu behandeln.

Berechnung des Abnutzungsbetrags.

§ **84**. Der zweite Punkt, welcher bei dem Werthansatz der Betriebsgegenstände in Betracht zu ziehen ist, ist die Abnutzung.[2]) Voraussetzung ist, daß der zu bewerthende Gegenstand der Abnutzung unterliegt. Daher wird insbesondere bei dem Grund und Boden regelmäßig von einer solchen nicht die Rede sein dürfen.

Die Abnutzung wird je nach der Natur des Gegenstands in verschiedener Weise vor sich gehen; entweder 1. die Gegenstände gehen allmählich ganz unter, oder 2. sie werden allmählich ihrem Zwecke entfremdet, oder 3. sie bleiben zwar in ihrer bisherigen Bedeutung bestehen, verschlechtern sich aber und werden reparaturbedürftig.

1. Der erste Fall liegt z. B. regelmäßig vor, wenn der Ge-

---

[1]) Vgl. hierüber v. Strombeck in Buschs Archiv Bd. 38 S. 56 f., woselbst Note 49a auch eine Anzahl von Gesetzen aufgeführt werden, in welchen die Auffassung getheilt wird.

[2]) Der erste Entwurf des Aktiengesetzes enthielt in Art. 185a Ziff. 2 die Vorschrift, daß auch bei Veräußerungsgegenständen, welche der Abnutzung unterliegen, ein derselben gleichkommender Betrag in Abzug zu bringen ist. Mit Recht strich der Bundesrath diesen Satz. Denn bei Veräußerungsgegenständen muß der Veräußerungswerth entscheiden und bei diesem wird die Abnutzung ohnehin berücksichtigt. Das belgische Aktiengesetz (Art. 62 Abs. 2) verlangt allgemein, daß in den Bilanzen die nöthigen Amortisationen vorgenommen werden sollen. Vgl. hierzu den Kommissionsbericht bei Guillery, Commentaire législatif de la loi du 18 mai 1873 p. 130 No. 64.

sellschaft Thiere gehören, deren Kadaver eine weitere Verwerthung nicht zulassen. Es muß die muthmaßliche Lebensdauer des Thiers berechnet werden; der Erwerbspreis, dividirt durch die Zahl der muthmaßlichen künftigen Lebensjahre, stellt den jährlichen Abnutzungsbetrag dar. Zur Zeit des Verendens des Thiers ist dann voraussichtlich der ganze Erwerbspreis abgeschrieben.

2. Der zweite Fall ist der regelmäßige bei Maschinen und sonstigen derartigen für den industriellen Betrieb dauernd benutzten Objekten. Eine Maschine z. B. wird nach Ablauf eines bestimmten Zeitraums nicht mehr benutzungsfähig sein. Hier ist dem Erwerbspreis der Veräußerungswerth gegenüber zu stellen, welchen das Maschinenmaterial noch hat, wenn die Maschine vollständig unbrauchbar wird. Die Differenz bildet die allmähliche Abnutzung, welche in jährlichen gleichen Raten in der Bilanz zum Ausdruck kommen muß.

Ein lehrreiches Beispiel für diese Art der Berechnung finden wir bezüglich der Abnutzung der Schienen und Schwellen der Eisenbahnen in dem Gutachten, welches als Anlage b der Cirkularverfügung des Handelsministers vom 27. Januar 1858 [1]) beigefügt ist. Es heißt darin: „die Kosten pro Meile Oberbau berechnen sich .... auf 90 000 Thaler. Darin liegen 8000 Schwellen à $1\frac{3}{4}$ Thaler, also für 14 000 Thaler. Bei durchschnittlich 14jähriger Dauer der Schwellen sind demnach zur Erneuerung jährlich zurückzulegen 1000 Thaler. Jede Meile Bahn enthält an Schienen .... 1 152 000 Pfund, welche kosten .... zusammen 52 992 Thaler. Die Dauer der Schienen zu durchschnittlich 15 Jahr, den Werth des alten Materials zu 24-Thalern pro 1000 Pfund und den Gewichtsverlust pro Meile zu 152 000 Pfund angenommen, ist für die Erneuerung der Schienen jährlich zurückzulegen $\frac{52\,992 - 24\,000}{15} = 1932$ Thaler, daher für Schienen und Schwellen, außer dem Werth des alten Materials, zusammen $1000 + 1932 = 2932$ Thaler = ca. 3,25 %."

Bei der Begrenzung der Zeitdauer, binnen welcher das Objekt sich abnutzt, muß auf die Qualität desselben und auf die Art des Betriebs Rücksicht genommen werden. Eine Buchdruckpresse z. B. hat ein Durchschnittsleben von 19 Jahren — die besten werden

---

[1]) Ministerialblatt für die innere Verwaltung 1858 S. 26.

30 Jahre alt, die schlechtesten 10 Jahr.[1]) Hiernach wird auch die Zeitdauer der Abnutzung in erster Reihe berechnet werden müssen. Es wird aber ferner darauf Rücksicht zu nehmen sein, ob die Presse nur in mäßiger Weise oder besonders viel oder besonders wenig benutzt wird.

3. Bei solchen Gegenständen, welche durch den Gebrauch in absehbarer Zeit weder gänzlich untergehen noch sich soweit verschlechtern, daß sie ihrem Zwecke entfremdet werden, muß dagegen der Betrag der Abnutzung nach anderen Grundsätzen festgestellt werden.

Derartige Gegenstände, zu welchen in erster Reihe regelmäßig die Gebäude zu zählen sind, können durch Reparaturen wieder in einen solchen Stand gesetzt werden, daß sie für ihren alten Zweck weiter brauchbar sind. Bei Feststellung des jährlichen Abnutzungsbetrages ist zu berücksichtigen, daß die Reparaturen nicht jährlich vorgenommen zu werden pflegen, daß sich aber trotzdem die Abnutzung, auch wenn die Reparaturen vielleicht nur alle zehn Jahre vorgenommen werden, gleichmäßig auf alle Jahre vertheilt. Es muß hier der Betrag ermittelt werden, welcher muthmaßlich erforderlich ist, um innerhalb einer größeren Reihe von Jahren diejenigen Kosten zu decken, welche zur Erhaltung der Objekte in dem ursprünglichen Zustande nothwendig sind; dieser Betrag ist auf die einzelnen Jahre ratirlich zu vertheilen.

Zwischen der Berechnung des Abnutzungsbetrages in der ersten und zweiten Klasse einer- und in der dritten Klasse andererseits besteht somit ein wesentlicher Unterschied. In den beiden ersten bildet den Abnutzungsbetrag eine Quote des Erwerbspreises, beziehungsweise des um den Betrag des Materialwerths verminderten Erwerbspreises, in der letzten dagegen bildet das Quantum der nothwendigen Wiederherstellungskosten die Basis der Berechnung.

Der Unterschied ergiebt sich aus der Natur der Objekte. Wird ein Gegenstand durch den Gebrauch allmählich vernichtet, so muß der ausgeworfene Werth im Laufe der Zeit auf den Nullpunkt kommen. Würde der Abnutzungsbetrag hier nicht als Quote des Erwerbspreises festgestellt werden[2]), so würde jenes Resultat möglicher

---

[1]) G. van Muyden in dem Börsenblatt für deutschen Buchhandel 1885 S. 3692.

[2]) So Ring, A.G. S. 265, nach welchem der „stabile Werth" bei Berechnung des Abnutzungsbetrags nicht in Betracht gezogen werden soll.

Weise niemals erreicht werden. Nehmen wir an, eine Sache, welche einen Verkaufswerth von 50 000 hat und in zehn Jahren durch Gebrauch untergeht, würde von der Gesellschaft für 100 000 erworben. Dann würde der jährliche Abnutzungsbetrag, wenn man ihn auf Basis des Verkaufswerths berechnete, $^1/_{10}$ von 50 000, also 5000, betragen und in Folge dessen das Objekt bei Beendigung der zehnjährigen Abnutzungsperiode noch mit 50 000 zu Buch stehen — ein unmögliches Resultat. — Bei den Gegenständen der dritten Klasse, bei welcher das Objekt durch Reparaturen nach Möglichkeit in dem ursprünglichen Bestand erhalten bleiben soll, kommt es dagegen nur darauf an, welche Beträge die Gesellschaft aufwenden muß, um diese Wirkung zu erzielen; diese Beträge und der Erwerbspreis aber sind inkommensurable Größen. Daher darf in der dritten Klasse der Abnutzungsbetrag nicht als Quote des Erwerbspreises berechnet werden.

Das Gesetz bestimmt nur, daß „ein der Abnutzung gleichkommender Betrag" in der Bilanz zum Ausdruck gebracht werden muß; daß hierdurch ausschließlich der „objektive Werth" der Abnutzung bestimmt werden sollte, kann umsoweniger angenommen werden, als die Motive erklären [1]), daß durch den Ansatz „der stetigen Abnutzung der Gegenstände durch den Gebrauch und der dadurch herbeigeführten Werthverringerung, sowie der durch ihre Erhaltung im tauglichen Zustande entstehenden Kosten" Rechnung getragen werden soll. Es wird also hier ausdrücklich zwischen Werthverringerung und Kostenerforderniß unterschieden. Bei Feststellung einer Werthverringerung aber muß man von einem Grundwerth ausgehen und dieser Grundwerth ist bei Betriebsgegenständen der Erwerbspreis.

Der Begriff der Abnutzung ist übrigens nicht auf die körperliche Abnutzung beschränkt. Sind Rechte als Betriebsgegenstände zu bilanziren, so ist auf das etwaige Erlöschen derselben Rücksicht zu nehmen. Hat z. B. eine Eisenbahngesellschaft zwar die Befugniß zur Benutzung der von ihr hergestellten Anlagen, gehen diese aber nach Ablauf einer bestimmten Frist unentgeltlich oder zu einem niedrigeren als dem Herstellungspreis in den Besitz eines öffentlichen Verbandes (Fiskus, Kommune) über [2]), so muß dieselbe allmählich die Gerechtsame amortisiren. So führt z. B. die Bres-

---

[1]) Mot. I. S. 261.

[2]) Vgl. z. B. Statut der Niederwaldbahngesellschaft § 35.

lauer Straßenbahngesellschaft in ihrer Bilanz[1]) einen „Separatreservefonds" zur buchmäßigen Amortisirung der Anlagen in derjenigen Höhe, welchen die Breslauer Stadtgemeinde bei Uebernahme der Bahn zur Zeit des Konzessionsablaufs nicht mitvergütet. Dieses Reserveconto stellt keinen Reservefonds im gesetzlichen Sinne, sondern die Werthverminderung des Konzessionsrechts dar.

Feststellung des Abnutzungsbetrags.

§ **85.** Die Feststellung des Abnutzungsbetrages, für welchen sich zuweilen in den Statuten Mindestbeträge angegeben finden,[2]) wird in jedem Einzelfall Sache konkreter Würdigung sein.[3]) Doch scheint hierbei in der Praxis nicht immer mit der wünschenswerthen Sorgfalt vorgegangen zu werden. Die Unterschiede bei den Abnutzungsbeträgen bei Aktiengesellschaften sind zu bedeutend, als daß sie lediglich durch Betriebseigenthümlichkeiten erklärt werden könnten. In sechzehn Brauereigesellschaften, deren Bilanz sich in dem Generalarchiv abgedruckt findet, wurden Abschreibungen nach Maßgabe der S. 201 abgedruckten Tabelle vorgenommen.

Die großen Differenzen (bei Lagerfässern zwischen 5 und 25 %, bei Transportgefäßen zwischen 10 und 40 %, bei Maschinen zwischen 8 und 30 %) sind sachlich kaum erklärlich. Der Schlüssel zu denselben dürfte — wie eine Beobachtung der sonstigen Bilanzposten bestätigt — darin zu finden sein, daß die Abschreibungen nicht nach Maßgabe der effektiven Abnutzung, sondern nach Maßgabe der sonstigen Vermögenslage der Gesellschaft gemacht werden.

Verhältnis des Abnutzungsbetrags zum Reingewinn.

Dieser Standpunkt erscheint verkehrt. Mag eine Gesellschaft gute oder schlechte Geschäfte machen — die Abnutzung der Betriebsgegenstände wird dadurch nicht berührt. Ist die Vermögenslage ungünstig, so berechtigt dies nicht, die Bilanz durch Einstellung zu geringer Abnutzungsbeträge aufzubessern; es kann möglicherweise nur durch diese eine Unterbilanz entstehen. Und ist die Vermögenslage günstig, so berechtigt dies nicht, zu hohe Abschreibungen vor-

---

[1]) G.A. II. S. 117.

[2]) z. B. Statut des Aachener Hüttenvereins (Weinhagen, Anh. S. 171), der Rheinischen Aktiengesellschaft für Zuckerfabrikation § 11 (Weinhagen S. 182).

[3]) Nur die Abnutzung ist aber hierbei zu berücksichtigen. Nicht korrekt daher in der Bilanz der Braunschweiger Nationalaktienbrauerei „Abschreibung wegen Hypothek" (G.A. I. S. 54); das ist kein Grund.

Name der Gesellschaft	Abnutzungsbeträge in Prozenten							
	Grund und Boden	Baulichkeiten	Lagerfässer	Transportgefäße	Wagen	Pferde	Maschinen	sonstiges Inventar
1. Schultheiß Brauerei Aktiengesellschaft	0	1	10	25	20	20	10	10
2. Berliner Weißbierbrauerei A.G. . .	0	2	25(?)	25(?)	25	25	25	25
3. Aktien-Bierbrauerei zu Schloß Chemnitz	10	10	20	40	20(?)	20(?)	20	33 1/3
4. Aktienbrauerei Friedrichshain . .	0	1	20	20	20	20	20	20
5. Aktienbrauereigesellschaft Moabit . .	0	1 (Malzfabrik 10)	10	20	?	?	?	10—12 1/2
6. Berliner Weißbierbrauereigesellschaft vormals Landré	ca. 3	1	15	15	25	25	15	15(?)
7. Aktienbrauerei Neustadt-Magdeburg .	1 1/2	1 1/2	5	25	10(?)	10(?)	10	10
8. Aktienbrauerei zum Bergkeller in Radeberg	1	1	5	15	15(?)	15(?)	10	15—20
9. Berliner Unionsbrauerei	0	1	10	33 1/3	20	25	12 1/2	12 1/2, 15 und 33 1/3
10. Aktienbierbrauerei Hamburg . . .	4 1/2	4 1/2	10	25	15	15	5	15 und 20
11. Nationalaktienbierbrauerei zu Braunschweig	2	2	12 1/2	33 1/3	25	25	25	12 1/2 u. 25
12. A.G. Schloßbrauerei Schöneberg . .	0	1	5	25	20	20	10	10 und 15
13. Tilsiter Aktienbrauerei	2	2	10	20	25	25	20	25
14. Thüringer Bierbrauerei zu Erfurt .	1	1	10	10	10	10	10	10
15. Aktienbierbrauerei zu Pöllnitz . . .	1	1	10	10	8(?)	8(?)	8	8
16. Brauerei zum Felsenkeller bei Dresden	6	6	25(?)	40	25(?)	25(?)	30	25

zunehmen; der die wirkliche Abnutzung übersteigende Betrag wird thatsächlich einen Reservefonds darstellen, für dessen Zulässigkeit ganz andere Momente in Betracht kommen.

Die hier verworfene Anschauung ist in der Praxis eine allgemein verbreitete. Täglich kann man in den Zeitungsberichten lesen: der Aufsichtsrath oder die Generalversammlung der Gesellschaft X beschloß, den und den Theil des Gewinns zu Abschreibungen zu verwenden. Entweder die Abschreibungen waren nothwendig — dann war noch kein Gewinn vorhanden, bevor sie vorgenommen wurden;[1]) oder die Abschreibungen waren nicht nothwendig — dann mußten sie unterbleiben.

[1]) Vgl. oben S. 60.

Die irrige Anschauung, daß die Abnutzungsbeträge von dem Reingewinn abhängen, findet sich insbesondere in der Praxis der Eisenbahngesellschaften bethätigt. Schon in den Statuten findet sich dieselbe. So heißt es z. B. im Statut der Rechte=Oderufer=Eisenbahngesellschaft von 1865:[1])

> § 5. II. Außerdem wird ... aus dem Ertrage des Unternehmens
> a) ein Reserve= und
> b) ein Erneuerungsfonds gebildet.
>
> Was den Erneuerungsfonds ad b anbelangt, so wird derselbe gemäß den, bei der Staatsregierung bestehenden allgemeinen Grundsätzen aus den Betriebs=Einnahmen der im Betrieb befindlichen Strecken gebildet. ...
>
> Dem Erneuerungsfonds werden überwiesen:
> a) die Einnahmen aus dem Verkauf des bei der Erneuerung gewonnenen alten Materials,
> b) ein jährlicher Zuschüß aus den Betriebseinnahmen, der theils nach der Dauer der zu erneuernden Gegenstände nach Prozentsätzen von ihrem Werthe, theils der wirklichen mehreren oder minderen Abnutzung entsprechend, nach den Wagenachs= und Lokomotivmeilen berechnet wird, welche der Jahresbetrieb aufweist.

Das Schweizer Bundesgesetz vom 21. Dezember 1873 über das Rechnungswesen der Eisenbahngesellschaften[2]) erklärt:

> Die Einlagen in die Reserve= und Erneuerungsfonds sind aus den Einnahmeüberschüssen zu bestreiten und es ist deren Betrag in den Statuten festzusetzen.

In den Bilanzen wird denn auch der Erneuerungsfonds meist nur dann bedacht, wenn die Jahresrechnung Betriebsüberschüsse ergiebt, und so ist es gekommen, daß manche Eisenbahngesellschaften überhaupt keinen Erneuerungsfonds aufweisen,[3]) weil sie niemals Betriebsüberschüsse erzielt haben.

---

[1]) Erster Statutennachtrag der ursprünglich Oppeln=Tarnowitzer E.G. (G.S. 1865 S. 1101). Vgl. z. B. auch Statut der Cöln=Soester E.G. § 10 (Weinhagen, Anhang S. 103).

[2]) Amtl. Samml. der Bundesgesetze 2c. Neue Folge VII. S. 429. Nicht ausreichend auch die Definition des amortissement bei Courcelle=Seneuil p. 116: prélévements effectués sur les produits d'une entreprise afin de couvrir des pertes ou moins-values importantes, prévues ou à prévoir.

[3]) z. B. Chemnitz=Würschnitzer (Saling S. 100), Gotha=Ohrdruff (Saling S. 121), Rhein=Nahe E.G. (Saling S. 188) u. a. m.

Art. 185a Ziff. 3 des Aktiengesetzes, welches in diesem Punkt nur die Praxis kodifiziren wollte,[1]) verbietet den Erwerbspreis einzustellen, sofern nicht auch der Abnutzungsbetrag in der Bilanz berücksichtigt wird. Ob dies in der Form der Abschreibung in der Aktivseite oder in Form der Einstellung eines relativen Bewerthungscontos (Erneuerungsfonds) im Passivum geschieht, ist gleichgiltig — in einer der beiden Formen muß es geschehen.

Das gerade in der Eisenbahnpraxis dies vielfach übersehen wurde, hängt damit zusammen, daß hier die Abschreibungen nicht üblich sind und daß man mit dem Begriff des Erneuerungsfonds das Vorhandensein bestimmter von dem sonstigen Vermögen abgesonderter Aktiva verband. So heißt es in dem bereits angeführten Ministerialerlaß vom 27. Januar 1858: „Die Aufgabe des in Rede stehenden Fonds wird sich demnach darauf beschränken können, für die Erneuerung der Schwellen und Schienen des Oberbaus einerseits und der Betriebsmittel: Lokomotiven, Tender und Fahrzeuge andererseits die Mittel anzusammeln und bereit zu halten". Nicht dies aber ist nach dem Gesetz die Aufgabe des Erneuerungsfonds, sondern vielmehr, die Abnutzung zum Ausdruck zu bringen. Sind der Oberbau und die Betriebsmittel einer Eisenbahn um 100 000 *M.* abgenutzt und sind auch keine Betriebsüberschüsse vorhanden, so muß trotzdem der Erneuerungsfonds um 100 000 *M.* vermehrt werden, und die Folge ist nur, daß in die Aktiva eventuell ein Jahresverlust von 100 000 *M.* einzustellen ist. Waren Ueberschüsse in dieser Höhe vorhanden, so ist die Zurückhaltung derselben in dem Gesellschaftsvermögen demgemäß nur Folge der Einstellung des Erneuerungsfonds, da durch denselben die Passiva der Bilanz vermehrt werden. Erneuerungsfonds ist lediglich ein Passivum der Bilanz.

Demgemäß ist es auch bilanzmäßig unerheblich, ob sogenannte Spezialanlagen, insbesondere Effekten des Erneuerungsfonds, unter den Aktiven der Bilanz figuriren. Es gilt von diesem Posten dasselbe, was oben (§ 53) von den Anlagen des Reservefonds gesagt ist. Nur tritt hier die Begriffsverwirrung, welche durch eine derartige Buchung entsteht, noch schärfer hervor, weil sie hier zu der Meinung geführt hat, als sei die Möglichkeit der Anschaffung derartiger Anlagen Voraussetzung für die Einstellung des Erneuerungs-

---

[1]) Mot. I. S. 261.

fonds. Dieser führt kein Leben für sich. Würden die Abnutzungsbeträge auf der Aktivseite abgeschrieben werden, so läge auf den ersten Blick das begrifflich Unrichtige jener Anschauungsweise klar.

Reparaturen, Verbesserungen 2c.

§ **86**. Die Kosten eines Gegenstandes sind nicht durch die bei der ersten Anschaffung, beziehungsweise Herstellung gemachten Verwendungen erschöpft, vermehren sich vielmehr durch Reparaturen, Verbesserungen, Erweiterungen, Veränderungen. Können die hierfür aufgewandten Beträge dem Erwerbspreise zugeschrieben werden, und in welchem Verhältnis stehen dieselben eventuell zu den Abnutzungsbeträgen?

Erörtern wir die Frage zunächst unter der Voraussetzung, daß die Abnutzungsbeträge auf der Aktivseite zur Abschreibung gelangen.

Es steht nichts im Wege, die aufgelaufenen Reparaturkosten dem Aktivum zuzuschreiben, sofern nur ein der Abnutzung entsprechender Betrag wieder abgerechnet wird. Ist ein Gegenstand, der ursprünglich 10 000 *M* kostete, um 1000 *M.* abgenutzt und durch Reparaturen im Betrage von 600 *M.* wieder aufgebessert worden, so läßt sich folgende Berechnung aufstellen:

Ursprünglicher Herstellungspreis	10 000 *M.*
Reparaturkosten	600 „
	10 600 *M.*
ab: Abnutzung	1 000 „
mithin Bilanzansatz	9 600 *M.*

In der Praxis geschieht die Buchung der Reparaturkosten meist in anderer Weise.[1]) Dieselben pflegen in der Gewinn- und Verlustrechnung des Jahres als Jahresverlust aufgeführt und dem Conto des betreffenden Betriebsgegenstands gar nicht erst zur Last geschrieben zu werden. Es würde also in der vorstehenden Berechnung der Additionsposten von 600 *M.* fortfallen. Aber man muß im Auge behalten, daß auch in diesem Fall die geschehene Verwendung der 600 *M.* in dem Werthansatz berücksichtigt werden muß. Ist der Gegenstand um 1000 *M.* abgenutzt, sind aber 600 *M.* zur

---

[1]) Vgl. z. B. Gewinn- und Verlustconto der Berliner Weißbierbrauerei-Gesellschaft vormals Landré (G.A. V. S. 315), der Aktienbrauerei Friedrichshain (G.A. V. S. 275), der Sächsischen Lederindustriegesellschaft (G.A. II. S. 506) u. a. m.

Reparatur verwandt, so darf als Abnutzungsbetrag nur noch der Rest von 400 *M.* angesehen werden.

In der letztgedachten Art auch Verbesserungen und Erweiterungen zu buchen, erscheint dagegen nicht als angemessen. Sind auf ein Objekt, das 10 000 *M.* kostete und um 1000 *M.* abgenutzt ist, etwa auf Grund neuer Erfindungen Verbesserungen im Betrage von 2000 *M.* vorgenommen worden, so beträgt der Gesammtherstellungspreis nach Abschreibung der Abnutzungen 11 000 *M.* und es würde der Herstellungspreis nicht richtig zum Ausdruck gelangen, wenn man die 2000 *M.* als Jahresverlust buchen würde.[1])

Was vorstehend von der Abschreibung gesagt ist, gilt in demselben Maße von dem Erneuerungsfonds. Es ist begrifflich und auf Grund des Art. 185a Z. 3 streng daran festzuhalten, daß derselbe nichts anderes darstellt, als den Abnutzungsbetrag. Wo eine Abnutzung stattgefunden hat und nicht durch Abschreibung in der Bilanz zum Ausdruck gebracht wird, muß dieselbe in der Bilanz ziffernmäßig in dem Passivum als Erneuerungsfonds figuriren. Der Name „Erneuerungsfonds" ist daher nicht präzise gewählt; man sollte ihn Abnutzungsconto nennen.[2])

Wo die Abnutzung nur durch den Erneuerungsfonds in der Bilanz zum Ansatz gebracht werden soll, müßte der ganze Abnutzungsbetrag in denselben gestellt werden. Demgemäß müßten die ganzen Reparaturkosten dem Aktivwerth zugezählt werden. Dies ist aber nicht üblich.[3]) Auch wo ein Erneuerungsfonds gebildet

---

[1]) Anders Bericht der Norddeutschen Bank in Hamburg (G.A. I. S. 255): „Außer den auf unser Bankgebäude abgeschriebenen *M.* 30 000 haben wir noch ca. *M.* 30 000 für verschiedene bauliche Veränderungen und Verbesserungen aufgewendet und über Unkostenconto abgeschrieben." Vgl. auch Bilanz der Ravensberger Spinnerei (G.A. II. S. 293), welche Kosten von Erweiterungsbauten und Maschinen „in die Betriebsspesen des letzten Jahres verbucht" und „auf diese Weise amortisirt".

[2]) Abschreibungsconto wird er mehrfach genannt; vgl. Bilanz der Thüringer Gas-Gesellschaft (G.A. I. S. 318), der Berliner Produkten- und Handelsbank (G.A. II. S. 128). Bei der Frankfurter A.G. für Rhein- und Mainschiffahrt heißt er: „Conto Ersatz der Abnutzung des Inventarwerths" (G.A. II. S. 674).

[3]) Doch kommt auch dies vor. Vgl. Bilanz des Eisenhüttenwerk Thale (G.A. I. S. 93). Es finden sich auch besondere Grundstücksreparaturfonds, z. B. Schlesische Bodencreditgesellschaft (G.A. I. S. 210). Bei französischen großen Gesellschaften wird vielfach auch so bilanzirt (Didier a. a. O. p. 137).

wird, pflegen die Reparaturkosten als Jahresverlust gebucht und demgemäß nicht dem Aktivum zugeschrieben zu werden. In Folge dessen ist der Erneuerungsfonds der wahren Abnutzung gegenüber um so viel geringer, als die Abnutzung durch Reparaturen wieder ausgeglichen ist. Mit anderen Worten: Der durch Reparaturen wieder ausgeglichene Abnutzungsbetrag wird auch da, wo ein Erneuerungsfonds gebildet wird, in der Form der Ansetzung als Jahresverlust („über Gewinn- und Verlustconto") abgeschrieben.

Für die Eisenbahngesellschaften in Preußen ist dies meist statutarisch und generell durch die mehrerwähnte Circularverfügung des Handelsministers vom 27. Januar 1858 [1]) bestimmt und die Bedeutung des Erneuerungsfonds noch mehr eingeschränkt. In der Verfügung heißt es:

> Alle laufenden jährlich wiederkehrenden Ausgaben, sowie Erneuerungen unerheblicher Dinge, kommen daher bei diesem Fonds nicht in Betracht. Die Aufgabe des . . . Fonds wird sich . . . darauf beschränken können, für die Erneuerung der Schwellen und Schienen des Oberbaus einerseits und der Betriebsmittel: Lokomotiven, Tender und Fahrzeuge andrerseits die Mittel anzusammeln und bereit zu halten. [2])

Hiernach findet bei den Eisenbahngesellschaften eine Berücksichtigung des Abnutzungsbetrages nur statt:

a) durch den Erneuerungsfonds für den Oberbau und die Betriebsmittel,

b) durch sofortige Wiederabschreibung (Verlustgestellung), bezüglich sonstiger Gegenstände, soweit effektiv Kosten zu Reparaturen 2c. aufgewandt werden.

Es ergiebt sich hieraus erstlich, daß auch Eisenbahngesellschaften die durch kleinere Reparaturen wieder ausgeglichenen Abnutzungen materiell in Form der Abschreibung buchen, und ferner, daß sie die

---

[1]) Min.Bl. für die inn. Verw. 1858 S. 26 ff.

[2]) Vgl. auch Schweizer Bundesgesetz über das Rechnungswesen der Eisenbahngesellschaften vom 21. Dez. 1883 (A. S. N. F. VII. S. 429) Art. 3: „Nach Eröffnung des Betriebs dürfen die Kosten für Ergänzungs- und Neuanlagen, oder für Anschaffung von Betriebsmaterial den Aktiven der Bilanz nur beigefügt werden, wenn dadurch eine Vermehrung oder wesentliche Verbesserung der bestehenden Anlagen im Interesse des Betriebs erzielt wird. — Die Unterhaltung der bestehenden und der Ersatz abgegangener Anlagen und Einrichtungen sind aus den jährlichen Einnahmen oder allfällig für diese Zwecke bestehenden besonderen Fonds zu bestreiten."

Höhe erforderlicher Abnutzungsbeträge nur bezüglich des Oberbaus und der Betriebsmittel prüfen. Das letztere erscheint zur Erfüllung der gesetzlichen Vorschrift nicht als ausreichend. Auch Bahnhöfe z. B. unterliegen, wie alle Baulichkeiten, der Abnutzung; der Betrag der letzteren wird durch die effektiv aufgewendeten Reparaturen nicht begrenzt. Längst bevor eine Reparatur nöthig ist, hat sich das Gebäude schon allmählich abgenutzt. Diese allmähliche Abnutzung muß jährlich in der Bilanz zum Ausdruck gelangen.

§ **87.** Da die Aufgabe des Erneuerungsfonds, ebenso wie diejenige der Abschreibung, nur ist, den bilanzmäßig angemessenen Werth für Betriebsgegenstände durch Berücksichtigung der Abnutzung zum Ausdruck zu bringen, so ist es auch begrifflich unrichtig, wenn gesagt wird, der Erneuerungsfonds müsse zu bestimmten Zwecken verwandt werden. Eine Gesellschaft, deren Erneuerungsfonds 1 Million Mark beträgt, hat 500 000 *M.* Schulden, welche aus Betriebsgewinnen nicht bezahlt werden können. Selbst wenn nach den Statuten besondere „Effekten des Erneuerungsfonds" geführt werden müssen und selbst wenn diese nach den Statuten nur zur „Erneuerung des Oberbaus und der Betriebsmittel" verwandt werden dürfen, müssen die Gesellschaftsorgane in einem solchen Fall von den „Effekten des Erneuerungsfonds" die Hälfte zur Schuldentilgung verwenden. Der Erneuerungsfonds bleibt aber trotzdem in seinem Betrage von 1 Million Mark im Passivum der Bilanz — gerade ebenso, wie auch eine Abschreibung in Folge derartiger Vorgänge nicht vermindert werden darf. Verwendung des Erneuerungsfonds.

Wie gestaltet sich aber in der Praxis eine „Verwendung" aus dem „Erneuerungsfonds"?[1]) „Sind aus Erneuerungsfonds Erneuerungen beschafft", sagt Ring.[2]) „so bleibt der Aktivposten der Anlage 2c. unverändert, und mindert sich der Passivposten „Erneuerungsfonds" um den Betrag des Aufwands." Ein zahlenmäßiges Beispiel. Eine Gesellschaft besitzt 10 Waggons zu ihrem Geschäftsbetriebe, welche je 2000 *M.*, zusammen also 20 000 *M.* gekostet hatten und für welche bisher ein Erneuerungsfonds von

---

[1]) Vgl. hierzu u. a. Bilanzen der Ravensberger Spinnerei (G.A. II. S. 239), der Danziger Dampfschiffahrtsgesellschaft (G.A. II. S. 500), der Mechanischen Weberei zu Linden (G.A. II. S. 410), der Winter'schen Papierfabriken zu Hamburg (G.A. V. S. 18).

[2]) A.G. S. 265.

5000 M. gebildet ist. Es wird nun zur Ergänzung der Betriebsmittel ein elfter Waggon für 2400 M. gekauft. Hierzu wird der Erneuerungsfonds verwandt, d. h., wie Ring deduzirt, das Aktivum bleibt auf 20 000 M. normirt, der Erneuerungsfonds wird aber auf 2600 M. herabgesetzt. Nun wird aber niemand annehmen können, daß die 10 Waggons darum weniger abgenutzt seien, weil ein elfter gekauft ist. Der Abnutzungsbetrag von 5000 M. bleibt thatsächlich bestehen. Nur steckt derselbe jetzt theilweise in dem Aktivwerth — die Anschaffungskosten betrugen 22 400 M. und die Waggons stehen nur mit 20 000 M. zu Buch. Die Differenz des aktiven Werthansatzes und des Herstellungspreises stellt nunmehr den einen Theil der Abnutzung (2400 M.), der Erneuerungsfonds (2600 M.) den anderen Theil derselben dar. Es ist also einfach ein Theil der Abnutzung nicht mehr als Erneuerungsfonds, sondern als Abschreibung gebucht. Das ist ein Zahlenspiel — kein Bilanzgrundsatz.

Derartige Buchungen sind nur geeignet, die Bedeutung des Erneuerungsfonds zu verwischen. Wird ein solcher einmal gebildet, so sollte man ihn niemals herabsetzen, so lange der zu bewerthende Gegenstand in den Aktiven steht.

Verwandt werden für Erweiterungen 2c. nur Aktiva; daß solche flüssig vorhanden sind, hat bisweilen allerdings seine Ursache darin, daß in Folge des geringeren, durch den Erneuerungsfonds zum Ausdruck gelangenden Werthansatzes der Aktiva Betriebsüberschüsse nicht zur Vertheilung gelangen können.

Die statutarischen Vorschriften über die Verwendung des Erneuerungsfonds betreffen in Wahrheit nur Aktiva, falls solche in diesem Falle vorhanden sein sollten, und enthalten nur Instruktionen für die Gesellschaftsorgane über die Verwendung dieser Aktiva. Sollten aber diese Aktiva instruktionswidrig verwandt werden, so muß trotzdem der Erneuerungsfonds in seiner alten Höhe im Passivum verbleiben.

Differenz zwischen Erwerbspreis und Veräußerungswerth.

§ 88. Die gesetzlichen Vorschriften über den Werthansatz der Betriebsgegenstände gehen davon aus, daß schlechthin der Erwerbspreis unter der Berücksichtigung der Abnutzung eingestellt werden

---

[1]) Vgl. hierzu Scheffler a. a. O. S. 18; Bilanz der Köln-Mindener E.G. (G.A. IV. S. 101).

kann. Ob der Veräußerungswerth irgend wann mit diesem Ansatz übereinstimmte, ist gleichgiltig. Daher kommt es auch nicht darauf an, ob der Erwerbspreis ein angemessener war, und es ist demgemäß unerheblich, ob die Unangemessenheit auf Irrthum eines der Kontrahenten oder selbst auf Arglist des Gegenkontrahenten beruht.

Dagegen erscheint es nicht als zulässig, den vereinbarten Preis noch dann unverändert als Erwerbspreis anzusehen, wenn die übervortheilte Gesellschaft von dem Gegenkontrahenten oder einer dritten Person eine Entschädigung zum Ausgleich des entstandenen Schadens erhält.[1]) So ist es vorgekommen, daß der Verkäufer einer Fabrik der zum Betrieb derselben begründeten industriellen Gesellschaft zur Abwendung einer auf Schadensersatz wegen falscher Angaben im Kaufvertrage gerichtete Klagen einen namhaften Betrag des Kaufpreises zurückvergütete. In einem anderen Fall gab der Inferent einer Fabrik mit Rücksicht auf die übermäßige Höhe des Illationspreises der Gesellschaft einen Theil der erhaltenen Aktien zum Zwecke der Amortisation zurück.

In derartigen Fällen mindert sich der Erwerbspreis um die zurückvergüteten Beträge, resp. Aktien, und es muß demgemäß in den Bilanzen eine entsprechende Herabsetzung des Werthes erfolgen.

§ **89.** Wir haben im Vorstehenden gesehen, daß die Betriebsgegenstände thatsächlich und gesetzlich zu einem Betrage angesetzt werden, welcher sich aus der Differenz zwischen Erwerbspreis und Abnutzung ergiebt. Betriebswerth.

Ist dies nun in der That der besondere Betriebswerth?

Die Frage muß für die Bilanz bejahend beantwortet werden.

Mit dem Augenblicke, in welchem der Kaufmann einen dauernd zum Betrieb bestimmten Gegenstand erwirbt, kommt für ihn nur noch in Betracht, daß er ihn haben und benutzen kann, und zwar in demjenigen Zustande, in welchem derselbe sich im Erwerbsmomente befindet. Soweit er sich sachlich verschlechtert (abnutzt), verringert sich allerdings der Betriebswerth für den Besitzer; denn es müssen die erforderlichen Anstalten getroffen werden, um ihn zu repariren oder, bei gänzlicher Abnutzung, zu ersetzen. Der individuelle Werth

---

[1]) A. M. Ring, A.G. S. 263, Scheffler a. a. O. S. 29.

des Betriebsgegenstands ist daher der Erwerbspreis abzüglich des Abnutzungsbetrags. Soweit eine Abnutzung nicht in Frage steht, kann der Kaufmann sich bei einem Betriebsgegenstand weder Gewinn noch Verlust rechnen; denn beides würde er nur durch Veräußerung haben können. Will der Kaufmann am Ende des Jahres seinen Gewinn und Verlust feststellen, so muß er daher die Betriebsgegenstände zum Kostenpreise unter Berücksichtigung der Abnutzung in die Bilanz setzen. Jede andere Berechnung, insbes. etwa die Ertragskapitalisirung, würde eine willkürliche sein. Sie würde Gewinne und Verluste annehmen, welche thatsächlich nicht entstanden sind und deren Entstehung, so lange der Gegenstand seinem dauernden Zwecke erhalten bleibt und daher nicht veräußert wird, ausgeschlossen erscheint.

Betriebsbilanz.

§ **90**. Man hat aus der Thatsache, daß bei Betriebsgegenständen nicht ein Veräußerungswerth in die Bilanz eingestellt wird, vor Erlaß des neuen Aktiengesetzes für Eisenbahnen und industrielle Gesellschaften die Vermögensbilanz über den Haufen werfen wollen; man hat behauptet, daß die von diesen Gesellschaften aufgestellten und durch Verwaltungspraxis und Rechtsprechung gebilligten Bilanzen den Erfordernissen des Handelsgesetzbuchs, resp. der Novelle nicht entsprächen und daß durch die Einstellung stabiler Conten (des Erwerbspreises) thatsächlich eine Betriebsbilanz an die Stelle der Vermögensbilanz trete.[1])

Dieser Ansicht ist durch das neue Aktiengesetz jedenfalls der Boden entzogen. Denn dasselbe hält trotz aller Angriffe an dem Prinzip der Vermögensbilanz fest und gewährt den Eisenbahn- und Industriegesellschaften diejenige Freiheit, welche ihnen angeblich das H.G.B. versagt haben sollte: die Befugnis zur Einstellung der Betriebsgegenstände zu dem Erwerbspreise unter Berücksichtigung des Abnutzungsbetrags.

Jene Ansicht verkannte aber auch die Bedeutung der kaufmännischen Bilanz, welche die individuelle Berücksichtigung der Zwecke des Gegenstands bei dem Werthansatz nicht nur gestattet, sondern sogar erheischt; sie interpretirte den Art. 31 zu eng, da in

---

[1]) Den Nachweis hierfür versucht insbesondere v. Strombeck in seinen citirten drei Abhandlungen in Buschs Archiv Bd. 37 S. 1 ff., Bd. 38 S. 15 ff. und in der Zeitschrift f. d. ges. Handelsrecht Bd. 28 S. 459 ff., sowie Löwenfeld, A.G. S. 413 ff.

diesem eine Instruktion darüber, nach welchen Grundsätzen der Werthansatz erfolgen soll, nicht enthalten ist.

Daß thatsächlich von einer Betriebsbilanz z. B. der Eisenbahngesellschaften nie die Rede sein konnte, ergiebt schon die auch von v. Strombeck und Löwenfeld gebilligte Einstellung des Erneuerungsfonds in die Bilanz. Ein solcher hat die Werthveranschlagung der sog. stabilen Aktivposten zur Voraussetzung — würde man annehmen, daß das „stabile Grundvermögen" und deren Werthveranschlagung nicht in die Bilanz von Eisenbahngesellschaften gehöre, so würde der Erneuerungsfonds, welcher ein relatives Bewerthungsconto darstellt, völlig in der Luft schweben, da es ihm an einem korrespondirenden Aktivposten fehlte.

Die Bilanz, welche Löwenfeld im Gegensatz zu Art. 29 H.G.B. entwirft[1]), ist denn auch nur eine verkrüppelte Vermögensbilanz. Er läßt aus dem ziffernmäßig bewertheten Aktivum die Betriebsgegenstände, aus dem Passivum denjenigen Betrag des Aktienkapitals oder der Anleihen aus, aus deren Erlös die fortgelassenen Betriebsgegenstände angeschafft wurden. Erneuerungsfonds, Reservefonds finden sich auch bei ihm im Passivum. Materiell würde durch die Löwenfeld'sche Bilanz nichts geändert werden; formell steht ihr aber der Umstand entgegen, daß sie die Uebersichtlichkeit nicht erhöht und der doppelten Buchführung ihre Grundlage und ihren Schluß nimmt.[2])

v. Strombeck[3]) entwickelt eine „Betriebsbilanz", in welche „alle diejenigen Theile des Gesellschaftsvermögens — Aktiva und Passiva, reelle und ideelle — Aufnahme finden müssen, welche auf

---

[1]) In dem interessanten Abschnitt seines Werks „Das Recht der Aktiengesellschaften" XII. § 1 S. 409 ff. (Formulare S. 574 ff.).

[2]) Löwenfeld betrachtet (S. 411) die von ihm aufgestellte Art der Bilanzirung als eine Konsequenz seines Vorschlags, auf der Aktie nicht einen bestimmten Geldbetrag, sondern den aliquoten Antheil am Grundvermögen anzugeben. Diese Folgerung ist aber keineswegs nothwendig. Die effektiven Einlagen der Aktionäre würden bei Ausgabe von Quotenaktien das Kapitalconto bilden müssen, wie dies ebenso bei der offenen Gesellschaft bezüglich der Einlagen der Socien, vor allem aber bei den Gewerkschaften, der Fall ist. Es verdient bemerkt zu werden, daß in Italien und Belgien die Quotenaktien gesetzlich (belg. Gesellschaftsgesetz Art. 38, ital. H.G.B. Art. 165) allgemein anerkannt sind, daß beide Rechte aber trotzdem vollständige Vermögensbilanzen verlangen.

[3]) Zeitschrift für das ges. Handelsrecht Bd. 28 S. 503 ff.

die Höhe des **Betriebsertrags** direkt oder indirekt von Einfluß sind." Also auch er verlangt schließlich eine **Vermögensbilanz**. Zu den Aktivis derselben rechnet er aber: die Betriebseinnahmen des betreffenden Jahres, den Istbestand der Reserve-, Erneuerungsfonds 2c., Veräußerungsgegenstände unter gewissen Voraussetzungen, aus früheren Jahren zur Tilgung älterer Schulden reservirte Zahlungsmittel; zu den Passivis: Betriebsausgaben, die auf den Betriebsertrag des betreffenden Jahres angewiesenen Schulden (Annuitäten, Zinsen, Amortisationen 2c.), die älteren Schulden, den Sollbetrag des Reservefonds 2c., den Sollbetrag sonstiger Ausgaben, die aus dem Betriebsertrage zu leisten sind. Das Detail entspricht nicht dem von v. **Strombeck** aufgestellten Prinzip; denn Einnahmen und Ausgaben sind überhaupt keine Theile des **Vermögens** und es fehlt zwischen ihnen und wirklichen Vermögensstücken der Vergleichungsmaßstab.

Wie dem aber auch sein möge — nach geltendem Recht ist auch für Eisenbahngesellschaften die reine Vermögensbilanz der doppelten Buchhaltung als die **allein** zulässige anzusehen.

Englische Eisenbahnbilanzen.

§ **91**. **Exkurs**. Die englische Gesetzgebung hat sich mit Rücksicht auf die Stabilisirung der Anlagewerthe veranlaßt gesehen, Spezialbestimmungen für die Rechnungen der Eisenbahngesellschaften zu geben. In den Anlagen der Regulation of Railways Act von 1868 finden wir fünfzehn verschiedene Rechnungsformulare, denen gemäß die Gesellschaften ihre halbjährigen Veröffentlichungen einzurichten haben und von denen sie nur mit Bewilligung des Board of Trade abweichen dürfen.[1]) Von diesen fünfzehn Rechnungen bilden zwei, Nr. 4 (Receipts and expenditure of capital

[1]) 31 & 32 Vict. ch. 119 s. 3, vgl. auch G. **Cohn**, Untersuchungen über die englische Eisenbahnpolitik I. S. 316. Die Ueberschriften der Rechnungen lauten: 1. Statement of capital authorized and created by the company, 2. Statement of stock and share capital created, showing the proportion received, 3. Capital raised by loans and debenture stock, 4. Receipts and expenditure of capital accounts, 5. Details of capital expenditure for half-year ending ...., 6. Returns of working stock, 7. Estimate of further expenditure on capital account, 8. Capital powers and other assets available to meet further expenditure, 9. Revenue account, 10. Net revenue account, 11. Proposed appropriation of balance available for dividend, 12. Abstracts, 13. General Balance sheet, 14. Mileage-statement, 15. Statement of train mileage.

accounts) und Nr. 13 (General balance sheet) zusammen dasjenige, was das deutsche Recht und auch die englische companies act von 1862 unter Bilanz verstehen. Betrachten wir als Beispiel den Bericht der London and North Western Railway Company für das erste Semester 1885. In Nr. 4, welcher die Verwendung des Kapitals zu den dauernden Anlagen der Gesellschaft aufweist, finden wir auf der einen Seite den Nominalbetrag der Aktien und Obligationen und das bei den Emissionen erzielte Agio (zusammen 95 367 026 £ 18 s. 5 d.); auf der anderen Seite die für die einzelnen Linien verwandten Summen (zusammen 94 428 706 £ 2 s.) und zur Bilanzirung die Differenz zwischen beiden Posten, also den nicht zu dauernden Anlagen verwandten Theil des Grundvermögens (938 320 £ 16 s. 5 d.). In dem General balance sheet dagegen findet sich — wie bei Löwenfeld — weder der Betrag der Aktien und Obligationen, noch die zu Anlagen verwandten Beträge ausgeworfen, sondern aus Nr. 4 nur die Differenz der beiden Posten (938 320 £ 16 s. 5 d.) u. z. auf der Passivseite, während im Uebrigen die Bilanz nach den gewöhnlichen Grundsätzen aufgestellt ist.[1]) Nr. 4 und Nr. 13 bilden in Wahrheit gemeinsam die Bilanz; würden beide Rechnungen unter Fortlassung der Differenz (938 320 £ 16 s. 5 d.) in eine zusammengeschoben, so würde man eine Bilanz haben, welche äußerlich derjenigen der deutschen Eisenbahngesellschaften völlig entspricht.

Also auch hier trotz stabiler Rechnungsposten eine wahre Vermögens-, keine Betriebsbilanz. — Die Trennung von Nr. 4 und 13 erhöht die Uebersichtlichkeit nicht[2]); vermißt wird die Berücksichtigung der Abnutzungsbeträge durch Abschreibung oder Einstellung eines Erneuerungsfonds.[3])

---

[1]) Es ist zu beachten, daß, was in den festländischen Bilanzen Debet ist, in den englischen Credit genannt wird, und umgekehrt. Die Gläubiger finden sich unter Debitores (Dr.), die Schulden unter Creditores (Cr.).

[2]) Die gedachte Eisenbahnakte thut überhaupt des Guten zu viel. Dem Verfasser liegen außer dem im Text erwähnten Bericht noch diejenigen der Midland Railway Company und der Mexican Railway Company vor. Der Laie wird in der Fluth von Zahlen ertrinken.

[3]) Es ist aber für das englische Aktienrecht überhaupt zu beachten, daß der Grundsatz, der Gewinn werde nur durch den Ueberschuß der Aktiva über die Passiva dargestellt, in demselben nicht gilt. The profits divisible in any year

2. Forderungen und Schulden.

a) Forderungen.

Zweifelhafte und uneinbringliche Forderungen.

§ 92. Bezüglich der Forderungen, deren Einstellung nach dem Werth Abs. 1 des Art. 31 H.G.B. vorschreibt, enthält Abs. 2 die Spezialvorschrift, daß

> zweifelhafte Forderungen nach ihrem wahrscheinlichen Werthe anzusetzen, uneinbringliche aber abzuschreiben sind.

Zweifelhaft kann eine Forderung aus rechtlichen oder thatsächlichen Gründen sein.

Unter die streitigen Forderungen sind für die Bilanz nicht diejenigen zu rechnen, in denen der Schuldner gegenüber klaren Ansprüchen solche Einwendungen macht, welche offenbar zur Verschleppung eines Prozesses dienen sollen. Andere streitige Ansprüche sind mit Vorsicht, unter Berücksichtigung des Gutachtens Rechtsverständiger, anzusetzen. Bei erheblichen Zweifeln wird die Forderung nur mit minimalem Betrage angesetzt werden dürfen.[1])

Ist die Solvenz des Schuldners zweifelhaft, so wird die Forderung unter Berücksichtigung aller thatsächlichen Verhältnisse bewerthet werden müssen. Es ist derjenige Betrag anzusetzen, welcher im regelmäßigen Geschäft voraussichtlich eingehen wird. Bei der Liquidation pflegen gemeiniglich besondere Verluste zu entstehen, auf welche sonst nicht gerechnet wird; diese besonderen Verluste sind nicht in Betracht zu ziehen, weil eben die Grundlage der

---

are ascertained by comparing the ordinary receipts with the ordinary expenses of any year. Die außerordentlichen Ausgaben werden aus dem Grundvermögen bestritten. If the current receipts exceed the current expenses the writer apprehends, that the difference can be devided as profit, although the capital may be spent and not be represented by saleable assets. So Lindlay, Law of partnership 4. ed. p. 791. Nach den Revised statutes of the state of New-York tit. II. art. 1 sect. 1 § 3 No. 2 (ed. by Cothran 6. ed. II. p. 697) sollen dagegen bei Moneyed corporations als die Dividende schmälernder Jahresverlust angesehen werden: all the expenses paid or incurred, both ordinary and extraordinary attending the management of the affairs, and the transaction of the business of the company.

[1]) Die Berliner Wollbank und Wollwäscherei (G.A. I. S. 163) hatte in den Aktivis einen Posten „Ersatzconto Stadtbahn" (Klage gegen Fiskus auf Entschädigung) und stellte dagegen in das Passivum ein Ersatzreserveconto in gleicher Höhe.

Bilanz nicht die Versilberung des Vermögens, sondern die Fortentwickelung des Betriebs bildet.[1])

Ingleichen pflegt es nicht darauf anzukommen, welchen Cessionswerth Forderungen haben; denn sie sind regelmäßig nicht dazu bestimmt, durch Cession, sondern durch Einziehung verwerthet zu werden. Auch hier muß der Werth individuell festgesetzt werden; die Höhe des Eingangs hängt vielfach von der Persönlichkeit des Gläubigers ab — eine Gesellschaft, die sich in schlechter Vermögenslage befindet, wird sich oft Abzüge gefallen lassen müssen, weil sie schnell Geld gebraucht oder weil sie nicht die Prozeßkosten wagen kann.

Rücksicht zu nehmen ist auf den Werth eines Pfandes, die Zahlungsfähigkeit eines Bürgen, die Schnelligkeit, Sicherheit und Kosten der Rechtspflege, etwaige Konkurskosten u. dgl.

Die Forderungen sind in demjenigen Umfange aufzuführen, in welchem sie sich in den Büchern finden. Unzulässig ist es, nur den Saldo, welcher sich durch Abzug der Schulden von den Forderungen ergiebt, in den veröffentlichten Bilanzen figuriren zu lassen.[2]) Das Gesetz schreibt vor, daß die Forderungen und die Schulden aufgeführt werden; dieser gesetzlichen Bestimmung würde nicht entsprochen werden, wenn man nur die Differenz zwischen den beiden Posten angiebt.

Rechtlich uneinbringlich wird eine Forderung erst dann, wenn bezüglich derselben ein Vergleich oder Zwangsvergleich geschlossen wird, durch welchen der Gläubiger auf einen Theil seiner Forderung verzichtet. Wenn die Lage des Schuldners sich so verschlechtert, daß voraussichtlich auf die Forderung nichts eingehen wird, diese aber doch rechtlich bestehen bleibt, so pflegt man die Forderung vielfach mit einem minimalen Betrage noch

---

[1]) Scherber (Bilanzen S. 83 ff.) versucht die Berechnung in feste Regeln zu bringen. „Sind beispielsweise 3 Gründe dem Eingange der Forderung günstig, 2 ungünstig, so ist, da 5 alle günstigen und ungünstigen Fälle subsummirt, die Wahrscheinlichkeit des Eingangs $^3/_5$, rekte 60 % der Erwartungswerth der Forderung.“ Das ist Willkür. Es können 20 Gründe dem Eingange ungünstig und 1 demselben günstig, und dennoch die Forderung voll aufzunehmen sein. Nicht auf die Anzahl der Gründe, sondern auf die innere Bedeutung derselben kommt es an. — Werthansatz fehlender Aktieneinzahlungen S. 121 f.

[2]) So Lübeck-Büchener E.G. (Saling S. 168): „Kreditoren minus Debitoren“; Aktiengesellschaft Weser (G.A. V. S. 256): „Saldo der Debitoren und Kreditoren“.

weiterhin zu bewerthen, damit dieselbe bei der Buchführung noch weiter im Auge behalten wird.[1])

Zins. § **93**. Der Werthansatz der Forderung kommt noch in einer anderen Beziehung in Betracht. Der derzeitige Werth einer Forderung stimmt mit ihrem Kapitalbetrag nicht überein.

Wird die Vergütung für die Kapitalnutzung lediglich in der Form besonders versprochener und zu vergütender Zinsen gewährt, so ergiebt sich der Werth der Forderung aus der Summirung des Kapitals und der bis zum Bilanztage aufgelaufenen Zinsen.

Disconto. In vielen Fällen wird aber der Zins nicht in dieser Form gewährt. Vielmehr wird in dem Vertrage unter Einschließung der Zinsen der Betrag festgestellt, welchen der Schuldner bei Fälligkeit zu zahlen hat. Den Typus für diese Art der Zinsberechnung bilden die Wechselschlüsse. Die Wechselsumme — neben welcher ein wechselmäßiges Zinsversprechen ungiltig ist[2]) — stellt denjenigen Betrag dar, welchen der Wechselschuldner bei Fälligkeit des Wechsels zahlen muß. Will er auf den Wechsel vor der Verfallzeit Geld erlangen, so wird die Vergütung durch einen Abzug vom Kapitalbetrage (Disconto) festgesetzt.[3]) Der heutige Werth eines später fälligen Wechsels kann nur dann ermittelt werden, wenn man den entsprechenden Disconto abrechnet. Regelmäßig wird bei dem Werthansatz eines Wechsels in der Bilanz der vereinbarte Disconto zu Grunde gelegt werden müssen, wie dies insbesondere auch seitens der Reichsbank geschieht. Wenn eine Bank am 15. November 1885 einen am 15. Februar 1886 fälligen Wechsel mit 4 % discontirt, so wird sie in der per 31. Dezember 1885 zu ziehenden Bilanz denselben auch mit 4 % Disconto berechnen dürfen. Ist der geschäftsübliche Discontosatz etwa auf 5 % gestiegen und der Wechsel zur Weiterveräußerung bestimmt, so wird es angemessen sein, 5 % Disconto in Abzug zu bringen; ist dagegen der Wechsel nicht zur

---

[1]) So findet sich das Conto für zweifelhafte Forderungen mit 1 *M.* bewerthet bei dem Börsenhandelsverein (G.A. I. S. 102), der Maklerbank (G.A. I. S. 125), dem Berliner Maklerverein (G.A. I. S. 245), der Wechslerbank in Hamburg (G.A. I. S. 326).

[2]) A.D.W.O. Art. 7; nach österreichischem Recht wird sogar der Wechsel selbst durch ein solches ungiltig. Thöl, Handelsrecht II. § 289.

[3]) Derselbe wird nach kaufmännischer Uebung durch die Carpzov'sche Methode ermittelt (vgl. über diese Windscheid, Pand. II. § 274).

Weiterveräußerung bestimmt, so liegt für eine derartige Berechnung keine Veranlassung vor. Wenn der Discontosatz dagegen etwa auf 3% gefallen ist, würde es aber unzulässig sein, den Disconto in der Bilanz mit 3% zu berechnen; denn die Bank würde dadurch einen noch nicht realisirten Gewinn für die Dividende vertheilungsfähig machen — was der Tendenz des Art. 185a Abs. 1 und 2 widerspricht (vergl. § 77).

Es giebt aber auch Fälle, in denen die Vergütung für die Kapitalsnutzung in den beiden Formen — durch Zinsversprechen und Kapitalabzug — gewährt wird. Dies ist der Fall, wenn bei Hingabe eines zinsbaren Darlehns ein Kapitalabzug gemacht wird; wie dies namentlich bei Hypotheken vielfach vorkommt. Der Kapitalabzug pflegt hier Damno genannt zu werden.[1] Gewährt eine Aktiengesellschaft ein mit 5% verzinsliches Hypothekendarlehen von 10 000 M. auf ein Jahr mit 2% Damno, so gewährt sie in Wahrheit nur ein Darlehn von 9800 M., auf welches sie nach Ablauf eines Jahres 10 500 M. erhält. Die 2% Damno sind nicht etwa ein Geschenk, welches der Schuldner der Gläubigerin macht — sie bilden vielmehr einen Theil der Vergütung, welche er für die Ueberlassung des Darlehns gewährt. Sie haben daher den Charakter von Zinsen. Das Thatsächliche des Geschäfts besteht darin, daß nach einem Jahre außer dem gewährten Darlehnskapital von 9800 M. noch 700 M. gezahlt werden; rechtlich und wirthschaftlich bilden diese 700 M. Zinsen. Der Zinsfuß beträgt $\frac{700 \times 100}{9800} = 7\frac{1}{7}\%$.[2] Damno.

[1] Vgl. zum Folgenden Emanuel Leser, Die Hypothekenbanken und ihre Jahresabschlüsse (1879) S. 64 ff.

[2] „Ein Darlehn geben heißt: Jemandem eine Quantität vertretbarer Sachen zum Eigenthum geben mit der Auflage, eine gleiche Quantität gleicher Sachen zurückzugeben", Windscheid, Pand. II. § 370. Das Allgemeine Landrecht definirt: „Jeder Gewinn und Vortheil, den sich der Gläubiger von dem Schuldner für das Darlehn vorbedingt, hat die Natur der Zinsen" (§ 810 I 11); nach dem Wuchergesetz vom 24. Mai 1880 sind „Vermögensvortheile für ein Darlehn oder im Fall der Stundung einer Geldforderung" unter Umständen als Wucher verboten. Wenn trotzdem in der juristischen Literatur vielfach als zum Begriff der Zinsen gehörig die Bemessung nach Prozenten verlangt wird (vgl. Dernburg, Preuß. Privatrecht II. § 34), so erscheint dies in dieser Allgemeinheit nicht als zutreffend, da die Berechnungsweise einem Rechtsinstitut nicht seinen Charakter zu geben vermag. Für die Bilanzen muß jedenfalls jede Vergütung außerhalb des dargeliehenen Kapitals als Zins angesehen werden.

Die Gesellschaft erscheint nicht als berechtigt, das Damno als einen im Moment der Darlehnshingabe erworbenen Gewinn anzusehen, vielmehr muß sie Damno und Zinsen zusammen als die Zinsvergütung betrachten und demgemäß über die ganze Darlehnszeit vertheilen. Mit Recht ist darauf hingewiesen worden, wohin es führen sollte, wenn eine Gesellschaft dreiprozentige Darlehne mit 10 % Damno ausgiebt und die 10 % als Jahresgewinn vertheilen wollte.[1])

Abschlußprovisionen der Hypothekenbanken.

§ **94**. Unter welchem Namen das Damno abgezogen wird, ist gleichgiltig.

Die Hypothekenbanken pflegen bei Gewährung von Hypothekendarlehnen sich eine „Abschlußprovision" auszubedingen. Diese Abschlußprovision ist äußerlich die Nachahmung einer Einrichtung, welche sich bei den Landschaften findet.[2]) Diese pflegen nämlich bei Gewährung von Darlehnen sog. Ausfertigungsgebühren in Höhe von ¼ % zu erheben, welche dem zur Deckung von Kosten und Ausfällen gebildeten „eigenthümlichen Fonds" zufließen[3]); diese Beträge bildeten einen Garantiefonds der zur Landschaft verbundenen Grundbesitzer zur Deckung der ihnen eventuell obliegenden Verbindlichkeiten. Bei den Abschlußprovisionen der Hypothekenbanken liegt ein derartiges Motiv nicht vor; sie sind lediglich Abzüge, welche der Gläubiger dem Schuldner von dem nominellen Darlehnskapital macht. Daß hierfür der Name „Provision" gebraucht wird, ändert an der rechtlichen Natur des Geschäfts nichts[4]); die Hypothekenbank ist Selbstdarleiherin. Eine Bank, welche ein Darlehn von 10 000 ℳ giebt und eine Abschlußprovision von 1 % in Abzug bringt, giebt thatsächlich nur ein Darlehn von 9900 ℳ., auf welche bei der Fälligkeit 10 000 ℳ. gezahlt werden müssen. Die Differenz von 100 ℳ. bildet, wie jedes andere Damno,

---

[1]) Leser S. 67.

[2]) Leser S. 78.

[3]) Vgl. z. B. Revidirtes Ostpreußisches Landschaftsreglement vom 24. Dezember 1808 §§ 406, 408 (Rabe, Sammlung Preußischer Gesetze XII. S. 475), Chur und Neumärkisches Ritterschaftliches Creditreglement vom 14. Juni 1777 §§ 285, 287 (Rabe XI. S. 317).

[4]) Der Ausdruck „Provision" ist hier so wenig im eigentlichen Sinne gebraucht wie bei Kaufgeschäften, in denen Zuschlag und Abschlag auf den nominellen Preis häufig unter dem Namen „Provision" gemacht wird. Entsch. des R.O.H.G. III. S. 45.

materiell einen Theil der Zinsen — welche auf die Dauer der Darlehnszeit verhältnißmäßig vertheilt werden muß.

Buchhalterisch wird diese Thatsache am klarsten dadurch zum Ausdruck gebracht, daß auf der Aktivseite der Bilanz der Nominalbetrag der Forderung (im gegebenen Fall 10000 M.), in der Passivseite dagegen ein relatives Bewerthungsconto figurirt. Bei Hingabe des Darlehns ist der volle Betrag der Abschlußprovision (i. g. F. 100 M.) in das letztere einzustellen und dieses dann jährlich um denjenigen Betrag zu mindern, welcher bei verhältnißmäßiger Vertheilung der Abschlußprovision als Jahresgewinn anzusehen ist, bis das Conto am vertraglichen Fälligkeitstermine des Darlehns ganz ausgeglichen ist (i. g. F., wenn das Darlehn nach zwei Jahren rückzahlbar ist, jährlich etwa 50 M.).[1])

Der Regel nach werden aber bei den Hypothekenbanken die im Laufe des Jahres „verdienten" Abschlußprovisionen als Jahresgewinn angesehen und als Dividende vertheilt, indem gleichzeitig die ausgeliehenen Kapitalien alsbald zum Nominalbetrage und ohne jeden Abzug in die Bilanz gestellt werden.[2]) Dies erscheint willkürlich. Dem Schuldner wird es — wenn wir von kleinen Differenzen absehen — ganz gleichgiltig sein, ob er ein Darlehn von 10 000 M. auf vier Jahre glatt mit 5 % erhält oder ob ihm dafür ein Darlehn von 10 200 M. mit $4^4/_{10}$ % unter Abzug von 2 % Abschlußprovision gewährt wird. Für die Hypothekenbank ist beides aber materiell ebenso gleichgiltig und sie wird daher nicht die „Abschlußprovision" als einen ihr im Jahre der Darlehnshingabe in den Schooß fallenden Gewinn ansehen dürfen.

b) Schulden.

§ **95.** Auch die Schulden des Aktienvereins bedürfen eines Werthansatzes.[3]) Ihr derzeitiger Werth deckt sich keineswegs mit ihrem Nominalbetrage. *Zweifelhafte und bedingte Schulden.*

---

[1]) So vielleicht „Provisionsreserveconto" der Deutschen Hypothekenbank (Berlin) (G.A. I. S. 449); vgl. aber den Zusatz „für spätere Jahre zu reservirende Provisionen a) für etwaige Ausfälle, b) für noch nicht erledigte Geschäfte".

[2]) Vgl. z. B. Bilanz der Braunschweigisch-Hannöverschen Hypothekenbank (G.A. II. S. 39), der Süddeutschen Bodencreditbank (G.A. II. S. 49), der Mecklenburgischen Hypotheken- und Wechselbank (G.A. II. S. 50).

[3]) Kautionshypotheken gehören als solche nicht in das Passivum; sie sind nur Pfand für etwaige Verbindlichkeiten, welche letztere eventuell eingestellt

den angeführten Obligationen nur bei den sogenannten kündbaren Pfandbriefen der Fall zu sein pflegt, so bildet außer den auf die Zinscoupons zu zahlenden Beträgen die Differenz zwischen dem Emissions- und dem Einlösungskurs die Vergütung des Schuldners für die Kapitalsnutzung, d. h. materiell Zins. Es würde für die Gesellschaft nicht nur unbillig, sondern auch unrichtig sein, wenn man von ihr die alsbaldige Einstellung des Rückzahlungsbetrags in die Passiva verlangen wollte. Niemand wird einen später fällig werdenden Wechsel zum Nominalbetrag einstellen; daß bei den gedachten Obligationen die Vergütung für die Kapitalsnutzung zum Theil in der Form von Zinsen und nur zum andern Theil in Form des Kapitalzuschlags geschieht, macht keinen begrifflichen Unterschied. In dem Moment der Aufnahme der Obligationen ist die Schuld der Gesellschaft der erzielte Erlös; der Werth des Passivums wächst dann allmählich bis auf den Nominalbetrag durch Zuschlag derjenigen Zinsen, welche erst bei Rückzahlung der Obligation in Form eines Kapitalszuschlags vergütet werden, bis schließlich bei der Fälligkeit der Obligationen der Werth mit dem Rückzahlungsbetrage übereinstimmt. Bei der Berechnung der auf die einzelnen Jahre zu vertheilenden Zuschläge ist zu beachten, daß es nicht zulässig wäre, die Differenz zwischen dem Emissionskurse und dem Einlösungsbetrage einfach durch die Zahl der Jahre zu theilen; bei fünfprozentigen Obligationen, welche al pari ausgegeben und mit 110% nach 10 Jahren rückzahlbar sind, würde es unrichtig sein, den Werthansatz der Obligationen jährlich um 1% zu erhöhen. Es ist nämlich zu berücksichtigen, daß die gesammten in der Form des Kapitalzuschlags gewährten Zinsen erst bei der Einlösung zur Auszahlung kommen und daß 1%, welche erst in 9 Jahren zur Auszahlung kommen, nicht bereits heute einen Werth von 1% repräsentiren. Man muß sich „das Kapital zu einem Zinsfuß angelegt denken, dessen Produkt jedes Jahr pünktlich abgetragen wird, und noch zu einem ergänzenden, dessen Produkte stehen bleiben, und, da sie sich summiren, außerdem aber mit dem Zinsfuße, zu welchem das Kapital ausgeliehen wird, anwachsen, allmählich dem zur Zeit der Tilgung beigefügten Zusatze gleichkommen“.[1])

Grundsätzlich unerheblich ist für den Werthansatz der Obligationen

---

[1]) Leser S. 30, wo auch genaue Aufstellungen über die Berechnungsweise.

der Nominalbetrag. Die Bedeutung desselben besteht lediglich darin, daß er den Rechnungsmaßstab für die Feststellung der jährlichen Zinsen bildet. Er kann mit dem Rückzahlungsbetrage übereinstimmen und es wird dies auch präsumtiv anzunehmen sein, wenn die Obligation nichts anderes besagt; aber begrifflich ist dies durchaus nicht nothwendig.

Ist der Einlösungskurs geringer als der Emissionspreis, so mindert sich in Wahrheit der Jahreszins entsprechend um die Differenz; die Gesellschaft wird nicht berechtigt sein, dieses Agio als vertheilbaren Jahresgewinn anzusehen.

Die meisten Obligationen der Aktienvereine sind nicht zu einem einheitlichen Zeitpunkt, sondern allmählich, durch sogenannte Amortisation, rückzahlbar. Es werden — meist durch das Loos — eine Anzahl Obligationen bestimmt, welche zu dem Einlösungspreise von der Gesellschaft heimgezahlt werden müssen. Ob eine Gesellschaft von einer Person ein Darlehn von 1000 *M.* aufnimmt, welches in zehn gleichen Jahresraten rückzahlbar ist, oder ob sie über das Darlehn zehn Obligationen ausgiebt, von denen jährlich je eine zur Rückzahlung ausgeloost wird, ist für die Feststellung des Vermögensstands der Gesellschaft gleichgiltig.

Die Amortisation der Obligationen findet meistens auf Grund einer Annuitätenrechnung statt; d. h. [1]) die Gesellschaft giebt eine jährlich gleiche Summe für Zinsen und Rückzahlung aus. Da die Zinssumme in Folge der Einlösungen sich jährlich mindert, so wachsen die für die Rückzahlung der Obligationen bestimmten Beträge. Es wird daher für jede Amortisationsrate der derzeitige Werth auf Grundlage des Emissionspreises nach Maßgabe der oben entwickelten Grundsätze einzeln ermittelt werden müssen. Hierbei ist unerheblich, daß nach vielen Anleihebedingungen das ganze Kapital fällig wird, wenn ein oder zwei Zinsraten nicht bezahlt sind; denn die Grundlage der Werthansätze in der Bilanz bildet die regelmäßige Fortführung des Geschäfts, und es muß dabei die Zahlungseinstellung, welche nach Art. 240 den Konkurs der Gesellschaft zur Folge hat, außer Betracht bleiben.

Die Nothwendigkeit einer Werthberechnung der Obligationen tritt klar zu Tage bei den sogenannten Prämienanleihen. Nach

---

[1]) Vgl. S. 116.

der Definition des Reichsgesetzes vom 8. Juni 1871[1]) sind hierunter solche für den öffentlichen Verkehr bestimmte Schuldverschreibungen zu verstehen, „in welchen allen Gläubigern oder einem Theile derselben außer der Zahlung der verschriebenen Geldsumme eine Prämie dergestalt zugesichert wird, daß durch Ausloosung oder durch eine andere auf den Zufall gestellte Art der Ermittelung die zu prämiirenden Schuldverschreibungen und die Höhe der ihnen zufallenden Prämien bestimmt werden sollen". Wesentlich ist, daß die Obligationen in verschiedener Höhe eingelöst werden. Gelangen sie alle in gleicher Höhe, wenn auch zu einem den „Nominalbetrag" übersteigenden Betrage, zur Auszahlung, so liegt nicht eine Prämienanleihe, sondern eine der Höhe des Einlösungsbetrages nach feste Anleihe vor.[2])

Die Bilanz würde eine willkürliche werden, wenn man die in künftigen Jahren fällig werdenden Ziehungen der Prämienanleihe außer Acht ließe. Die Vermögenslage der Gesellschaft wird erst dann zutreffend dargestellt, wenn man bei Berechnung des derzeitigen Werths der Schuld alle auch erst später fällig werdenden Nebenverbindlichkeiten berücksichtigt.

In der französischen Rechtsprechung und Doktrin finden wir die Grundsätze, welche vorstehend für die Bilanzen entwickelt sind, auch für Berechnung der Ansprüche der Obligationäre bei vorzeitiger Zahlung der Obligationen anerkannt.[3]) Das belgische

---

[1]) R.G.Bl. S. 210.

[2]) Vgl. Entsch. des Pariser Kassationshofs vom 14. Januar 1876 (Sirey 76. I. 433), nach welchen derartige Obligationen nicht als verbotenes Spiel anzusehen sind, parceque la loi n'interdit que les opérations où la voie du sort est la condition de l'acquisition d'un gain, et non celles où, le gain étant acquis, le sort ne fait que fixer le terme où il sera payé. So auch Journal des sociétés I. p. 560, Sacré, Dictionnaire de Commerce p. 823; französischer Entwurf eines Aktiengesetzes von 1883 Art. 75 (Journal des soc. IV. p. 289); belgisches Aktiengesetz Art. 68. Dagegen Vigouroux in der Revue générale du droit IX. p. 248 ss.

[3]) Nach der Entsch. des Kassationshofs vom 10. August 1863 (Sirey 63. I. 428) ist im Fall des Konkurses einer Gesellschaft, welche durch jährliche Ziehungen zu amortisirende Obligationen unter Pari ausgegeben hat, nicht der Einlösungskurs zu zahlen, sondern der Emissionspreis, zuzüglich der bis zur Konkurseröffnung erwachsenen Zinsen und einer Entschädigung, welche das verhältnißmäßige Wachsen des Werths der Obligationen mit Rücksicht auf die Chancen einer Ausloosung darstellt. Durch die Entscheidung des tribunal de

Aktiengesetz schließt sich dem an und bestimmt im Art. 69 ausdrücklich:

> En cas de liquidation ces obligations ne seront admises au passif que pour une somme totale égale au capital qu'on obtiendra en ramenant à leur valeur actuelle, au taux de 5 p. c., les annuités d'intérêts et d'amortissement qui restent à échoir. Chaque obligation sera admise pour une somme égale au quotient de ce capital divisé par le nombre des obligations non encore éteintes.[1])

§ **97**. Die Differenz zwischen dem Werthe, mit welchem für eine Gesellschaft die von ihr ausgegebenen Obligationen in Betracht kommen, und dem Nominalbetrage derselben, kann in der Bilanz in verschiedener Weise zum Ausdruck gebracht werden. Entweder diese Differenz wird unmittelbar bei dem Werthansatz zum Ausdruck gebracht, so daß die Obligationen nicht zu ihrem Nominalbetrage, sondern dem rechnerisch ermittelten Werth derselben ausgeworfen werden. Oder es wird zwar der Nominalbetrag in das Passivum gesetzt, jene Differenz aber durch ein besonderes Bewerthungsconto zum Ausdruck gebracht. Die letztere Art der Bilanzaufstellung ist bei denjenigen deutschen Gesellschaften üblich, welche Obligationen nicht zum Nominalbetrag bewerthen. Wird ein mit dem Nominalbetrage rückzahlbares Anlehen mit 90 aufgenommen, so würde demgemäß in die Passiva das Nominalkapital von 100, in die Aktiva ein, Disagioconto genannter, Betrag von 10 zu setzen sein. Disagioconto, Agioconto.

---

commerce vom 1. Dezember 1879 (Journal des sociétés II. p. 78) wurde eine Eisenbahngesellschaft, deren Unternehmen der Staat gekauft hatte, für berechtigt erklärt, ihre Obligationen zurückzuzahlen zu dem bei der Emission erzielten Durchschnittskurs zuzüglich einer Prämie, calculée de telle sorte, que la capitalisation de ses intérêts corresponde exactement au chiffre de la prime au temps moyen où le remboursement devait en être effectué. Vgl. auch Mornard, Sociétés en commandite par actions p. 96, Dutruc, Dictionnaire II. p. 588 No. 285, Alauzet, Commentaire No. 2486 (2 ed. VI. p. 128), Alphonse Ledru im Journal des sociétés I. p. 177 (Anmerkung).

[1]) Vgl. behufs Berechnung des Grundwerths Art. 68: Les sociétés anonymes ne peuvent émettre d'obligations remboursables par voie de tirage au sort à un taux supérieur au prix d'émission qu' à la condition que les obligations rapportent 3 p. c. d'intérêts au moins, que toutes soient remboursables par la même somme et que le montant de l'annuité comprenant l'amortissement et les intérêts soit le même pendant toute la durée de l'emprunt. — Die deutsche Konkursordnung zeigt in dem starren Prinzip des § 58 eine Lücke.

Dies Disagioconto muß bis zur Fälligkeit der letzten Obligationen auf Grundlage jährlicher Berechnung des gegenwärtigen Werths derselben ausgeglichen werden. Wird ein Anlehen, welches mit 10 % Zuschlag einzulösen ist, mit 102 % emittirt, so ist außer dem Nominalkapital alsbald ein Agioconto in Höhe von 2 % im Passivum zu bilden; dieses Agioconto muß bis zur Fälligkeit in Gemäßheit der jährlichen Werthfeststellung der Schuld bis zur Höhe von 10 % anwachsen. Ist ein mit 110 % einlösliches Anlehen zum Kurse von 95 % emittirt, so wird gleichfalls der Nominalbetrag in die Passiva gestellt; in den Aktivis wird zunächst ein Disagioconto von 5 % gebucht. Bis zur Fälligkeit des gesammelten Anlehens muß nicht nur allmählich in Gemäßheit jährlicher Werthfeststellung das Disagioconto ausgeglichen, sondern auch ein Agioconto von 10 % gebildet sein.

Aeußerlich etwas abweichend, aber materiell identisch ist die durch das Schweizerische Obligationenrecht vorgeschriebene Bilanzirung, dessen § 656 Ziff. 7 bestimmt:

> Von der Gesellschaft ausgegebene Obligationen sind zu dem vollen Betrage, zu welchem sie zurückgezahlt werden müssen, anzusetzen. Dagegen kann die Differenz zwischen dem Emissions- und dem Rückzahlungsbetrage, welche durch jährliche Abschreibungen bis zum Verfalltage zu amortisiren ist, unter die Aktiva aufgenommen werden.

Hier muß also der volle Rückzahlungsbetrag in die Passiva aufgenommen werden. In dem letzten der im vorigen Absatz aufgestellten Beispiele müßte demgemäß von Anfang an in die Passiva der Betrag von 110 % aufgenommen werden, während das Disagioconto mit 15 % einsetzen und allmählich ausgeglichen werden würde.

Was die Praxis anbelangt, so sind hervorzuheben:

Pfandbriefe der Hypothekenbanken.

§ 98. 1. Die meisten Hypothekenbanken scheinen im Prinzip darin übereinzustimmen, daß die Unterpariemission die Einsetzung eines Disagioconto in das Aktivum rechtfertigt, weichen aber im Einzelnen von einander und von den oben dargelegten Grundsätzen ab.

Betrachten wir z. B. die Bilanz der Rheinischen Hypothekenbank zu Mannheim.[1]) Bei dieser bleibt das im Aktivum figurirende Disagioconto (hier unter dem Titel „Conto für Amortisation des Kursverlustes auf Pfandbriefe und Kommunalobligationen") an-

[1]) G.A. II. S. 224.

scheinend in ursprünglicher Höhe bestehen, und es geschieht die Ausgleichung durch ein allmählich zur Höhe dieses aktiven Contos anwachsendes Passivconto (hier abweichend „Disagioconto" genannt). In dem Geschäftsbericht heißt es hierzu:

> Auf diesem Conto (dem C. für Amort. des Kursverlustes) ist die Differenz zwischen dem Begebungs- und Einlösungskurs der Pfandbriefe bezeichnet. Jede Hypothekenbank hat dafür Sorge zu tragen, daß die zwischen dem Begebungs- und Einlösungskurs für Pfandbriefe bestehende, auf eine größere oder kleinere Anzahl von Jahren sich vertheilende Differenzsumme gedeckt wird, ohne daß ein künftiges Jahr zum Vortheile des vorhergehenden belastet würde. Diesem Prinzip kann in verschiedener Weise Rechnung getragen werden. Wir haben einen Disagiofonds gebildet, welcher, auf Zinseszinsen angelegt, das gesammte Disagio in der entsprechenden Zeit tilgt.[1]

Durch diese Art der Bilanzirung[2]) wird das erste Jahr übermäßig zu Gunsten der folgenden belastet. Sie geht davon aus, „ein Darlehn von hundert, das mit hundertzehn getilgt wird, wäre hundert, vermehrt um den gegenwärtigen Werth von zehn", während wir davon ausgingen, daß der gegenwärtige Werth des Darlehns hundert, vermehrt um den verhältnißmäßigen Theil von zehn, beträgt. Daß die in der Bilanz der Rheinischen Hypothekenbank vertretene Anschauung irrig ist, ergiebt sich daraus, daß das Darlehn, wenn es z. B. nach 15 Jahren zurückzuzahlen wäre, sofort bei der Hingabe einen Werth von hundertfünf haben müßte. Denn der gegenwärtige Werth von zehn, welche in 15 Jahren zu zahlen sind, beträgt etwa fünf. Die Bank würde also durch die bloße Thatsache, daß sie den Pfandbrief ausgiebt, sofort einen Verlust von fünf erleiden.

Andere Hypothekenbanken amortisiren das aktive Disagioconto in willkürlichen Raten, z. B. von zehn Jahren[3]), noch andere betrachten das Disagio als Jahresverlust.[4])

Dem gegenüber ist zu beachten: Alle Posten müssen in der Bilanz zu demjenigen Werthe stehen, welcher ihnen thatsächlich

---

[1]) Aehnlich anscheinend Bilanz der Württembergischen Hypothekenbank (G.A. II. S. 227).

[2]) Vgl. gegen dieselbe Leser S. 27.

[3]) Frankfurter Hypothekenbank (G.A. II. S. 212).

[4]) So anscheinend Preuß. Bodencreditbank (G.A. II. S. 231), Preuß. Centralbodencreditbank (G.A. II. S. 671).

gebührt. Wie es mit Rücksicht auf die in den ersten Jahren geringeren Amortisationsbeträge unzulässig wäre, nur die Emissionsdifferenz der ausgeloosten Obligationen als Jahresverlust erscheinen zu lassen, so ist auf der anderen Seite auch unzulässig, durch sofortige oder zu hohe Abschreibung des Disagios die Obligationen als die Gesellschaft stärker belastend erscheinen zu lassen, als es in Wirklichkeit der Fall ist.[1]) Es muß auch an dieser Stelle darauf hingewiesen werden, daß auch zu ungünstige Bilanzen unerlaubt sind. Die merkwürdige Thatsache, daß eine ganze Klasse von Gesellschaften anscheinend ein Passivum in einer die Vertheilung von Dividenden schmälernden Weise bewerthet, ist nur erklärlich, wenn man annimmt, daß auf der anderen Seite Aktivposten zu hoch bewerthet werden — was, wie wir gesehen haben (§ 94), bezüglich der Hypothekenforderungen mit Rücksicht auf die Abschlußprovisionen meist der Fall zu sein scheint. — Wird das aktive Disagioconto geringer bemessen, als ihm eigentlich gebührt, so wird — sofern der Bilanzansatz im Uebrigen richtig ist — Reingewinn von der Vertheilung ausgeschlossen. Dies ist einmal nur insoweit zulässig, als das Statut dies erlaubt; dann aber wird durch die zu niedrige Bemessung des Disagioconto die gesetzliche Vorschrift verletzt, daß der Reingewinn am Schlusse der Bilanz angegeben werden muß. Das Disagioconto ist begrifflich richtig und praktisch erforderlich, da andernfalls eine Gesellschaft, welche 3prozentige Obligationen mit 70 % emittirt, auf Jahre hinaus keine Dividende vertheilen könnte. Dies einmal festgestellt, muß man das Disagioconto und seine rechnungsmäßige Tilgung[2]) als nothwendig erachten; denn die Bilanzansätze sind nicht willkürliche, — es können in einzelnen Punkten Verschiedenheiten über

---

[1]) Wie der Jahresbericht des Crédit foncier de France, wohl der größten Hypothekenbank, für 1884 ergiebt (Paris Dupont 1885) buchte diese Gesellschaft bei einem Obligationennominalkapital von über 3 Milliarden Francs noch ein Disagio (Le montant du compte de l'Actif „Primes à amortir") von über 500 Millionen Francs; dieses Disagio wurde direkt von dem Nominalbetrage der Obligationen abgezogen, so daß in den Passivis der Bilanz nur der Nettowerth derselben figurirt. In welcher Weise die Tilgung des Fonds erfolgt, ist aus dem Bericht nicht ersichtlich.

[2]) In dem Bericht der Braunschweigisch-Hannoverschen Hypothekenbank heißt es: von dem Conto für Amortisation der Kursverluste unserer Pfandbriefe „waren rechnungsmäßig abzuschreiben" (G.A. II. S. 39).

die Schätzung vorhanden, im Prinzip kann aber stets nur eine Art des Ansatzes die richtige sein.[1])

Keine von denjenigen Banken, welche das Disagioconto stigmatisiren, stellt auch etwa bei über Pari rückzahlbaren Pfandbriefen den Rückzahlungsbetrag, sondern nur den Nominalbetrag in die Passiva — während doch, wie wir gesehen haben, der Nominalbetrag in solchen Fällen nur eine Zinsberechnungs-, aber keine Rechtsgröße ist, die Einstellung der Nominalbeträge als solcher also prinziplos erscheint.

Uebrigens finden wir in den Bilanzen derjenigen Hypothekenbanken, deren Pfandbriefe über Pari rückzahlbar sind oder welche Prämienpfandbriefe ausgegeben haben, regelmäßig ein bezügliches passives Conto (Amortisationszuschlagsconto[2]), Prämienfondsconto[3]) u. dgl.)

Ob aber bei Bemessung dieser Conti willkürlich verfahren wird, oder ob dieselbe nach rechnerischen Grundsätzen erfolgt, läßt sich aus den Bilanzen nicht ersehen.[4])

§ **99**. 2. Die übereinstimmende Praxis der englischen, französischen und im Wesentlichen auch der deutschen Eisenbahngesellschaften geht dahin, die durch Ausgabe der Obligationen über oder unter Pari entstehenden Differenzen nicht als Jahresgewinn resp. Jahresverlust anzusehen. Eisenbahnobligationen.

Die englischen Eisenbahnbilanzen sind, wie wir bereits oben (§ 91) gesehen haben, nach der Regulation of Railways act

---

[1]) Während in der deutschen Praxis jede Gesellschaft bei der Bilanzirung von besonderen Grundsätzen ausgeht, scheint die Bilanzpraxis in Frankreich eine viel einheitlichere zu sein. Nur so ist es erklärlich, daß Industrielle, welche ihre Angestellten bei dem Gewinn betheiligen, die buchmäßige Feststellung desselben ihren Werkführern und Arbeitern überlassen. Vgl. Crousel, La participation des ouvriers aux bénéfices de l'entreprise au point de vue de droit in der Revue générale du droit IX. p. 238.

[2]) Preuß. Bodencreditbank (G.A. II. S. 231), Preuß. Centralbodencreditanstalt (G.A. II. S. 671).

[3]) Deutsche Hypothekenbank zu Meiningen (G.A. II. S. 338).

[4]) In der Bilanz des Crédit foncier de France finden wir in den Passivis einen Posten „provision pour l'amortissement des emprunts", dessen einer Theil in dem Bericht dahin erläutert wird: Les provisions ordinaires, qui ont pour but de maintenir, au point de vue du Crédit foncier, pendant toute la durée de chaque emprunt un taux uniforme de revient (intérêts, primes et lots).

von 1868 in zwei Theile getheilt: receipts and expenditure on capital account, welches die erzielten Einnahmen aus emittirten Aktien und Obligationen und die Ausgaben für die Betriebsanlagen aufführt, und general balance sheet, welches von den vorstehenden beiden Posten nur den Saldo, im Uebrigen aber die vollständige Bilanz enthält. Auf dem capital account finden sich die effektiv für die Obligationen vereinnahmten Beträge. Ist bei der Emission ein Agio erzielt worden, so bleibt dasselbe unabänderlich und untheilbar als „Premiums" in den Einnahmen stehen[1]); es bildet, nach der Ausdrucksweise des deutschen Rechts, einen Reservefonds. Sind dagegen bei der Ausgabe von Obligationen gegenüber dem Nominalkapital Verluste entstanden, so werden dieselben auf Anlageconto (expenditure) übernommen und zu den Kosten desselben gerechnet.[2])

In der Praxis der französischen Eisenbahngesellschaften[3]) wird als Schuld der Gesellschaft dauernd nur der Erlös der Obligationen angesehen, die prime de remboursement aber nur als eine Ausgabe betrachtet, welche diejenigen Jahre belastet, in denen die Ziehung der Obligationen stattfindet. Eine Berechnung des derzeitigen Passivwerths derselben mit Rücksicht auf die später fällig werdenden Obligationen findet nicht statt. Nach Courcelle-Seneuil[4]) scheint vielfach folgende Buchungsweise üblich zu sein: In das Passivum wird gesetzt unter dem Namen „Ressources"

---

[1]) Bericht der London & North-Western Railway Company und der Midland Railway Company für das erste Semester 1885.

[2]) So findet sich in dem capital account der Halbjahrsrechnung der Mexican Railway Company für erstes Semester 1885 unter expenditure: discount on 6 per cent Second Mortgage Bonds (dieselben wurden im Laufe des Jahres emittirt) und Expenses on issue of Second Mortgage Bonds.

[3]) Vgl. hierzu Didier im Journal des sociétés VI. p. 147, Jahresbericht der compagnie des chemins de fer de Paris à Lyon et à la Méditerranée für 1884 (Paris Dupont 1885), der compagnie des chemins de fer de l'Est für 1884 (Messager de Paris vom 6. Mai 1885), vgl. auch für sonstige industrielle Gesellschaften Jahresbericht der compagnie universelle du canal maritime de Suez für 1884 (Le Canal de Suez, Bulletin décadaire No. 484 bis), der compagnie Madrilène d'éclairage et de chauffage par le gaz für 1884 (Paris, Mouillot 1885), letztere wohl dem spanischen Aktienrecht unterstehend.

[4]) Traité de comptabilité p. 122, 125.

der Kassenerlös der Obligationen, außerdem aber unter dem Namen „Obligations" der Nominalbetrag derselben, wogegen derselbe Nominalbetrag unter dem Titel „Amortissement" in das Aktivum gesetzt wird. Da „Amortissement" und „Obligations" gleich sind und keinen reellen Charakter haben, so könnten dieselben einfach fortgelassen werden; wir haben hier zwei ideelle Posten vor uns, welche wenigstens nach deutschem Recht gerade deshalb nicht eingestellt werden dürften. Im weiteren Verlauf kommen allerdings Differenzen zwischen den beiden Posten „Obligations" und „Amortissement" vor. Wird eine Obligation ausgeloost, so wird nämlich das Conto „Amortissement" um diesen Betrag vermindert, während das Conto „Obligations" sich nur um diejenigen Beträge ermäßigt, welche effektiv zur Einlösung gelangt sind. Die Differenz zwischen den beiden Conten stellt also den Betrag der ausgeloosten, aber noch nicht eingelösten Obligationen dar. Dieser Zweck würde aber einfacher und deutlicher erreicht werden können, wenn man nur diese Obligationen in das Passivum stellen würde. Am Ende der Amortisationsperiode sind „Amortissement" und „Obligations" auf Null reduzirt, während Ressources als Passivum in der ursprünglichen Höhe verbleibt und hierdurch ausweist, daß von dem Gewinn eine solche Summe, welche dem Erlöse der Obligationen entspricht, nicht zur Vertheilung unter die Aktionäre, sondern zur Bezahlung von Schulden verwandt ist.

Auch die deutschen Eisenbahngesellschaften sehen die Kursverluste bei Ausgabe ihrer Obligationen nicht als Jahresverlust an.[1]) Sie gleichen die Kursverluste nicht nach rechnerischen Grundsätzen allmählich aus; sondern setzen sie theils als besonderes Conto (Disagioconto) unveränderlich in das Aktivum[2]); theils geben sie denselben einen Ruheposten im Bauconto, indem sie die Kursverluste zu den Finanzirungskosten rechnen.

---

[1]) Vgl. v. Strombeck in Busch's Archiv. Bd. 38 S. 56 f, Schüler in der Zeitung des Vereins deutscher Eisenbahnverwaltungen, Koch in den Verhandlungen der Eisenbahn-Untersuchungskommission S. 1786.

[2]) Aachener Industriebahn (Saling S. 5), Hessische Ludwigsbahn (Saling S. 146); vgl. auch in der Bilanz der Berlin-Potsdam-Magdeburger Eisenbahnges. den Posten: Betheiligung an der Stadtbahn incl. 51 538 M. Kapitalbeschaffung (Saling S. 404). Unverständlich ist die Bemerkung Laskers in der Eisenbahn-Untersuchungskommission, daß die Kursverluste „nur als Durchgangsposten" in das Aktivum gestellt würden. Prot. S. 1786.

Da die zur Einlösung der amortisirten Obligationen erforderlichen Beträge, wie wir oben (§ 48) gesehen haben, fast durchweg aus dem Reingewinn entnommen werden, so wird zwar, da die gesammten Beträge der amortisirten Obligationen auch fernerhin als Passivum in der Bilanz figuriren, der Kursverlust wenigstens bezüglich derjenigen Obligationen amortisirt, welche in dem betreffenden Jahre zur Einlösung gelangen. Im Uebrigen findet aber eine Amortisation des Kursverlustes nicht statt.

Diese Art der Bilanzirung würde richtig sein, wenn für die Aktiengesellschaften, was früher ja mehrfach behauptet wurde [1]), Betriebsbilanzen zulässig wären. Dies ist aber, wie wir oben (§ 90) gesehen haben, nicht der Fall; das neue Aktiengesetz hat jenen Ansichten unter allen Umständen den Boden entzogen.

Dasselbe kennt nur Vermögensbilanzen und daher ist es unzulässig, Schulden anders anzusetzen als zu ihrem wirklichen Werth.[2]) Von diesem Gesichtspunkte aus müssen die in §§ 96, 97 aufgestellten Grundsätze über die Bewerthung der Obligationen auch für die Eisenbahnobligationen Platz greifen. Der praktische Unterschied von der üblichen Buchungsweise besteht darin, daß jetzt das Disagioconto nur bezüglich der ausgeloosten Obligationen amortisirt wird, während nach der hier vertretenen Anschauung das Disagioconto in der ersten Zeit höhere Abschreibungen erfahren muß — weil eben bei den auf Annuitätsberechnungen ruhenden Amortisationsplänen in den ersten Jahren nur ein verhältnißmäßig kleinerer Betrag zur Einlösung gelangt (vgl. oben S. 223).[3])

Zu beachten ist, daß seitens der Eisenbahngesellschaften die hier

---

[1]) Vgl. v. Strombeck in Busch's Archiv Bd. 38 bes. S. 87, Anonymus in der Zeitung des Vereins deutscher Eisenbahnverwaltungen Bd. 19 S. 268 ff.

[2]) Durch Einstellung des Disagiocontos in den im Text als zulässig erklärten Grenzen wird nur dieser Zweck dokumentirt. Unklar ist die mit Beziehung auf das Disagioconto in der Eisenbahn-Untersuchungskommission Prot. S. 1786 gemachte Aeußerung Laskers, daß im Gegensatz zu den Eisenbahngesellschaften Bankgesellschaften nicht das Recht hätten, „Schulden in das Aktivum zu setzen". Das thut keine Gesellschaft. Das Disagioconto ist für alle Arten der Aktienvereine gleich zulässig oder gleich unzulässig.

[3]) Das Schweizer Gesetz vom 21. Dez. 1883 (A.S.N.F. VII. S. 429) bestimmt in Art. 4 Abs. 3: die Kursverluste auf noch nicht zurückgezahlte Anleihen sind während der Anleihensdauer zu ersetzen, wobei auf die bereits abgelaufene Zeit Rücksicht zu nehmen ist. Für die übrigen Posten werden die Fristen durch den Bundesrath festgesetzt.

vertretene Ansicht durch ihre Bilanzen in denjenigen Fällen bestätigt wird, in denen sie eine nicht in Obligationen zerlegte Annuitätenschuld haben; in diesen Fällen wird der Kapitalwerth der Annuitäten in das Passivum gestellt.[1])

Einen Verlust des Emissionsjahrs stellen die Kursverluste, wie bereits S. 195 ff. erwähnt und im § 93 näher ausgeführt, nicht dar, sondern nur eine besondere Art der Zinsvergütung, und deshalb können sie auch nicht dem Bauconto dauernd zur Last fallen.

Wird eine Eisenbahnanleihe zu einem den Einlösungskurs übersteigenden Betrag ausgegeben, so ist das Agio zunächst in die Passiva zu setzen und auf Grund einer Werthberechnung der Schuld allmählich zu tilgen.[2])

Bei Industriegesellschaften finden wir die verschiedensten Arten der Buchung des Kursverlustes bei Anlehen. Bald wird derselbe als stabiles Aktivum angesehen,[3]) bald wird er in willkürlichen Raten getilgt;[4]) bei einer Gesellschaft finden wir — materiell der Uebung der Eisenbahngesellschaften entsprechend — im Aktivum den Posten „Anleihenegociirungsconto: bei Rückzahlung auszugleichender Kursverlust an der Prioritätsanleihe".[5]) Obligationen der Industriegesellschaften.

Gegenüber allen diesen Verschiedenheiten muß auch bei diesen Obligationen an den in §§ 96, 97 entwickelten Bewerthungsgrundsätzen festgehalten werden.[6])

---

1) Mecklenburgische Friedrich-Franzbahn (Saling S. 180) und anscheinend Braunschweigische Eisenbahn (Saling S. 81).

2) Anders z. B. Große Berliner Pferdeeisenbahn-Gesellschaft (G.A. II. S. 591).

3) Erste k. k. priv. Donaudampfschifffahrts-Gesellschaft (G.A. V. S. 240).

4) Emissionsunkostenconto (jährlich 10 % abgeschrieben), Aktien-Gesellsch. Egestorffs Salzwerke (G.A. II. S. 511); Prioritätsanleihe Saldo des Verlustes bei der Begebung (zweites Drittel abgeschrieben), Hamburg-Altonaer Pferdebahngesellschaft (G.A. I. S. 198).

5) Norddeutscher Lloyd (G.A. II. S. 567).

6) Anscheinend richtig: Prioritätsanleihedamnoconto (wird jährlich abgeschrieben pro rata temporis), (G.A. I. S. 96).

Schlußbetrachtung.

§ **100**. Wir haben in den vorstehenden Erörterungen versucht, die Grundsätze der Bilanz aus einheitlichen Gesichtspunkten darzustellen.

Hierbei haben wir gesehen, daß die besonderen Vorschriften, welche das Aktiengesetz über die Bilanz enthält, in den wesentlichsten Punkten aus der Natur der Bilanz selbst hervorgehen und daher weder im Gegensatz stehen zu den nach der Aktiennovelle für Aktiengesellschaften geltenden, noch zu den allgemeinen, die kaufmännische Bilanz betreffenden handelsgesetzlichen Bestimmungen.

Daß neben dem Aktienkapitalconto auch der Reservefonds und der bilanzmäßige Gewinn in den Passivis erscheinen müssen, ergiebt sich daraus, daß dieselben erst in ihrer Zusammenfassung dem in den Passivis der kaufmännischen Bilanz figurirenden Kapitalconto entsprechen.

Der Verlust muß um deswillen besonders in den Aktivis stehen, weil der Natur der Aktiengesellschaft die Beibehaltung des stabilen Aktienkapitalcontos entspricht und in Folge dessen, da der Verlust nicht, wie bei dem Einzelkaufmann, durch Abschreibung von dem Kapital zum Ausdruck gelangen kann, die Minderung des Kapitals durch Einstellung des Verlustpostens im Aktivum dargestellt werden muß.

Kosten der Organisation und Verwaltung dürfen als solche in keiner Bilanz figuriren; soweit durch dieselben Vermögensstücke erzeugt sind, müssen diese dagegen überall als Bilanzaktiva angesehen werden.

Was den Werthansatz anbelangt, so ergiebt sich bereits aus der Natur der kaufmännischen Bilanz, daß stets der individuelle Werth in Betracht kommt, und daß daher für Betriebsgegenstände nicht der Veräußerungswerth maßgebend sein kann. In diesem Sinne hatte die Praxis der Bilanzen — nicht nur diejenige der Aktiengesellschaften — schon vor dem Aktiengesetz stets die Anschaffungspreise unter Abzug des Abnutzungsbetrags bald in Form der Abschreibung bald in derjenigen des Erneuerungsfonds angesetzt, ohne hierdurch den Art. 31 H.G.B. zu verletzen.

Bei Berechnung des besondern Verkaufswerths der Veräußerungsgegenstände sind sorgfältige Kaufleute stets von der Regel ausgegangen, daß der Börsen- und Marktpreis die Höchstgrenze bildet.

Abweichend ist gegenüber der Aktiennovelle und den Bestimmungen über die kaufmännischen Bilanzen nur die Vorschrift, daß auch der Anschaffungs- oder Herstellungspreis die Höchstgrenze des Werthansatzes bilden soll. Wie wir aber gesehen haben, ist gerade diese Bestimmung zwar formell dem Art. 185a einverleibt, materiell aber nur eine Vorschrift über die Gewinnvertheilung.

Neu ist ferner die — gleichfalls nur die Höhe des vertheilbaren Reingewinns begrenzende — Vorschrift des Art. 185b über die Bildung des Zwangsreservefonds.

Wenn daher § 7 der Uebergangsbestimmungen die in der Anmerkung abgedruckten Sätze enthält, [1]) so ist zu beachten, daß materielle Abänderungen gegenüber dem bisherigen Recht nur in den Vorschriften über die Begrenzung des Werthansatzes auf den Erwerbspreis und über die Bildung des Zwangsreservefonds enthalten sind und daß daher die Uebergangsbestimmungen im Uebrigen unpraktisch sein dürften.

---

[1]) § 7 lautet: (Abs. 1.) Die Vorschriften im Art. 185b Ziffer 2 (Art. 239b) über den Gewinn aus einer Erhöhung des Kapitals finden auf die bestehenden Gesellschaften schon für das beim Inkrafttreten des Gesetzes laufende Geschäftsjahr, die übrigen Vorschriften über Bilanz und Reservefonds (Art. 185a bis 185c, Art. 239 bis 239b der neuen Fassung) erst vom Beginne des folgenden Geschäftsjahres Anwendung. (Abs. 2.) Für Werthpapiere und Waaren, welche die Gesellschaft schon in dem letzten Geschäftsjahre vor dem Inkrafttreten dieses Gesetzes besessen hat, kann an Stelle des Anschaffungs- oder Herstellungspreises der Betrag angesetzt werden, mit welchem sie in der Bilanz des vorbezeichneten Geschäftsjahres enthalten sind. (Abs. 3.) Werden in Gemäßheit der Vorschrift im Art. 185a Ziffer 3 und 239b dauernd zum Geschäftsbetriebe der Gesellschaft bestimmte Gegenstände unter Zugrundelegung des Anschaffungs- oder Herstellungspreises zu einem Betrage angesetzt, welcher den Werth übersteigt, mit welchem sie in der Bilanz des letzten Geschäftsjahres vor dem 1. Oktober 1883 enthalten sind, so dürfen hierauf beruhende Dividenden nur unter Beobachtung der Vorschriften gezahlt werden, welche für eine Herabsetzung des Kapitals der Kommanditisten oder des Grundkapitals maßgebend sind. — Zu Abs. 2 ist zu bemerken, daß die Bilanz zum Abschluß des in der Zeit zwischen 14. August 1883 und 13. August 1884 ablaufenden Geschäftsjahrs den Betrag ergiebt, mit welchem jene Werthpapiere und Waaren eingesetzt werden dürfen. Zu Abs. 3 vgl. oben S. 172 Note 1.

Erachten wir deshalb auch die durch das Aktiengesetz hervorgerufenen Abänderungen des materiellen Rechts nicht für grundlegende, so steht doch zu erwarten, daß dasselbe aus anderen Gründen für die Praxis der Aktienvereinsbilanzen von dauerndem Nutzen sein wird.

Der Umstand, daß die Gesellschaften veranlaßt werden, die Bilanzen, welche sie zum Ablauf des auf das Inkrafttreten des Aktiengesetzes (14. August 1884)[1]) folgenden Geschäftsjahrs errichten, auf die, wenn auch wesentlich nur neu formulirten Grundsätze zu prüfen, wird für dieselben ein Anlaß sein, alle ihre Bilanzansätze einer von der Rücksicht auf frühere Bilanzen unabhängigen Kritik zu unterwerfen. So wird insbesondere eine sachliche Prüfung darüber eintreten, ob in der That die angesetzten Abnutzungsbeträge ausreichend waren, und es wird hierbei streng bewerthet werden müssen, selbst wenn darüber eine Jahresdividende verloren ginge. In Folge dessen wird vielleicht die Praxis der Bilanzen ihrem höchsten Ziele, der Bilanzwahrheit, näher kommen — einer Bilanzwahrheit nicht in demjenigen Sinne, welchen das Reichsoberhandelsgericht unterlegte, sondern derjenigen Bilanzwahrheit, welche der achtbare Kaufmann stets zu erreichen bestrebt war.

Inzwischen thut noch ein Anderes dringend noth: nämlich die Bilanzklarheit.[2]) Wie sich aus den voraufgehenden Erörterungen ergiebt, werden zur Erreichung desselben Bilanzzwecks oft die mannigfachsten Methoden angewandt, und dieselben Conti werden mit den mannigfachsten Bezeichnungen belegt — man denke nur an die Reserve-, Delcredere-, Garantie-, Amortisationsconti, die bei den verschiedenen Gesellschaften die verschiedensten Bedeutungen haben und untereinander vielfach verwechselt werden. Bei vielen Gesellschaften läßt sich die Natur des Contos nur aus dem Geschäfts-

[1]) Keyßner u. Simon, Aktiengesetz S. 1.

[2]) Das Schweiz. Obligationenrecht bestimmt § 656: „Die Bilanz ist so klar und übersichtlich aufzustellen, daß die Aktionäre einen möglichst sicheren Einblick in die wirkliche Vermögenslage der Gesellschaft erhalten.“ Man vergleiche hierzu die beherzigenswerthen Worte Casaregis' (disc. leg. 102 No. 45): Bilancium debet quidem esse compendiosum sed nihilominus continere debet omnes partitas debiti et crediti cum suis causis . . . quae partitarum singularum expressio non legitur in Bilancio Dom. Senatori Buonaccorsi transmisso et ideo multo minus poterit sufficere pro redditione rationum, ratio enim, quae non potest intelligi, non videtur reddi.

bericht, zuweilen nur aus den Statuten erkennen; bei manchen bleibt die Bedeutung zweifelhaft, oft wohl, weil die Gesellschaftsorgane sich selbst nicht darüber klar waren. Viel gebessert könnte schon werden, wenn eine einheitliche Benennungsweise für die Conti eingeführt würde. Es liegt dem Verfasser dieser Schrift fern, hierfür die Hilfe des Gesetzgebers anzurufen; aber er würde es als eine dankenswerthe Aufgabe der Organe des Handelsstandes, vor allem des deutschen Handelstags, erachten, in dieser Beziehung auf die Aktienvereine einzuwirken.

Bilanzwahrheit und Bilanzklarheit — dies können nur die Ziele bedeuten, auf die man hinarbeiten soll, die man aber vollständig nie erreichen wird. Der persönlich haftende Gesellschafter, die Mitglieder des Vorstandes und Aufsichtsraths werden ihre Pflicht erfüllen, wenn sie bezüglich der Bilanz nach bestem Wissen und mit thunlichster Sorgfalt verfahren; der Generalversammlung, welche nach dem Gesetz die Bilanz genehmigen soll, werden die Unterlagen hierfür schon deswegen fehlen, weil ihr kein Inventar vorgelegt wird, und ihr Genehmigungsbeschluß wird nicht sowohl auf sachlichen Gründen, als vielmehr auf der Ueberzeugung beruhen, daß die übrigen Gesellschaftsorgane bei Aufstellung und Prüfung der Bilanz mit der erforderlichen Sorgfalt verfahren sind. Vom Standpunkt dieser Gesellschaftsorgane sollen zwar die Bilanzposten Thatsachen, ihr Werthansatz Meinungssache sein — für den Dritten, welcher die Bilanz prüfen will, wird sie schließlich doch nur Glaubenssache bleiben.

25 & 26 Vict. cap. 89 sch. 1

Dr. BALANCE SHEET of the Co.

CAPITAL AND LIABILITIES.				
I. CAPITAL.		*Showing:*	£ s. d.	£ s. d.
	1.	*The Number of Shares - -*		
	2.	*The Amount paid per Share - -*		
	3.	*If any Arrears of Calls, the Nature of the Arrear, and the Names of the Defaulters.*		
	4.	*The Particulars of any forfeited Shares.*		
II. DEBTS AND LIABILITIES of the Company.		*Showing:*		
	5.	*The Amount of Loans on Mortgages or Debenture Bonds.*		
	6.	*The Amount of Debts owing by the Company, distinguishing—*		
		(a.) *Debts for which Acceptances have been given.*		
		(b.) *Debts to Tradesmen for Supplies of Stock in Trade or other Articles.*		
		(c.) *Debts for Law Expenses.*		
		(d.) *Debts for Interest on Debentures or other Loans.*		
		(e.) *Unclaimed Dividends.*		
		(f.) *Debts not enumerated above.*		
VI. RESERVE FUND.		*Showing: The Amount set aside from Profits to meet Contingencies.*		
VII. PROFIT AND LOSS.		*Showing: The disposable Balance for Payment of Dividend, &c.*		
CONTINGENT LIABILITIES.		*Claims against the Company not acknowledged as Debts. Moneys for which the Company is contingently liable.*		

mpanies Act von 1862.

table A (vgl. S. 32).

made up to 18 Cr.

PROPERTY AND ASSETS.				
			£ s. d.	£ s. d.
III. PROPERTY held by the Company.		*Showing:*		
	7.	*Immovable Property, distinguishing—*		
		(a.) Freehold Land - - -		
		(b.) „ Buildings - -		
		(c.) Leasehold „ - -		
	8.	*Moveable Property, distinguishing—*		
		(d.) Stock in Trade - -		
		(e.) Plant - - - -		
		The Cost to be stated with Deductions for Deterioration in Value as charged to the Reserve Fund or Profit and Loss.		
IV. DEBTS owing to the Company.		*Showing:*		
	9.	*Debts considered good for which the Company hold Bills or other Securities.*		
	10.	*Debts considered good for which the Company hold no Security.*		
		Debts considered doubtful and bad -		
	11.	*Any Debt due from a Director or other Officer of the Company to be separately stated.*		
V. CASH AND INVESTMENTS.		*Showing:*		
	12.	*The Nature of Investment and Rate of Interest.*		
	13.	*The Amount of Cash, where lodged, and if bearing Interest.*		

Alphabetisches Register.

(Die Zahlen bezeichnen die Seiten.)

Druck von Leonhard Simion in Berlin.

Druckfehler-Berichtigungen.

S. 50 Zeile 14 v. u. lies statt „Debet“: „Credit“, statt „Per“: „An“.

S. 50 Zeile 12 v. u. lies statt der abgedruckten Gewinn- und Verlustrechnung:

Debet.		**Gewinn- und Verlustconto.**	*Credit.*
An Bilanzconto 1885 . . .	7 000	Per Waarenconto	9 000
An Handlungsunkosten . .	4 000	Per Bilanzconto	2 000
	11 000		11 000

S. 104 Zeile 1 v. o. lies statt „A den B“: „B den A“.